Freie
Zeitschrift für
Assoziation
psychoanalytische Sozialpsychologie

Psychosozial-Verlag

Impressum

Freie Assoziation
Zeitschrift für psychoanalytische Sozialpsychologie
ISSN 1434-7849
18. Jg. (2015) Heft 1

ViSdP
Die Herausgeber; bei namentlich gekennzeichneten Beiträgen die Autoren. Namentlich gekennzeichnete Beiträge stellen nicht in jedem Fall eine Meinungsäußerung der Herausgeber, der Redaktion oder des Verlages dar.

Herausgeber_innen
Markus Brunner, Dr., Sozialpsychologe und Soziologe, Sigmund-Freud-Universität Wien, AK kritische Sozialpsychologie.
Kontakt: brunner@agpolpsy.de

Rolf Haubl, Prof. Dr. Dr., Dipl.-Psych., Germanist und Gruppenanalytiker (DAGG), Prof. für psychoanalytische Sozialpsychologie an der Goethe-Universität, Direktor des Sigmund-Freud-Instituts in Frankfurt a. M., seit 2006 Mitherausgeber der *Freien Assoziation*.
Kontakt: haubl@soz.uni-frankfurt.de

Christine Kirchhoff, Prof. Dr., Juniorprof. für Psychologie mit Schwerpunkt psychoanalytische Kulturwissenschaften an der International Psychoanalytic University Berlin (IPU).
Kontakt: christine.kirchhoff@ipu-berlin.de

Julia König, Dr. des., Erziehungswissenschaftlerin am Institut für Sozialpädagogik und Erwachsenenbildung der Goethe-Universität Frankfurt a. M.
Kontakt: j.koenig@em.uni-frankfurt.de

Jan Lohl, Dr., Sozialwissenschaftler und Supervisor (DGSv), wissenschaftlicher Mitarbeiter am Sigmund-Freud-Institut Frankfurt a. M.
Kontakt: lohl@sigmund-freud-institut.de

Tom D. Uhlig, Student der Psychologie an der Goethe-Universität Frankfurt a. M.
Kontakt: tom.d.uhlig@gmail.com

Sebastian Winter, Dr. phil., Sozialpsychologe und Historiker, Interdisziplinäres Zentrum für Frauen- und Geschlechterforschung (IFF) der Universität Bielefeld.
Kontakt: sebastian.winter@uni-bielefeld.de

Gegründet von
Dipl.-Päd. Ullrich Beumer, PD Dr. Dipl.-Psych. Bernd Oberhoff, Dr. med. Dieter Ohlmeier und Dr. Burkard Sievers

Ehemalige Herausgeber
Dipl.-Päd. Ullrich Beumer, Dr. rer. pol. Klaus Gourgé, PD Dr. Dipl.-Psych. Bernd Oberhoff, Dr. med. Dieter Ohlmeier, Prof. Dr. Dr. Rolf Haubl, Dr. Burkard Sievers

Kontakt
Gesellschaft für psychoanalytische Sozialpsychologie (GfpS)
http://psychoanalytischesozialpsychologie.de/
E-Mail: freie.assoziation@psasoz.org

Verlag
Psychosozial-Verlag, Walltorstr. 10, 35390 Gießen/Germany
Tel.: 0641/96997826, Fax: 0641/96997819
E-Mail: bestellung@psychosozial-verlag.de; www.psychosozial-verlag.de

Umschlagentwurf und Typografie: Theodor Bayer-Eynck, Coesfeld
Satz: metiTEC-Software, me-ti GmbH, Berlin

Inhalt

Inhalt

Interventionen

Rezension

Neues aus der Gesellschaft für psychoanalytische Sozialpsychologie

Bezugshinweise

Editorial

>»Ich sagte Ihnen, die Psychoanalyse begann als eine Therapie, aber
nicht als Therapie wollte ich sie Ihrem Interesse empfehlen, sondern
wegen ihres Wahrheitsgehalts, wegen der Aufschlüsse, die sie uns
gibt über das, was dem Menschen am nächsten geht, sein eigenes
Wesen, und wegen der Zusammenhänge, die sie zwischen den verschiedensten seiner Betätigungen aufdeckt. Als Therapie ist sie eine
unter vielen«
>
> *Freud, 1933, S. 169*

Wie die Gründer und die bisherigen Herausgeber in der letzten Ausgabe dieser Zeitschrift berichteten, wurde die *Freie Assoziation* ins Leben gerufen,
um einen interdisziplinären Dialog zu ermöglichen, der die Psychoanalyse
jenseits der Couch für die Analyse von Dynamiken in Gruppen, Organisationen und gesellschaftlichen Zusammenhängen fruchtbar zu machen suchte.
Zugleich war es aber auch der Wunsch, mit und in der Zeitschrift einen
Dialog zwischen »›Wissenschaft‹ und ›Praxis‹« zu suchen, um ihre »gesell-
schaftspolitische Interventionsrelevanz« zu steigern.

Die bisherigen Herausgeber, Ullrich Beumer, Klaus Gourgé, Rolf Haubl,
Bernd Oberhoff, Dieter Ohlmeier und Burkard Sievers haben die *Freie Assoziation* beharrlich und auch gegen Vorbehalte und Widerstände zu einem
Ort für solche Dialoge entwickelt. Wir als neue Herausgeber_innen danken
ihnen für ihr Vertrauen und die Möglichkeit, nun unsererseits die Zeitschrift
weiterführen und gestalten zu können. Auch wenn wir sicherlich ein neues
Kapitel aufschlagen und neue Wege gehen werden, sehen wir uns dem kritischen Geist der »alten« *Freien Assoziation* verpflichtet.

Die »neue« *Freie Assoziation* wird als Publikationsorgan der Gesellschaft für psychoanalytische Sozialpsychologie (GfpS) erscheinen und im
Untertitel in Zukunft »Zeitschrift für psychoanalytische Sozialpsychologie«
heißen. So wie die Gründung der *Freien Assoziation* die »Konsequenz eines
Unbehagens« (Ohlmeier in Beumer et al., 2014, S. 91) – an der abgeschlos-
senen und »zu akademischen« Psychoanalyse – war, so ist auch die GfpS vor
zwei Jahren aus einem Unbehagen heraus entstanden, einem Unbehagen angesichts der Marginalisierung der Psychoanalyse wie der psychoanalytischen
Sozialpsychologie an den deutschsprachigen Hochschulen. Zugleich und
sicher auch als Reaktion auf diese Tendenz wurde ein neu erwachtes Inter-
esses an der Tradition der psychoanalytisch orientierten Sozialwissenschaft
vor allem seitens der Nachwuchswissenschaftler_innen und Studierenden
wahrnehmbar, das sich in vielen Initiativen, Tagungen und Publikationen

bemerkbar machte. Die neue Gesellschaft setzt sich nicht nur zum Ziel, all diese Initiativen und alle Wissenschaftler_innen zusammenzubringen, die in verschiedenen akademischen Disziplinen versuchen, gesellschaftliche Phänomene und Zusammenhänge mithilfe psychoanalytischer Konzepte und Methoden hinsichtlich ihrer unbewussten Dimensionen zu befragen. Sie will psychoanalytisch orientierte Sozialwissenschaftler_innen mit Interessierten aus anderen Disziplinen, aber auch aus der psychoanalytischen, pädagogischen oder politischen Praxis ins Gespräch bringen. Letzteres durchaus mit dem Anspruch auf eine Intervention in gesellschaftliche Debatten und Praxen.

Wie dieses Ziel einer Förderung des Dialogs über die Grenzen der eigenen scientific community hinaus auch mit der *Freien Assoziation* erreicht werden könnte, haben wir lange diskutiert. Unsere Idee mit dem dezidierten Debattenformat, das diese Zeitschrift nun zum ersten Mal aufweist, den gewünschten Dialogen, Diskussionen und gerne auch Kontroversen einen geeigneten Rahmen zu geben, lehnt sich an das Format der Zeitschrift *EWE – Erwägen Wissen Ethik* und an ein Themenheft der *Freien Assoziation* zur Geschichte der psychoanalytischen Sozialpsychologie an, das einige von uns vor zwei Jahren als Gast-Herausgeber_innen veröffentlicht haben (*Freie Assoziation*, 15(3–4)): Zukünftig soll die nun halbjährlich erscheinende *Freie Assoziation* als Themenheft gestaltet sein. Im Zentrum werden zwei längere Artikel stehen, die aus möglichst unterschiedlichen Perspektiven kommentiert, hinterfragt und miteinander sowie mit anderen Themen, Fragen und Praxisfeldern ins Gespräch gebracht werden. Einer dieser Artikel wird das Thema, das sich mit aktuellen und gesellschaftlich brennenden Zeitfragen beschäftigen soll, aus einer psychoanalytisch-sozialpsychologischen Perspektive betrachten, der andere greift das Thema aus einer anderen disziplinären Perspektive auf – eine Gleichgewichtung, die den angestrebten interdisziplinären Dialog »auf Augenhöhe« (Haubl in Haubl & Loehlein, 2014, S. 5) fördern soll. Die Kommentator_innen werden einerseits aus psychoanalytisch-sozialpsychologischen Zusammenhängen stammen, andererseits aus verschiedenen Disziplinen und vor allem auch aus außerakademischen Kreisen. Neben der Beteiligung an akademischen Diskussionen und Kontroversen ist unseres Erachtens der Austausch mit gesellschaftspolitisch Aktiven zentral für die Zukunft einer psychoanalytischen Sozialpsychologie, die ihrem gesellschaftskritischen Anspruch gerecht werden will.

Neben diesen Debatten zum Thema wird es in der *Freien Assoziation* außerdem Platz geben für kürzere Rubriken, die als politische Kommentare oder »Analysen des Alltags« zu aktuellen Themen Stellung nehmen, aber natürlich auch für Rezensionen, Tagungsberichte und für Mitteilungen der Gesellschaft für psychoanalytische Sozialpsychologie.

Wir werden in Zukunft sehen müssen, wie sich das neue Format bewährt und wo wir mit unseren vorerst tastenden Schritten ankommen werden. Schon die Akquise von Texten und Kommentaren zu diesem Heft hat gezeigt, dass der Anspruch auf einen interdisziplinären und über das akademische Feld hinausgreifenden Austausch, gar auf die Förderung von produktiven Kontroversen, nicht leicht einzulösen ist.

Das Heft, das Sie in den Händen halten, widmet sich dem Thema »Festung Europa«.

So geht es in den hier versammelten Beiträgen um die Kritik jener Festung, an deren Grenzen täglich Menschen bei dem Versuch sterben, sich aus schlechten Gewalt- und Lebensverhältnissen ins Innere dieser Festung zu flüchten. Während nun die Europäische Grenzschutzagentur Frontex damit beschäftigt ist, Menschen auf der Flucht in Seenot zu belassen und ihrem wahrscheinlichen Tod durch Abwehrmanöver eventuell nachzuhelfen, werden gleichzeitig innerhalb der verteidigten Festung universale Normen und Werte im Kontext der Menschenrechtskonvention beansprucht. Verwunderlich ist dies insofern nicht, als die Universalisierung von Menschenrechtskonzeptionen innerhalb des globalen Nordens historisch immer schon auf Kosten Anderer erkämpft wurde, die weiter zu unentgeltlicher Arbeit gezwungen wurden und sich nicht auf die reklamierten Menschenrechte berufen konnten: Auf Kosten der Frauen, wie Olympe de Gouges in der 1791 verfassten *Déclaration des droits de la Femme et de la Citoyenne* und Mary Wollstonecraft in den 1792 erschienenen *A Vindication of the Rights of Woman: with Strictures on Political and Moral Subjects* skandalisierten; und auf Kosten der Kolonisierten, indem die zur selben Zeit besetzten Kolonien quasi zu extrajuridischen Räumen erklärt wurden (vgl. Mbembe, 2003, S. 24). In der Konsequenz hielt Frantz Fanon die europäischen Menschenrechte im Kontext der Kolonien für unbrauchbar, insofern sie nach wie vor die europäische Herrschaft über die Welt konsolidieren (vgl. Ehrmann, 2009, S. 86f.). Dieser Dialektik von Inklusion und Exklusion, durch welche die historische Konstitution der (Universalisierung der) Menschenrechte erst gesellschaftlich möglich wurde, liegt eine imperiale Aufteilung der Welt in zwei Räume zugrunde: den die Menschenrechte einführenden globalen Norden und den als rückständig und entwicklungsbedürftig konstruierten globalen Süden, in welchen diese Menschenrechtskonzeption importiert werden und die Einhaltung dieser Rechte kontrolliert werden soll (vgl. Dhawan & Castro Varela, 2014). Dass dieses Export-Import

Geschäft nicht zuletzt nach wie vor an ökonomische Zwangsvereinbarungen gebunden ist, haben die Erschütterungen der Nord-Süd-Verträge während des sogenannten arabischen Frühlings gezeigt. Das von Hannah Arendt proklamierte »Recht, Rechte zu haben« (Arendt, 1949, S. 760) ist von seiner Verwirklichung weit entfernt. Aus psychoanalytisch-sozialpsychologischer Perspektive stellt sich hier die Frage, wie sich dieser Gewaltzusammenhang auf die Subjekte niederschlägt bzw. wie er sich in ihrem Erleben reproduziert.

Die Beiträge des vorliegenden Heftes umfassen eine Auseinandersetzung mit der »Festung Europa« auf unterschiedlichen theoretischen Analyseebenen. Darin wird dem Außen und Innen des Europäischen Grenzregimes aus den verschiedenen Perspektiven diverser Akteur_innen nachgegangen, die charakteristischerweise unterschiedlich in dieses Regime gestellt sind.

Der Jurist und Politikwissenschaftler *Maximilian Pichl* und die Politikwissenschaftlerin *Katharina Vester* setzen sich in ihrem Beitrag »Auf den Spuren eines Urteils. Der Hirsi-Fall und das Projekt der Menschenrechte in der Moderne« mit den Folgen der gewonnenen Klage gegen die italienischen Grenzschutzpraktiken auf hoher See auseinander. Sie konstatieren, dass das Urteil des Europäischen Gerichtshofs für Menschenrechte politisch kaum etwas verändert hat und fragen nach den Gründen für diese Wirkungslosigkeit. Die Übersetzung von sozialen und politischen Konflikten in solche des Menschenrechts und damit eines juristischen Diskurses, so die Autor_innen, kann zwar durchaus ein Instrument emanzipatorischer Kämpfe sein, aber zugleich entpolitisierende Effekte zeigen.

Über die zuweilen verheerenden psychischen Folgen von erzwungener Migration und der Europäischen Flüchtlingspolitik berichtet der Pädagoge *David Zimmermann* in seinem psychoanalytisch-sozialpsychologischen Beitrag »›Geprügelte Hunde reagieren so‹. Traumatisierte Kinder und Jugendliche mit Zwangsmigrationshintergrund in der Schule«. Zimmermann stellt die Ergebnisse eines Forschungsprojektes vor, das er zusammen mit Kolleg_innen in Schulklassen durchführte, in denen neu in Deutschland angekommene Migrant_innen unterrichtet werden. Er zeigt, wie sich in den Interaktionen zwischen Lehrer_innen und Schüler_innen traumatische Erfahrungen szenisch entfalten, deren erschreckende Gewalt aber einerseits interpersonell, andererseits aber auch institutionell abgewehrt und deshalb nicht bearbeitet wird. Nur mithilfe eines tiefenhermeneutischen, also psychoanalytischen, Blicks können diese Szenen und die eigenen Verstrickungen nach Zimmermann entschlüsselt werden, wodurch sich neue Wege des Umgangs eröffnen könnten.

Die Kommentare zu den zwei Texten kommen von Studierenden und Wissenschaftler_innen verschiedener Disziplinen, von einer Lehrerin, einer Psychotherapeutin, einem Kunstprojekt aus Berlin, vom Niedersächsischen Flüchtlingsrat, aber auch von Menschen, die vom europäischen Migrationsregime illegalisiert werden.

Nach diesem thematischen Block finden sich im Heft auch noch ein »Zwischenruf« von *Julia König* zu den US-amerikanischen und deutschen Debatten über infantile Sexualität, zwei von *Simon E. Arnold* und *Tom D. Uhlig* unter dem Titel »Unfreie Assoziationen. Mythos und Alltag« geschriebene Glossen und eine Rezension. Zwei Berichte aus der Gesellschaft für psychoanalytische Sozialpsychologie, einer zu Neuigkeiten aus der Gesellschaft und ein Bericht der letzten Jahrestagung, schließen das Heft ab.

Gerahmt werden die Beiträge von Bildern einer Dauerausstellung in den Räumlichkeiten des zu einem Autonomen Zentrum umfunktionierten ehemaligen Frankfurter Polizeigefängnisses in der Klapperfeldstraße, das in den letzten Jahrzehnten vor allem als Abschiebegefängnis diente (vgl. dazu den sich an das Editorial anschließenden Text »›Raus von hier‹ Ausstellung im ehemaligen Polizeigefängnis ›Klapperfeld‹«). Die Fotos dokumentieren sowohl die Bedingungen, unter denen die Inhaftierten leben mussten, als auch von diesen auf den Zellenwänden hinterlassene Inschriften.

Wie im Bericht »Neues aus der Gesellschaft für psychoanalytische Sozialpsychologie« in diesem Heft zu erfahren, soll zukünftig jährlich eine Ausgabe der *Freien Assoziation* das Schwerpunktthema der folgenden Jahrestagung der GfpS vorbereiten. Zur nächsten Jahrestagung, die am 11. und 12. Dezember 2015 in Frankfurt am Main stattfindet und sich dem Themenfeld »(neue) Grenzen/Widerstände« widmet, wird es nun gleich zwei Themenhefte geben: Das eine über die europäische Grenzpolitik und ihre Folgen halten Sie in Ihren Händen, das zweite wird in der zweiten Jahreshälfte erscheinen und sich den verschiedenen reaktionären, eher vermeintlichen »Widerstandsbewegungen« (von den Montagsdemonstrationen über die Pegida bis zum Islamischen Staat) zuwenden.

Unser Dank gilt nicht nur den bisherigen Herausgebern, sondern auch der langjährigen Redakteurin Marie-Sophie Löhlein, die sich zu unserem Bedauern gegen eine Fortführung der Redaktion entschieden hat, um zukünftig andere Projekte intensiver verfolgen zu können.

Markus Brunner, Rolf Haubl, Christine Kirchhoff, Julia König, Jan Lohl,
Tom D. Uhlig und Sebastian Winter

Literatur

Arendt, H. (1949). The Rights of Man. What are They?, *Modern Review*, *3*(1), 24–27. Dt. (1949). Es gibt nur ein einziges Menschenrecht. *Die Wandlung*, IV, 754–770.

Beumer, U., Gourgé, K., Haubl, R., Ohlmeier, D. & Sievers, B. (2014). 17 Jahre Freie Assoziation. Ein Rückblick der Herausgeber. *Freie Assoziation*, *17*(4), 87–94.

Dhawan, N. & Castro Varela, M. do Mar (2014). Human Rights and its Discontents: Postkoloniale Interventionen in die Menschenrechtspolitik. In J. König & S. Seichter (Hrsg.), *Menschenrechte. Demokratie. Geschichte. Transdisziplinäre Herausforderungen an die Pädagogik* (S. 144–161). Weinheim: Beltz Juventa.

Ehrmann, J. (2009). Traveling, Translating and Transplanting Human Rights. Zur Kritik der Menschenrechte aus postkolonial-feministischer Perspektive. *Femina Politica*, 2/2009, 84–95.

Freud, S. (1933). *Neue Folge der Vorlesungen zur Einführung in die Psychoanalyse*. In ders., *GW XV*. London: Imago Publishing.

Haubl, R. & Loehlein, M.-S. (2014). Editorial. *Freie Assoziation*, *17*(4), 5–6.

Mbembe, A. (2003). Necropolitics. *Public Culture*, *15*(1), S. 11–40.

»Raus von hier«
Ausstellung im ehemaligen Polizeigefängnis »Klapperfeld«

Die Ausstellung »Raus von hier« wurde im Januar dieses Jahres vom Arbeitskreis Geschichte der Initiative *Faites votre jeu!* im ehemaligen Frankfurter Polizeigefängnis in der *Klapperfeldstraße* eröffnet. Gezeigt werden Zelleninschriften von Menschen in Abschiebehaft und Polizeigewahrsam, die bis 2002 im Zellentrakt des zweiten Stockes inhaftiert wurden.

Anfang 2009 nahm die Initiative das Angebot an, ein besetztes leerstehendes Jugendzentrum in Bockenheim aufzugeben und dafür in die Räumlichkeiten des ehemaligen Polizeigefängnisses im *Klapperfeld* zu ziehen. Die Nutzbarmachung dieses Ortes als Kulturzentrum war dabei für die Initiative stets von dem Anspruch begleitet, die Geschichte des 1886 in der Frankfurter Innenstadt, gegenüber dem Oberlandesgericht erbauten Gefängnisses aufzuarbeiten. Bald wurde eine *Dauerausstellung zur Geschichte des Klapperfelds* im Keller des Gebäudes eingerichtet, welche sich vor allem der Nutzung des Gefängnisses durch die Frankfurter Polizei und die Gestapo zwischen 1933 und 1945 widmet. Aufgrund der ausdauernden und gründlichen Arbeit des AK Geschichte konnte die Ausstellung stetig erweitert werden, sodass sie nunmehr ein differenziertes Bild des Gefängnisses in verschiedenen Epochen zeichnet sowie des veränderten gesellschaftlichen Umgangs mit staatlichem Freiheitsentzug und Alltag im Gefängnis. Ein besonderes Augenmerk galt dabei den Geschichten der Insass*innen und ihrem Leiden unter repressivem Strafvollzug.

In den letzten Jahrzehnten der Nutzung diente das *Klapperfeld* neben der Funktion als Polizeigewahrsam und als Gefangenensammelstelle bei Großdemonstrationen insbesondere auch als Abschiebegefängnis. Obgleich die Zellen des Gewahrsamsgebäudes nicht für den längeren Aufenthalt einzelner Insass*innen vorgesehen waren, mussten hier Abschiebegefangene mitunter mehrere Wochen oder sogar Monate lang ausharren – ohne Beschäftigung, ohne Lektüre, ohne Beamte mit ausreichenden Sprachkenntnissen, mit nur drei Duschgängen die Woche und mit Fenstern, die so hoch angebracht und vergittert sind, dass sie weder viel Licht hineinlassen, noch den Blick nach draußen erlauben.

Die neue Dauerausstellung »Raus von hier« macht nun die Inschriften öffentlich zugänglich, die in den überalterten 1,5 x 3,5 Meter großen Zellen mit Kugelschreibern, dem Ruß von Feuerzeugen oder Kerzen, Zahnpasta und anderem Schreibwerkzeug tausendfach an Zellenwänden, Türen und Mobiliar in über 30 Sprachen hinterlassen wurden. Mithilfe vieler Übersetzer*innen hat der AK Geschichte über 1.000 dieser Nachrichten archiviert und teilweise mit Lautsprechern in den Zellen zum Klingen gebracht. Sie bieten ein Zeugnis des brutalen Umgangs der deutschen Justiz mit illegalisierten Menschen.

Die Dauerausstellungen im Klapperfeld sind jeden Samstag von 15 bis 18 Uhr geöffnet (Eintritt frei, Spenden erwünscht). Die Archivierung und Übersetzung der Inschriften sowie die Recherche von Informationen zum Haftalltag im *Klapperfeld* werden kontinuierlich fortgeführt.

Mehr Informationen finden sich auf:
http://www.klapperfeld.de/ und http://www.zweiterstock.klapperfeld.de

Für die *Freie Assoziation* hat Christian Schuller Fotografien der Inschriften, des Zellentrakts und des Gefängnishofes angefertigt, die im Folgenden zu sehen sind. Christian Schuller studiert Theater-, Film- und Medienwissenschaften. Fotografisch beschäftigt er sich aktuell hauptsächlich mit sozialen, politischen und gesellschaftlichen Veränderungen, wie zum Beispiel in seiner letzten Ausstellung zum Auszug und Abriss des AfE-Turms der Uni Frankfurt. Kontakt: c-schuller@t-online.de

Auf den Spuren eines Urteils

Der Hirsi-Fall und das Projekt der Menschenrechte in der Moderne[1]

Maximilian Pichl und Katharina Vester

Abstract

Unter der Chiffre »*Hirsi* Jamaa und andere gegen Italien« reichten 2009 Rechtsanwält_innen im Namen von Migrant*innen vor dem Europäischen Gerichtshof für Menschenrechte eine Klage gegen deren Zurückweisung auf offener See durch die italienischen Grenzschutzkräfte ein. 2012 wurde die Klage in allen Punkten gutgeheißen. Trotz des juristischen Erfolgs hat sich aber an der menschenrechtswidrigen Praxis der Zurückweisung bis heute wenig verändert. Diese Ausgangslage nehmen die AutorInnen zum Ausgangspunkt, um – nach einer längeren Darstellung des Falles, der politischen Gegenstrategien von Italien und der EU, aber auch der kritischen Begleitung des Prozesses durch zivilgesellschaftliche Akteur*innen – die Problematik der Menschenrechte als Instrument gesellschaftlicher Emanzipation überhaupt in den Blick zu nehmen. Sie weisen auf eine Dialektik der Menschenrechte hin: Zwar kann die Berufung auf sie emanzipatorische Bemühungen stärken, aber weil in ihnen soziale und politische Problemlagen in einen juristischen Diskurs übersetzt werden, werden durch sie gesellschaftliche Herrschaftsverhältnisse tendenziell auch aus dem Blick verloren und soziale Kämpfe letztlich entpolitisiert.

I. Prolog

»This court should prevent signatory states from building Guantánamos on the high seas.«[2] Mit diesen Worten trat der italienische Anwalt Andrea Saccucci am 22. Juni 2011 vor den Europäischen Gerichtshof für Menschenrechte (EGMR) in Straßburg. Den Anlass lieferte das Gerichtsverfahren *Hirsi Jamaa and Others v. Italy*.[3] Bei dem Fall ging es um eine sogenannte Push-Back-Operation italienischer Grenzschutzkräfte im Jahr 2009. Insgesamt 231 Migrant*innen gerieten bei einer Überfahrt von Libyen nach Italien in Seenot und wurden durch den italienischen Grenzschutz abgefangen. Statt sie nach Italien zu bringen und ihnen ein Asylverfahren zu ermöglichen, wurden sie ohne ihr Wissen und Einverständnis nach Libyen verbracht. Nur durch eine gute Zusammenarbeit zwischen Anwält*innen und Flüchtlingsorganisationen konnte dieser Fall überhaupt vor ein Gericht gebracht werden.[4] Der EGMR stimmte der Klage von 24 eritreischen und somalischen Staatsbürger*innen, die sich unter den Zurückgeschobenen befunden hatten, im Februar 2012 in allen Punkten zu. Die Push-Back-Operationen der italienischen Regierung wurden als rechtswidrig eingestuft und den Kläger*innen jeweils 15.000 Euro Schadensersatz zugesprochen.

Das Urteil wurde von Flüchtlingsorganisationen und Asylrechtsanwält*innen enthusiastisch aufgenommen – zu Recht. Schließlich hatte der EGMR der Praxis, Menschen durch ihre Zurückweisung auf dem Mittelmeer den Zugang zu einem Asylverfahren in der EU kollektiv zu verweigern, eine klare Absage erteilt und die Anwendbarkeit der Menschenrechte auf extra-territorialem Gebiet, hier der Hohen See im Mittelmeer, bejaht.

Betrachtet man die heutige Lage im Mittelmeer, ist man jedoch verwundert, ob der offensichtlichen Folgenlosigkeit des Straßburger Richterspruchs. Obschon die italienische Regierung mit ihrem Programm »Mare Nostrum« zumindest zeitweise die Seenotrettung von Migrant*innen als prioritär gegenüber dem Grenzschutz der EU erachtete, soll nun die Grenzschutzagentur Frontex mit ihrer Operation Triton erneut eine Law-and-Order-Politik verfolgen. Die menschenrechtswidrigen Zurückweisungen gehen trotz des Straßburger Urteils faktisch weiter.

Aus einer Perspektive, welche die Menschenrechte als zwingende Bindung jeglichen staatlichen Handelns begreift, mag dies irritieren. Schließlich gehört es zum Grundverständnis liberaler Demokratien, dass das Recht sich durchzusetzen habe – selbst wenn es politischen Akteur*innen nicht gefallen mag. Das offensichtliche »Auseinanderklaffen von Verfassungsnorm und Verfassungswirklichkeit, von Proklamation und Exekution« (Agnoli, 2004, S. 196) beim EU-Grenzregime ist jedenfalls erklärungsbedürftig. Gerade in der liberalen Menschenrechtstheorie wird stets betont, dass die unveräußerlichen Menschenrechte für alle gleichermaßen zu gelten und Gerichte über ihre Einhaltung zu wachen haben. Aber müsste man nicht an einem anderen Punkt ansetzen? Ist es nicht entscheidender zu analysieren, warum die Menschenrechte gerade nicht von den Staaten durchgesetzt werden? Sind der Menschenrechtsidee selbst möglicherweise Momente inhärent, die dazu führen, dass sie trotz ihrer vertraglichen Geltung nicht zu humanen gesellschaftlichen Verhältnissen führen? Reicht es aus, die Menschenrechte gegenüber erniedrigenden Praktiken und Zuständen im Kontext des EU-Grenzregimes in Anschlag zu bringen – oder ist der Rekurs auf Menschenrechte Teil des Problems?

Jedes Gerichtsurteil leidet unter einer Aufmerksamkeitsökonomie. Zum Zeitpunkt der Verkündung werden sie von der Öffentlichkeit breit rezipiert, politische Entscheidungsträger*innen versprechen die schnelle Umsetzung. Aber wie es zu den Urteilen im Vorfeld gekommen ist und was ihnen in der Folge tatsächlich passiert, entzieht sich in der Regel dem allgemeinen Interesse.

Wir möchten versuchen den Weg des Hirsi-Urteils längerfristig nach-zuvollziehen und dabei insbesondere erläutern, warum dessen wichtige Implikationen für den Menschenrechtsschutz umgangen werden und wel-che Grenzen dem Recht selbst inhärent sind, bzw. die Frage aufwerfen, ob das Recht die Ursachen von Menschenrechtsverletzungen überhaupt bear-beiten kann.[5] Unserer Ansicht nach sind Erfolge in der juridischen Arena zunächst auf diese begrenzt, zu ihrer tatsächlichen Durchsetzung bedürfen sie einer spezifischen politischen Übersetzung. Hierbei taucht das Problem auf, dass in der juridischen Sphäre möglicherweise andere gesellschaftliche Kräfteverhältnisse entscheidend sind als in der politischen Sphäre. Diese Feststellung erscheint uns nur auf den ersten Blick banal. Denn die öffentli-che Debatte über das Verhältnis von Recht und Politik scheint tendenziell davon auszugehen, dass rechtliche Entscheidungen für sich alleine bereits zu einer Veränderung gesellschaftlicher Verhältnisse bzw. einer vermeintlichen Wiederherstellung von Gerechtigkeit führen.

In einem ersten Schritt spüren wir den Folgen des Hirsi-Urteils nach. Wir erläutern zunächst die wesentlichen politischen und juridischen Implikatio-nen des Urteils. Danach wenden wir uns den politischen Gegenstrategien von Italien und der EU zu und verweisen auf deren kritische Begleitung durch zivilgesellschaftliche Akteur*innen. Es ist interessant, inwiefern das Hirsi-Urteil von NGOs und Anwält*innen adaptiert wird, um vergleichba-re menschenrechtswidrige Praktiken zu skandalisieren. Wir möchten zudem einen Blick auf die konkrete Situation der damaligen Kläger*innen werfen, die viel zu oft bei derlei Analysen aus dem Fokus herausfallen. In einem zweiten Schritt wenden wir uns grundsätzlich der Frage zu, ob Menschen-rechte im Kontext des EU-Grenzregimes überhaupt als Maßstab der Kritik gelten können und wie die spezifische Form des Rechts politische Strategien beeinflusst. Wir wenden uns einer grundsätzlichen Kritik der Menschen-rechte zu und der Frage welche Folgen der Rekurs auf sie für politische Kämpfe hat. Unsere Überlegungen gehen von dem dialektischen Charakter der Menschenrechte aus, indem sie der Ausgangspunkt von Politiken sind, die Emanzipation zugleich befördern und behindern.

II. Der Hirsi-Fall als Teil strategischer Prozessführung

Das Mittelmeer ist zu einem Massengrab geworden. Laut der Internetseite »The Migrants' Files«, die von europäischen Journalist*innen ins Leben gerufen wurde, sind seit dem Jahr 2000 mehr als 25.000 Menschen bei dem Versuch nach Europa zu gelangen im Mittelmeer gestorben.[6] Obschon Menschenrechtsverletzungen und der Tod von Menschen zum Alltag europäischer Grenzpolitik gehören, gibt es dazu vergleichsweise wenige Rechtsfälle, die vor nationalen oder europäischen Gerichten entschieden werden. Der Hirsi-Fall ist demgegenüber ein potenzielles Musterbeispiel für eine gelungene strategische Prozessführung, der zugleich zeigt, dass die Menschenrechte nicht qua normativer Kraft wirken, sondern Menschenrechtsklagen unter äußerst schwierigen Voraussetzungen von gut zusammenarbeitenden Akteur*innen organisiert werden müssen.

1. Der Weg nach Straßburg

Die Zurückweisung der Migrant*innen durch den italienischen Grenzschutz wäre wohl nie an die Öffentlichkeit gelangt, hätten sich nicht auf einem der Boote Journalist*innen der französischen Zeitschrift *Paris Match* – einer Illustrierten, die sonst nicht mit besonders profunden politischen Berichten aufwartet – befunden, die über den Vorfall berichteten.[7] Nachdem die Kläger*innen nach Libyen verbracht wurden, war es zunächst nicht absehbar, ob eine Klage überhaupt zustande kommen würde. Denn Anwält*innen benötigen für eine Klage die Vollmachten der Kläger*innen. In Libyen gelang es jedoch Mitarbeiter*innen des italienischen Flüchtlingsrats CIR (Consiglio Italiano per i Rifugiati) mit der Hilfe des Hohen Flüchtlingskommissariats der Vereinten Nationen (UNHCR) die Vollmachten von 24 zurückgewiesenen Personen zu erhalten und diese an eine italienische Anwaltskanzlei weiterzuleiten, die sodann pro bono Klage beim EGMR einreichte. Dies geschah im Jahr 2009. Nur ein Jahr später wurde der UNHCR von der damaligen libyschen Regierung unter Gaddafi ausgewiesen. Das Argument lautete, Libyen hätte die Genfer Flüchtlingskonvention nicht unterschrieben und die Vertretung des UNHCR sei deswegen illegal.[8] Dass eine Klage auch unter diesen Umständen möglich gewesen wäre, lässt sich stark bezweifeln.

Der Weg des Hirsi-Falls nach Straßburg verdeutlicht, dass schon die Einleitung eines Gerichtsverfahrens stark von historischen und politischen Zufälligkeiten abhängen kann.[9] Es bedarf stets einer gut koordinierten Zusammenarbeit von zivilgesellschaftlichen Akteur*innen und der Betroffenen selbst, um Rechtsverletzungen auch juridisch zu überprüfen. Die Menschenrechtserklärungen wirken nicht aus sich selbst heraus und manchmal wird gerade eine formelle Erklärung ihrer Einhaltung als juristische Rechtfertigung für ihre faktische Umgehung herangezogen.

2. Juristischer Erfolg vor dem EGMR

Indem in Straßburg Klage eingereicht wurde, musste die Push-Back-Operation von Italien in die juridische Sphäre übersetzt werden. Welche Rechtsfrage stand konkret im Raum? Mit der Zurückschiebung der Kläger*innen könnte sich Italien einer Verletzung des sogenannten Refoulement-Verbots schuldig gemacht haben. Dieser flüchtlingsrechtliche Grundsatz ist sowohl in Art. 33, I der Genfer Flüchtlingskonvention (GFK) enthalten und wird auch aus Art. 3 der Europäischen Menschenrechtskonvention (EMRK) entnommen. Demnach darf kein Vertragsstaat der GFK oder EMRK einen Flüchtling auf irgendeine Weise über die Grenzen von Gebieten ausweisen oder zurückweisen, in denen sein Leben oder seine Freiheit wegen seiner »Rasse«, Religion, Staatsangehörigkeit, seiner Zugehörigkeit zu einer bestimmten sozialen Gruppe oder wegen seiner politischen Überzeugung bedroht sein würden. Im Hirsi-Fall kam eine Besonderheit hinzu: Die Push-Back-Operation erfolgte auf der Hohen See, die völkerrechtlich und seerechtlich zu keinem Staat gehört. Musste sich Italien angesichts dessen an das Refoulement-Verbot halten, wenn doch die Zurückschiebung nicht auf italienischem Territorium oder in italienischen Gewässern erfolgte? Haben die Menschenrechte überhaupt eine extraterritoriale Geltung?

Diese Fragen würden Nicht-Jurist*innen oft ohne jedes Zögern intuitiv bejahen, schließlich hatten offenbar faktisch Menschenrechtsverletzungen durch Italien stattgefunden. In der juristischen Debatte und vor Gerichten war es lange Zeit aber höchst umstritten, ob die Menschenrechte auch auf extraterritorialem Gebiet Anwendung finden. Der EGMR hat in seinem Urteil im Hirsi-Fall vom Februar 2012 diese Frage eindeutig bejaht: Italien habe Hoheitsgewalt über die Kläger*innen ausgeübt, indem diese auf das italienische Boot genommen und durch italienische Grenzschützer*innen an Libyen übergeben wurden. Damit hätten sie unter der effektiven Kontrolle der italienischen Behörden gestanden. Die einschlägigen Menschenrechte im Hirsi-Fall weisen nach dem EGMR eine unbegrenzte räumliche Geltung auf und die »beteiligten Hoheitsträger bei den operativen Grenzschutzmaßnahmen [sind] an die Bestimmungen auch außerhalb des staatlichen Hoheitsgebietes gebunden« (Lehnert, 2014, S. 198). Für Operationen der Grenzschutzagentur Frontex wiederum bedeutet dies, dass auch sie bei ihren Einsätzen an die Menschenrechte und das Hirsi-Urteil gebunden ist.[10] Zusätzlich wurde Italien dazu verurteilt den Kläger*innen jeweils 15.000 Euro an Entschädigungen auszuzahlen.

3. Nach dem Hirsi-Urteil: Rollback in der politischen Sphäre

Das Hirsi-Urteil war für die juristische Sphäre ein Erfolg aus der Perspektive von Flüchtlingsorganisationen und progressiven Menschenrechtsanwält*innen, die sich einer Entrechtung von Migrant*innen und dem Massensterben im Mittelmeer entgegen stellen. Es gelingt selten Menschenrechtsverletzungen, die an den Außengrenzen der EU geschehen, vor Gerichten zu judizieren. Für konservative Akteur*innen, die eine (vermeintliche) Law-and-Order-Politik gegenüber Migrant*innen verfolgen (insbesondere konservative und rechtspopulistische Parteien, Vertreter*innen aus Innenministerien, Akteur*innen des Grenzschutzes wie Frontex) stellt das Urteil eine Niederlage ihrer Politik dar. Doch die politische Reaktion fiel weitestgehend nicht dergestalt aus, dass Push-Back-Operationen abgeschafft und Wege für Migrant*innen in die EU eröffnet wurden. Vielmehr wird versucht, das Urteil politisch zu umgehen. Schon der portugiesische EGMR-Richter Paulo Pinto de Albuquerque hatte in seinem Sondervotum im Hirsi-Verfahren unterstrichen, dass sich aus dem Hirsi-Urteil noch weitergehende Fragen ergeben.[11] So müsste bereits das Handeln der Botschaften der Vertragsstaaten in außereuropäischen Staaten der Jurisdiktion unterfallen. Sofern Migrant*innen in eine deutsche Botschaft auf afrikanischem Grund gelangten, müssten sie eigentlich auf erklärten Wunsch hin ein Visum erhalten, um im jeweiligen Staat ein ordentliches Asylverfahren durchlaufen zu können.

Die Voraussetzung europäischen Boden zu betreten, bevor man einen Asylantrag stellen kann, führt in Verbindung mit der faktisch äußerst restriktiven Visapolitik jedoch beispielsweise an den Grenzen der spanischen Enklaven Ceuta und Melilla zu Marokko dazu, dass Migrant*innen in dem präzisen Moment, wo sie in Ermangelung einer legalen Zugangsmöglichkeit einen Grenzzaun überklettern sich in einem juristisch ungeklärten Gebiet aufhalten – haben sie marokkanischen Boden schon verlassen und europäischen Boden bereits betreten? Es hängt an den EU-Außengrenzen von wenigen Zentimetern ab, die Möglichkeit zu erhalten einen Asylantrag zu stellen.

Richter de Albuquerque formulierte deshalb emphatisch:

>»Refugees attempting to escape Africa do not claim a right of admission to Europe. They demand only that Europe, the cradle of human rights idealism and the birthplace of the rule of law, cease closing its doors to people in despair who have fled from arbitrariness and brutality. That is a very modest plea, vindicated by the European Convention on Human Rights.«[12]

Die von de Albuquerque geäußerten Befürchtungen, dass es Versuche geben werde das Hirsi-Urteil zu umgehen, haben sich fast drei Jahre nach Ende des Straßburger Verfahrens auf unterschiedlichen Ebenen bestätigt. Flüchtlingsorganisationen und Asylrechtsanwält*innen haben die Gegenstrategien aus der politischen Sphäre offenbar erahnt: Nach dem Hirsi-Urteil erfolgte eine umfangreiche Rezeption und eine Strategie, die Judikatur des Urteils auf andere Bereiche von Grenzkontrollen auszudehnen. Insbesondere der italienische Flüchtlingsrat CIR versucht mit einer europaweiten Kampagne in den Vertragsstaaten der EMRK Felder ausfindig zu machen, auf welche die Hirsi-Rechtsprechung übertragbar ist. Gemeinsam mit weiteren nichtstaatlichen Organisationen aus verschiedenen EU-Mitgliedsstaaten startete der CIR im Anschluss an das Hirsi-Urteil das Projekt »Access to Protection: a human right«.[13] In diesem Rahmen legte der CIR mit seinem fast 200-seitigen Report »Access to Protection: Bridges not Walls« (CIR, 2014) eine empirisch fundierte Analyse vor, wie das Urteil in tatsächlichen EU-Praktiken bzw. in sechs konkreten EU-Mitgliedsstaaten (darunter Italien und Deutschland) umgesetzt wird und formulierte unter expliziter Bezugnahme auf die neue Rechtsprechung einen umfangreichen Katalog politischer Forderungen an die EU und die Mitgliedsstaaten; der Länderbericht zu Italien im Rahmen der Studie wurde bereits ein Jahr zuvor veröffentlicht (CIR, 2013).

Wir möchten im Folgenden nur auf einige, teils auch in den CIR-Berichten diskutierten, Punkte eingehen, darunter: die Auswirkungen des Urteils auf die Arbeit von Frontex, den fortschreitenden Ausbau bilateraler Verträge über beschleunigte Zurückschiebungen und Vorverlagerung von Grenzkontrollen in nordafrikanische Staaten am Beispiel Italiens, die Praxis des »Flughafenasylverfahrens« an deutschen Flughäfen sowie die aktuelle Situation der Kläger*innen des Hirsi-Urteils.

Neue Frontex-Verordnung

Schon vor dem Hirsi-Urteil gab es zwischen den EU-Mitgliedsstaaten Konflikte über die genaue Ausgestaltung der Operationen der Grenzschutzagentur Frontex. Zudem geriet Frontex immer stärker in die Kritik und war dem Vorwurf ausgesetzt, menschenrechtliche Vorgaben bei den Operationen zu missachten. Deshalb erarbeitete man zunächst die sogenannten Frontex-Leitlinien (vgl. Pichl & Vester, 2014, S. 193ff.), die jedoch aufgrund kompetenzrechtlicher Probleme vom Europäischen Gerichtshof (EuGH) gekippt wurden. Die Europäische Kommission legte einen neuen Vorschlag vor, der am 16. April 2014 mit dem Namen »Verordnung zur Festlegung von Regelungen für die Überwachung der Seeaußengrenzen (SagVO)« im Europäischen Parlament verabschiedet wurde. Im Hinblick auf die Verwirklichung menschenrechtlicher Vorgaben bleibt die Verordnung weit hinter der Judikatur des EGMR zurück. Konkrete Maßgaben, wie menschen- und flüchtlingsrechtliche Verfahren gewährleistet werden sollen, sind nicht benannt (Lehnert, 2014, S. 265). Auch die Push-Back-Operationen sind nicht abgeschafft, vielmehr wurden sie legalisiert. Nach Art. 7 der SagVO können Grenzschutzbeamt*innen bei einem bestätigten Verdacht auf Schleusung von Migrant*innen die Personen zurückweisen. Ob die Personen tatsächliche Fluchtgründe und einen Anspruch auf ein Asylverfahren haben, spielt dann keine Rolle. Der EGMR hatte zudem im Hirsi-Urteil klargestellt, dass es bereits auf der Hohen See für Migrant*innen eine Möglichkeit geben muss, um ihre Fluchtgründe adäquat darzulegen. Nach Art. 4, Abs. 3 SagVO sind Dolmetscher*innen oder Anwält*innen aber nur bei Bedarf heranzuziehen. Deshalb kann nicht »davon ausgegangen werden, dass die betroffene Person effektiv Gelegenheit bekommt, gegen die geplante Maßnahme Einspruch zu erheben« (Reinhardt, 2014, S. 3476).

Die SagVO geht zwar auf das Refoulement-Verbot und explizit auf das Hirsi-Urteil ein, nennt an unterschiedlichen Stellen die Menschenrechte als Maßgabe für Seeoperationen und ebenso ist ein menschenrechtliches Monitoring vorgesehen. All dies erscheint aber als ein menschenrechtliches Beiwerk, um faktische Rechtsverstöße zu verschleiern. Denn gerade jene Stellen, an denen die Zurückschiebung von Migrant*innen erwähnt wird, sind umfassend erläutert, während es bei der menschenrechtlichen Implementierung stets vage bleibt. Sofern man sich in Grenzschutzbeamt*innen bei konkreten Operationen versetzen kann: Würden diese eher einem vagen Gesetzestext oder ausbuchstabierten Anweisungen folgen? Die menschenrechtliche Proklamation der SagVO ist nicht gleichzusetzen mit der faktischen Anwendung an den Seeaußengrenzen. Insgesamt, so stellt der Rechtswissenschaftler Matthias Lehnert (2014, S. 269) fest, verrechtlicht der Vorschlag eine menschenrechtlich höchst problematische Praxis in den Gewässern von EU-Mitgliedsstaaten und auf der Hohen See; über die Praxis von Grenzsicherungsmaßnahmen in den Territorialgewässern von Drittstaaten wird hingegen geschwiegen.

Bilaterale Verträge: Abkommen über »Rücknahmeabkommen« und die Verlagerung der Grenzkontrollen

Das Hirsi-Urteil betraf Push-Back-Operationen von Vertragsstaaten der EMRK. Aber welche Auswirkungen hat das Urteil auf Grenzoperationen, die nicht mehr von Staaten aus der EU durchgeführt werden? Eine politische Strategie, um das Hirsi-Urteil zu umgehen, besteht darin, die Grenzkontrollen stetig vorzuverlagern und die Verantwortung sukzessive an nord- und westafrikanische Staaten abzugeben. Bereits während der vergangenen zwei Jahrzehnte haben die EU und ihre Mitgliedsstaaten zunehmen versucht, Gesetze und Praktiken einzuführen, die auf einen Ausbau, ein Outsourcing und eine Externalisierung von Grenzkontrollen abzielen, etwa durch Verträge mit privaten Akteur*innen oder durch bi- und multilaterale Abkommen mit Drittstaaten (CIR, 2014, S. 121). Der Begriff der Externalisierung bezeichnet dabei:

> »a range of measures of border control including those implemented outside the national territory – either in the territory of another country or on the high seas, thus shifting the responsibility to fight irregular migration in the EU to countries of origin or of transit [...]. [T]hrough such policy and practice, States try to circumvent their obligations, in particular the principle of non-*refoulement*« (ebd.).

Bei einer solchen Zielsetzung erscheint es nur folgerichtig, sich angesichts des Hirsi-Urteils noch intensiver um eine stetige Vorverlagerung von Grenzkontrollen und die sukzessive Entledigung von menschenrechtlicher Haftbarkeit zu bemühen.

So wird z. B. der Abschluss von »Rückübernahmeabkommen« einzelner EU-Staaten mit Drittstaaten weiterhin vorangetrieben und von der EU ausdrücklich unterstützt. Mithilfe dieser Abkommen verpflichten sich insbesondere afrikanische Staaten Migrant*innen, die aus der EU abgeschoben werden, aufzunehmen. Meist in der Form technischer, nicht-öffentlicher Abkommen, die ohne parlamentarische Beteiligung zwischen Regierungen und Sicherheitsbehörden, teilweise sogar zwischen Diplomat*innen der jeweiligen Staaten im Vier-Augen-Gespräch, ausgearbeitet werden, sollen diese bereits irreguläre Ausreisen verhindern bzw. ein beschleunigtes und vereinfachtes Prozedere – mit entsprechend eingeschränkten Verfahrensgarantien – der »Rückübernahme« von Migrant*innen in ihre Herkunftsstaaten oder Transitstaaten ermöglichen. Auf ebensolche Vereinbarungen mit Libyen unter Gaddafi (zwei technische Abkommen sowie den »Vertrag über Freundschaft, Partnerschaft und Kooperation«) hatte sich das italienische Innenministerium der Regierung Berlusconi im Mai 2009 auch berufen, um die Zurückweisungen hunderter Migrant*innen auf dem Mittelmeer zu rechtfertigen – allerdings war die Operation hier von Italien selbst durchgeführt worden, was im Hirsi-Fall laut Urteilsbegründung von entscheidender

Bedeutung dafür war, dass der Gerichtshof sich überhaupt für zuständig erklärte.[14] Im Umkehrschluss könnte dies bedeuten, dass der EGMR keine Klagen in Fällen zulassen könnte, in denen die Boote von Migrant*innen von nicht-europäischen Grenzschützer*innen abgefangen werden – selbst wenn dies auf der Basis von Abkommen mit Unterzeichnerstaaten der EM-RK geschieht.

Ob es auch Konsequenzen gegeben hätte, wenn die Migrant*innen auf der Hohen See von einem von Italien finanzierten Schiff der Küstenwache mit libysch-italienischer Mannschaft unter libyschem Kommando an Bord genommen und nach Tripolis gebracht worden wären, bleibt also fraglich – ebensolche gemeinsamen Patrouillen waren in den erwähnten Abkommen zwischen Italien und Libyen aber ausdrücklich vorgesehen, Schiffe waren bereits geliefert und die Trainings hatten begonnen. Im Hinblick auf diese Externalisierungstendenz hat Richter de Albuquerque denn auch dafür plädiert bereits sämtliche Maßnahmen, die auf Geheiß eines Vertragsstaates der EMRK durchgeführt werden, bzw. entsprechende bilaterale Abkommen selbst einer Bindung an die Menschenrechtskonvention zu unterwerfen – eine Position, die zumindest bislang im Rahmen eines Sondervotums artikuliert wird, aber noch keine Hegemonie innerhalb des Gerichts einnimmt.[15]

Insgesamt hat Italien bis heute bilaterale Abkommen mit 15 Nicht-EU-Staaten abgeschlossen, die Klauseln über die »Rückübernahme« von Drittstaatsangehörigen enthalten (CIR, 2013, S. 26). Während sich die Kooperation mit Libyen derzeit wegen der politischen Instabilität schwierig gestalte, gebe es eine effektive Zusammenarbeit mit anderen nordafrikanischen Staaten wie Marokko, Tunesien und Jordanien, heißt es in einer Meldung des italienischen Innenministeriums vom 16.10.2014.

Die Auswirkungen dieser Externalisierungsstrategie lassen sich bereits heute anhand des spanischen Grenzregimes verdeutlichen. Spanien war Mitte der 2000er Jahre ein Hotspot der Migration und zahlreiche Migrant*innen versuchten mit Booten spanisches Festland zu erreichen. Von derlei Überfahrten, z. B. auf die Kanarischen Inseln, hört man heutzutage nichts mehr. Allenfalls sind die Enklaven Ceuta und Melilla ein Sinnbild der Festung Europa. Der spanischen Regierung ist es gelungen ein weit verzweigtes Netz von Rückübernahmeabkommen mit Mauretanien oder dem Senegal zu schließen und diese Staaten zu verpflichten, in ihren Gewässern die Ausreise von Migrant*innen zu verhindern. Der Seeweg nach Spanien ist für viele Migrant*innen faktisch verbaut, doch gerade »das Schweigen um die spanische Migrationspolitik sollte verdächtig erscheinen und kritische Nachfragen provozieren« (Wolff, 2014, S. 148).

Das »Flughafenasylverfahren« an deutschen Flughäfen

Für die deutsche Adaption der Studie über die Auswirkungen des Hirsi-Urteils hat der Frankfurter Rechtsanwalt Dominik Bender im Auftrag der Stiftung Pro Asyl ein Gutachten über die Asylpraxis an deutschen Flughäfen erstellt, insbesondere mit Blick auf den Frankfurter Flughafen. Laut Bender ist dieser die praktisch »einzige relevante deutsche EU-Außengrenze« (Bender, 2014, S. 9). Am Frankfurter Flughafen wird das sogenannte »Flughafenasylverfahren« nach §18a Asylverfahrensgesetz (AsylVfG) angewendet. Bei allen Migrant*innen, die an einem Flughafen eine EU-Grenze überschreiten, wird fiktiv angenommen, dass sie sich – obschon sie geografisch auf deutschem Staatsgebiet sind – nicht auf deutschem Territorium aufhalten. Die Asylantragssteller*innen werden während der Dauer ihres Verfahrens im Transitbereich des Flughafens gehalten und dürfen diesen nicht verlassen. Dieses Verfahren ist als Schnellverfahren konzipiert. Bender kommt in seinem Gutachten zu dem Schluss, dass die »menschenrechtliche Angemessenheit und Zweckdienlichkeit« im Lichte der Hirsi-Entscheidung nicht bestätigt werden kann (ebd., S. 71). Die Debatte über das Hirsi-Urteil und die Auswirkungen auf das europäische Grenzregime sind in Deutschland bislang, so Bender, auf einen klar abgrenzbaren Bereich der wissenschaftlichen Szene beschränkt, haben politisch noch keine Durchschlagskraft erfahren und seien daher noch am Anfang (ebd., S. 9, 24ff.).

Situation der Kläger*innen

Das Hirsi-Urteil sah eine Entschädigungszahlung für die 24 Kläger*innen vor. Zudem wurde die konkrete Push-Back-Operation für rechtswidrig erachtet. Den Kläger*innen hätte ein Zugang zu der Überprüfung ihres Asylantrags gewährleistet werden müssen. Das Urteil verpflichtete Italien nun dazu, sich um eine Versicherung der libyschen Behörden zu bemühen, dass den Kläger*innen in Libyen keine menschenrechtswidrige Behandlung widerfahre. Wie sieht nun die Situation der Kläger*innen[16] fast drei Jahre nach dem Urteil aus (Stand Ende November 2014)?[17]

Von den 24 Kläger*innen hat bislang nur eine einzige Person die 15.000 Euro Schadensersatz von der italienischen Regierung tatsächlich erhalten. Der junge Mann namens Ermias Berhane hatte nach seiner Zurückschiebung nach Libyen erneut ein Boot bestiegen, Italien erreicht und dort schließlich Asyl erhalten. Dies zeigt bereits, dass durch die Praxis der Zurückschiebungen Personen am Zugang nach Europa gehindert werden, die tatsächliche Erfolgschancen in einem Asylverfahren hätten. Bis Berhane das Geld erhielt, erfolgte zunächst ein bürokratischer Papierkrieg: Die italienische Regierung hatte zunächst behauptet, dass es sich bei dem Mann nicht um einen der Kläger aus dem Verfahren handeln würde. Dies wurde mit einer um einen Buchstaben abweichenden Übertragung des Namens des Klägers von Tigrinya in lateinische Buchstaben begründet. Bei fünf weiteren Kläger*innen, die ihre Ansprüche angemeldet hatten, ist eine Zahlung bislang nicht erfolgt – wiederum wegen abweichender Namensschreibweisen, in einem der Fälle zusätzlich aufgrund eines abweichenden Geburtsdatums. Zwei der Kläger*innen waren bereits zum Zeitpunkt der Urteilsverkündung unter nicht abschließend geklärten Umständen gestorben; der Aufenthaltsort der übrigen 16 Kläger*innen ist derzeit nicht bekannt. Es ist möglich, dass manche von ihnen erneute Überfahrtsversuche in die EU oder den Bürgerkrieg in Libyen nicht überlebt haben. Die italienische Regierung vermutet, dass sie sich weiterhin in Libyen oder anderen Transitstaaten aufhalten – ihr weiterer Weg sei jedoch »aufgrund objektiver Schwierigkeiten infolge der Entwicklungen in Libyen« trotz größter Bemühungen und der mehrfachen Bekundung der kollaborativen Haltung der derzeitigen libyschen Behörden nicht rekonstruierbar.[18]

4. Zusammenfassung

Die Kampagne des CIR zeigt bereits auf, dass im rechtswissenschaftlichen Bereich zahlreiche Anschlussmöglichkeiten gefunden werden, um das Hirsi-Urteil über sich selbst hinauszutreiben. Es ist folglich als Grundsatzurteil anzusehen, das unterschiedliche neue Strategien befördern kann, um das EU-Grenzregime juristisch anzugreifen. Insbesondere die Übertragung des Urteils auf nationale Vorschriften der Migrationskontrolle (Bsp. Flughafenverfahren) veranschaulicht die weitreichende Bedeutung der strategischen Prozessführung zukommt, wenn sie es schafft Praktiken nationaler Grenzschutzbehörden vor europäische und völkerrechtliche Gerichte zu bringen. Aus dieser Perspektive hält der Erfolg des Urteils an.

Der Blick in die politische Sphäre ist hingegen ernüchternd. Im krassen Gegensatz zu der Judikatur des EGMR versuchen die EU-Mitgliedsstaaten und die Grenzschutzbehörden wie Frontex die Konsequenzen des Hirsi-Urteils zu umgehen. Die Frontex-Verordnung mag eine Verbesserung gegenüber der zuvor ungeklärten Rechtslage darstellen, die menschenrechtlichen Verpflichtungen sind aber angesichts der Verrechtlichung von Push-Back-Operationen reine Rhetorik. Durch die Verlagerung der Grenzkontrollen in afrikanische Gewässer gerät das Hirsi-Urteil schließlich vollständig außer

Acht. Es ist juristisch äußerst kompliziert, eine Verantwortung und effektive Kontrolle eines EU-Mitgliedsstaats für Operationen von afrikanischen Grenzschützer*innen zu konstruieren. Die EU-Mitgliedsstaaten versuchen somit die Wirkungen der europäischen Grenzen soweit auszudehnen, dass die Grenzkontrollen nicht mehr von der EU selbst übernommen werden müssen – und lassen so äußerst fraglich erscheinen, ob mit ihrer Unterschrift unter die EMRK auch ein politischer Wille zu ihrer Umsetzung verbunden ist.

Für die Kläger*innen ist das Urteil ebenso ambivalent. Zwar hat ihre Klage die Praxis der Push-Back-Operationen überhaupt erst öffentlich gemacht. Aber während ihnen öffentlich »Entschädigung« zugesprochen wurde, hat sich ihre konkrete Situation in der Gesamtschau nicht wesentlich verbessert. Trotz des Urteils reagierte die italienische Regierung mit einer bürokratischen Zermürbung, um die Schadensersatzzahlungen nicht leisten zu müssen. Die meisten der Kläger*innen haben es bis heute nicht geschafft ein Asylverfahren in der EU zu durchlaufen. Das Recht ist eine langsame Technik: Zwischen der Operation und dem Urteil lagen drei Jahre, die gerade im Kontext des EU-Grenzregimes im Hinblick auf Leben und Tod entscheidend sein können.

III. Zur Dialektik der Menschenrechte

Nachdem wir das Hirsi-Urteil und seine Implikationen für das Grenzregime dargestellt haben, möchten wir abschließend eine grundsätzliche Reflektion darüber führen, inwieweit Menschenrechte überhaupt als politische Strategie genutzt werden können. Unsere Ausführungen sind als genereller Beitrag zu der Debatte über Menschenrechte zu verstehen, wir werden an passenden Stellen unsere theoretische Reflektion aber an das Hirsi-Urteil rückbinden. Unser Maßstab der Kritik orientiert sich daran, ob die Ursachen der gewaltsamen Wirkungen des EU-Grenzregimes mit den Menschenrechten wirksam überwunden werden können: Sind überhaupt restriktive Grenzkontrollen denk- und praktizierbar, die mit den Menschenrechten vereinbar sind? Zunächst bedarf es daher einer Klärung, ob das Projekt der Menschenrechte in der Moderne die Möglichkeit für Subalterne eröffnet, ihre Interessen zu verfolgen.

1. Menschenrechte als Maßstab der Kritik

Das Recht oder den Bezug darauf halten wir nicht per se für politisch sinnvoll oder sinnlos. Eine dialektische Betrachtung des Rechts verweist auf die

Gleichzeitigkeit von gesellschaftlichen Widersprüchen, die im Recht manifest werden.

Der widerspruchsvolle Gehalt der Menschenrechte entspringt bereits ihren Gründungsakten im Zuge der Revolutionen in Nordamerika und Frankreich im späten 18. Jahrhundert. Die Menschenrechte erwuchsen aus konkreten sozialen Kämpfen. Das absolutistische Staatsmodell und die Herrschaft der Kirche waren in die Krise geraten. Die langsam sich vollziehende Herausbildung eines kapitalistischen Wirtschafts- und Gesellschaftssystems hatte zur Mobilisierung des Bürgertums geführt, das insbesondere ökonomische und politische Freiheiten dem Staat und der Kirche abringen wollte. Die virulent gewordene soziale Frage wurde in diesem Diskurs genauso suspendiert wie die Frage nach den Rechten von Menschen, die beispielsweise wegen ihres Geschlechts oder wegen ihrer Herkunft diskriminiert und verfolgt wurden. Friedrich Engels konstatierte im Angesicht der US-amerikanischen Revolution, dass es für den »spezifisch bürgerlichen Charakter dieser Menschenrechte bezeichnend [sei], dass die amerikanische Verfassung, die erste, welche Menschenrechte anerkennt, in demselben Atem die in Amerika bestehende Sklaverei der Farbigen bestätigt: die Klassenvorrechte werden geächtet, die Rassenvorrechte geheiligt« (Engels, 1878, S. 98).

Einige Schwarze Sklav*innen erkannten die Unmöglichkeit ihre Menschenrechte in einer von strukturell rassistischen und klassistischen Widersprüchen gekennzeichneten Gesellschaft zu erringen. Als Konsequenz gründeten sie 1847 an der afrikanischen Westküste den Staat Liberia. Doch statt die Idee der Menschenrechte vollständig zu negieren, nahmen sie das Projekt der Moderne auf und machten es zu ihrem eigenen. In Abwandlung der amerikanischen Unabhängigkeitserklärung proklamierten sie in der liberianischen Unabhängigkeitserklärung: »We recognize in all men certain inalienable rights; among these are life, liberty and the right to acquire, possess, enjoy, and defend property.«[19] In Bezug auf ihre Situation in den USA resümierten sie: »In some parts of that country we were debarred by law from all rights and privileges of man – in other parts, public sentiment, more powerful than law, frowned us down.« Die liberianische Menschenrechtserklärung ist damit ein Moment der Aneignung der Menschenrechtsidee, indem die rassistische Exklusion aus den Menschenrechten skandalisiert und der Anspruch auf gleiche Teilhabe eingefordert wird. Zugleich stabilisiert diese Unabhängigkeitserklärung die Idee, dass das Eigentum weiterhin als zentrales Prinzip der Menschenrechte zu gelten hat.[20]

In Frankreich vollzog sich ebenfalls eine widersprüchliche Entwicklung. Die Erklärung der Menschen- und Bürgerrechte von 1789, mit ihrer emphatischen Festellung in Artikel 1: »Die Menschen sind und bleiben von

Geburt frei und gleich an Rechten«, galt selbst in den Augen der Revolutionäre nur für wenige. Die Frauenrechtlerin Olympe de Gouges antwortete 1791 mit ihrer Erklärung der Rechte der Frau und Bürgerin. »Die Frau ist frei geboren und bleibt dem Manne gleich in allen Rechten«, lautete ihr Artikel 1. Für ihren Einsatz bestrafte man sie unter der Herrschaft von Robespierre mit dem Tod durch die Guillotine.

Nicht nur innerhalb Frankreichs wurde die Forderung nach gleichen Menschenrechten im Moment ihrer Proklamation gleichsam wieder zurückgenommen. Am Ende des 18. Jahrhunderts erfolgte nicht nur der Sturm auf die Bastille in Paris, sondern auch der Aufstand der Sklav*innen in der französischen Kolonie Saint Domingue, dem heutigen Haiti. Die sogenannten »Schwarzen Jakobiner« um Francois–Dominique Toussaint Louverture und Jean-Jaques Dessalines erkannten den Widerspruch in der Proklamation der Menschenrechte und ihrer eigenen entrechteten Situation in der Kolonie (vgl. James, 1963; Ehrmann, 2011). Ihr Kampf für Befreiung nahm die Menschenrechte bewusst als Ausgangspunkt: liberté, egalité, und fraternité wurden zu einem Projekt der Schwarzen Jakobiner gegen die ursprünglichen überlieferten Autor*innen des menschenrechtlichen Dreiklangs. Entgegen jeder Erwartung besiegten die ehemaligen Sklav*innen die französischen Kolonialherren und erklärten Haiti am 1. Januar 1804 zum ersten unabhängigen Kolonialstaat. Die Verfassung von 1805[21] nimmt die Idee der Menschenrechte erneut auf und installiert sie als Begründung zur Ablösung der Haitianer*innern von der Kolonialmacht.

Die Menschenrechtsidee durchlief Prozesse der Aneignung. Sie wurden von Subalternen, die aus dem Projekt des liberalen Bürgertums zunächst ausgeschlossen waren, aufgenommen und gegen die bürgerliche Gesellschaft selbst gewandt. Im Spiegel der Menschenrechte erblickte das Bürgertum die Unzulänglichkeit seiner Revolution. Zugleich wird der blinde Fleck des bürgerlichen Liberalismus offenbar. Die politische Emanzipation der Menschen wurde ohne die soziale Emanzipation gedacht. Die Menschenrechte setzten ein bürgerliches Individuum voraus, das aufgrund seiner ökonomischen Situiertheit und der gesellschaftlichen Akzeptanz seiner Herkunft ohne Weiteres in der Lage ist, politische Freiheit zu ergreifen und auszuüben. Diese Verallgemeinerung übersieht konkrete soziale Widersprüche. Herbert Marcuse hat diesen Punkt in seiner Kritik am Liberalismus deutlich herausgestellt:

> »Gerade die rationale Bestimmung und Bedingung jener ›Allgemeinheit‹, bei der schließlich das ›Glück‹ des Einzelnen aufgehoben sein soll, fehlt. Insofern (und nur insofern) wirft man dem Liberalismus mit Recht vor, daß seine Rede

von der Allgemeinheit, der Menschheit usw., in puren Abstraktionen stecken bleibt. Struktur und Ordnung des Ganzen bleiben letztlich irrationalen Kräften überlassen: einer zufälligen ›Harmonie‹, einem ›natürlichen Gleichgewicht‹. Die Tragfähigkeit des liberalistischen Rationalismus hört daher sofort auf, wenn mit der Verschärfung der gesellschaftlichen Gegensätze und der ökonomischen Krisen die allgemeine ›Harmonie‹ immer unwahrscheinlicher wird; an diesem Punkt muß auch die liberalistische Theorie zu irrationalen Rechtfertigungen greifen« (Marcuse, 1965, S. 31).

Die Menschenrechte sind insofern als Setzung eines abstrakten Staatsbürgers zu verstehen, der geschichts- und kontextlos den eigentlichen gesellschaftlichen Verhältnissen vorangestellt gedacht wird. Diese Setzung gerät in Zeiten ökonomischer Krisen ins Wanken und entlarvt sich als Verschleierung politischer Verhältnisse. Doch gerade die Kämpfe von Ausgeschlossenen – der Frauen in Frankreich und den Schwarzen Sklav*innen in den Kolonien – verdeutlichen, dass die Menschenrechte einen relevanten Anknüpfungspunkt für emanzipatorische Auseinandersetzungen lieferten. Die Menschenrechte waren nicht nur die Ausprägung eines fingierten Naturzustandes, sie waren nicht den Menschen angeboren, sondern »sie sind alle erworben oder müssen im Kampf noch erworben werden« (Bloch, 1977, S. 215). Für Ernst Bloch waren die Menschenrechte im Gegensatz zu den Sozialutopien eine Form sozialer Praxis, denn sie »drangen aus der Stube ins Feld hinaus« (ebd., S. 79). Bevor die Menschenrechte proklamiert wurden, entzog sich die Kritik an Herrschaft weitestgehend der Legitimation, denn Herrschaft wurde transzendent über die Theologie oder traditionale Formen bestimmt. Die Menschenrechte schufen innerweltliche Maßstäbe und eröffneten die Möglichkeit einer immanenten Kritik. Ihrer Proklamation war ein Moment der Verselbstständigung inne, denn die Menschenrechte konnten sich zumindest situativ gegen das liberale Projekt selbst wenden. Ernst Bloch entwickelte aus dieser Erkenntnis seinen eigenen kategorischen Imperativ: »Keine wirkliche Installierung der Menschenrechte ohne Ende der Ausbeutung, kein wirkliches Ende der Ausbeutung ohne Installierung der Menschenrechte« (ebd., S. 13).

Eine bloße kategorische Negation der Menschenrechte ist unseres Erachtens aufgrund dieser Herleitung undifferenziert und wird ihrer dialektischen Form nicht gerecht. Entscheidend ist vielmehr, welchen Anspruch man mit dem Projekt der Menschenrechte verbindet. Solange man davon ausgeht, dass es zur Realisierung von Rechten lediglich ihrer Proklamation bedarf, muss die Menschenrechtsidee, gemessen an ihren eigenen Maßstäben, als gescheitert angesehen werden. Kein Recht wirkt aus sich selbst heraus und oft sind es gerade die Menschenrechte die zu problematischen Exklusionen führen oder diese mit aufrechterhalten, weil der Bezug auf sie eine Kritik an solchen Ausschlüssen erschwert.[22] Wir sehen Menschenrechte als Projekt, das erst im Kommen ist und einer Radikalisierung bedarf. Sie stellen aber eine Form immanenter Kritik dar, die der dialektischen Kritik von Marx entspricht:

>»Es hindert uns also nichts, unsre Kritik an die Kritik der Politik, an die Parteinahme in der Politik, also an wirkliche Kämpfe anzuknüpfen und mit ihnen zu identifizieren. Wir treten dann nicht der Welt doktrinär mit einem neuen Prinzip entgegen: Hier ist die Wahrheit, hier kniee nieder! Wir entwickeln der Welt aus den Prinzipien der Welt neue Prinzipien. Wir sagen ihr nicht: Laß ab von deinen Kämpfen, sie sind dummes Zeug; wir wollen dir die wahre Parole des Kampfes zuschrein. Wir zeigen ihr nur, warum sie eigentlich kämpft, und das Bewußtsein ist eine Sache, die sie sich aneignen *muß*, wenn sie auch nicht will« (Marx, 1843, S. 345).

Denn Menschenrechte sind das Resultat konkreter gesellschaftlicher Kämpfe und sie wurden von Subalternen immer wieder für ihre eigene soziale Situation reaktualisiert. Der herrschaftskritische Impetus, der sich in ihrer Geschichte und ihren Kämpfen verbirgt, ist ein weltliches Prinzip der Kritik. Das Bewusstsein hierüber zu schaffen ist gleichermaßen Aufgabe von kritischer Wissenschaft wie politischer Praxis.

2. Menschenrechte als Modus der Entpolitisierung

Neben die Funktion der Menschenrechte als immanenter Maßstab der Kritik tritt aber ihre Rolle in konkreten politischen Strategien. In der Kritischen Theorie der Frankfurter Schule gab es nur wenige Beiträge zur Rechtstheorie. Aber Otto Kirchheimer und Franz Neumann, die sich dezidiert mit der Weimarer Verfassung, den politischen Konflikten um das neue bürgerliche Recht sowie mit der Genese des nationalsozialistischen Staates beschäftigten, haben die ideologische Komponente des Rechts in den Fokus ihrer Arbeiten gestellt. So hat Kirchheimer die Verrechtlichung politischer Konflikte dahingehend kritisiert, dass »jeder tatsächlichen, jeder Machtentscheidung [ausgewichen wird] [...], alles wird neutralisiert dadurch, daß man es juristisch formalisiert« (Kirchheimer, 1976, S. 36). Mit dieser Kritik ist zweierlei verbunden: Einerseits diagnostiziert Kirchheimer eine spezifische Entpolitisierung gesellschaftlicher Konflikte, sofern sie ihres politischen

Kontextes enthoben und verrechtlicht werden. Zum anderen, hierauf hat Gunter Teubner hingewiesen, geht es Kirchheimer um den grundsätzlichen Wandel des Rechtsstaates, der eine eigentümliche Verselbstständigung des Rechts gegenüber anderen gesellschaftlichen Systemen bewirkt (Teubner, 1993, S. 506f.). Nach Franz Neumann invisibilisiert das Recht zudem gesellschaftliche Herrschaftsverhältnisse: »Das Gesetz verhüllt die wirkliche Herrschaft des Bürgertums, weil die Beschwörung der Gesetzesherrschaft es überflüssig macht, die tatsächlich Herrschenden in der Gesellschaft direkt zu bekennen« (Neumann, 1980, S. 300). Sonja Buckel kommentiert im Anschluss, dass die Rechtstheoretiker der Frankfurter Schule das »Recht immer im Verhältnis zur Sozialstruktur [betrachtet haben] und hier insbesondere zu den Kräfteverhältnissen (›Klassenkompromiss‹)« (Buckel, 2007, S. 93).

Diese doppelte Kritik, die juridische Strategien als Entpolitisierung und Verhüllung gesellschaftlicher Herrschaft charakterisieren, ist gewichtig genug, um die politische Wirkung von Menschenrechten zu entzaubern. Die politische Radikalisierung der Menschenrechte über ihre eigene Idee hinaus kann nur ein Beitrag zu einem emanzipatorischen Kampf sein, der Herrschaftsverhältnisse in den Mittelpunkt der Auseinandersetzung stellt, sofern die Kritik an solchen Verhältnissen überhaupt zur Geltung gelangen kann. Daran haben wir Zweifel. Die konkreten Implikationen von Entpolitisierung und Verhüllungen als konstitutive Merkmale juridischer Verfahren und Diskurse wollen wir durch vier Punkte veranschaulichen.

Erstens enthebt der Bezug auf Menschenrechte politische Kämpfe ihres politischen Kontextes. Juridische Verfahren verkürzen einen politischen Konflikt auf die konkreten rechtlichen Aspekte, die im Einzelfall strittig sind. Zwar haben Gerichtsentscheidungen, zumal von höchsten Gerichten wie dem Bundesverfassungsgericht oder dem EGMR, Präzedenzwirkungen für vergleichbare Sachverhalte und reichen über den Einzelfall hinaus – wie auch die Strategien der Flüchtlingsorganisationen nach dem Hirsi-Urteil zeigen. Die tatsächlichen politischen Ursachen sind im Recht aber nur unzureichend thematisierbar. Ein politisches Argument muss erst in die rechtliche Sprache und Logik überführt werden, um als Argument vor Gericht bestehen zu können. In diesem Modus der Übersetzungen wird eine radikale Kritik an gesellschaftlichen Verhältnissen zum Schweigen gebracht. Die feministische Rechtstheoretikerin und heutige Richterin am Bundesverfassungsgericht Susanne Baer weist zwar richtig darauf hin, dass im Recht immer die Möglichkeit von abweichenden Meinungen besteht und eine emanzipatorische Rechtspolitik hieran anknüpfen kann: »*Rechtstrouble* wäre das Unbehagen, das durch die subversiv verändernde Wiederholung der juristischen Konstruktionsprozesse erzeugt werden kann« (Baer, 1998,

S. 249). Das Sondervotum von Richter de Albuquerque ist hierfür paradigmatisch. Dies funktioniert aber nur in der Logik des Rechts, im Rahmen spezifischer juristischer Auslegungsmethoden und unter Beibehaltung bürokratischer Hürden, um eine Klage überhaupt erst einzureichen. Hätte man im Hirsi-Fall die Vollmachten der Kläger*innen nicht erhalten, so wäre ein Verfahren vor dem EGMR bereits an formalen Voraussetzungen der Zulässigkeit gescheitert. Doch wäre die Ungerechtigkeit, die den Kläger*innen widerfahren ist, nur aufgrund fehlender Vollmachten geschmälert? Und selbst die progressive Entscheidung des EGMR weist aus unserer Sicht Probleme auf: Die Ursachen des tödlichen Grenzregimes und die Fluchtgründe von Migrant*innen in ihrer Gesamtheit waren und sind im Recht nicht thematisierbar. Sonja Buckel (2013) hat in ihrer Studie *Welcome to Europe* aufgezeigt, wie eine u. a. aggressive Fischereipolitik der EU, eine neoliberale Handelspolitik und neokoloniale Politiken in den afrikanischen Staaten zu einer Verarmung der dortigen Bevölkerung und folglich zu einer Abwanderung führen (ebd., S. 169ff.). Die Ursachen von Flucht fallen aus einem Rechtsverfahren heraus und sind über das Recht nicht zu bearbeiten. Weiterhin hält das Urteil die problematische Aufteilung zwischen schutzberechtigten Flüchtlingen und nicht schutzberechtigten »Wirtschaftsmigranten« aufrecht – und auch im Sondervotum de Albuquerques wird diese Unterscheidung noch bekräftigt, indem der Richter die Bescheidenheit der Forderung nach einem Zugang zu einem Asylverfahren betont. Doch warum sollten nicht auch Migrant*innen, die aufgrund ökonomischer Gründe aus ihrer Heimat fliehen, einen Anspruch auf Asyl haben, gerade da EU-Staaten zu ihrer konkreten Armutssituation entscheidend beigetragen haben?

All jene politischen Fragen bleiben vor Gericht unbeantwortet.

Das Hauptproblem von Politiken, die sich hauptsächlich auf die Menschenrechte stützen, besteht aber in der Perpetuierung, dass Konflikte nur in der Sphäre des Rechts entschieden werden können. Günter Frankenberg hat dies als Prozess der Normalisierung bezeichnet (Frankenberg, 2014). Die rechtliche Logik schließt möglicherweise legitimere politische Logiken aus.

> »Consequently, human rights narratives take for granted or to be unproblematic the requirement that individuals have to translate their grievance into law and to recode their suffering as illegal or violating a right; that they have to act the role and obey the script of a claimant, to say ›that's my right‹ – rather than: ›that's my interest, need or suffering‹« (ebd., S. 51).

Die Übersetzung in die Logik des Rechts transferiert die politischen Konflikte von ihren ursprünglichen Orten (aus den Betrieben, den Schulen, den öffentlichen Plätzen, den Grenzräumen etc.) in die Sphären von staatlichen Institutionen, in denen die Subjekte den Regeln staatlicher Politik folgen müssen. Die Reproduktion des Rechtsdiskurses erzeugt eine Normalität, in der gesellschaftliche Konflikte nur in der Logik des Rechts zu entscheiden sind.

Dies führt *zweitens* zu der Staatszentriertheit des Rechts. Juridische Klagen bewegen sich in den Institutionen des Staates, werden gegen Staaten vorgebracht, Urteile müssen von Staaten durchgesetzt werden etc. Dass der Staat kein neutraler Akteur ist, sondern selbst aus gesellschaftlichen Kräfteverhältnissen hervorgeht und diese reproduziert, hat die materialistische Staatstheorie evident begründet (vgl. exemplarisch Hirsch, 2005). Speziell im Völkerrecht sind Staaten bisweilen die einzigen relevanten Akteure (vgl. Miéville, 2005, S. 318ff.). Vor dem Internationalen Gerichtshof in Den Haag können nur Staaten gegen Staaten klagen. Selbst vor den europäischen Gerichten ist die Möglichkeit für Individuen zu klagen begrenzt. Vor dem Europäischen Gerichtshof (EuGH) sind Vorlagefragen von nationalen Gerichten der entscheidende Ausgangspunkt für ein Verfahren. Der EGMR nimmt in diesem Gerichtssetting eine Sonderrolle ein, indem insbesondere Individuen die Möglichkeit haben gegen rechtswidrige staatliche Praxen vorzugehen. In der Rechtswissenschaft werden Möglichkeiten diskutiert, wie Individuen verstärkt zu Rechtssubjekten des Völkerrechts werden können. Doch selbst diese Diskussion dreht sich vorrangig um die Frage, wie Subjekte in die staatliche Logik integrierbar sind. Indem der Staat im Zentrum des Rechtsdiskurses steht, werden nicht-staatliche Akteur*innen und nicht-staatliche politische Praktiken marginalisiert und der Staat als vorgegebene Entität akzeptiert (Marks, 2012, S. 319).

Drittens führt der Rekurs auf Menschenrechte zu der Neuausrichtung politischer Kämpfe. Die Transnationalisierung der Arbeitsverhältnisse, die Verlagerung von Produktionsstätten in den Globalen Süden und die zunehmende Migration in den Globalen Norden haben die Interdependenzen zwischen Nord und Süd deutlicher hervortreten lassen. Progressive rechtliche Kämpfe versuchen Menschenrechtsverletzungen im Globalen Süden vor Gerichten des Globalen Nordens zu judizieren. Man denke an die Brände in Textilfabriken in Pakistan oder Bangladesch, bei denen hunderte Menschen ums Leben gekommen sind, und den Versuch die Abnehmerinnen dieser Textilprodukte, also Bekleidungsunternehmen, haftbar zu machen. Wenn NGOs in diese sozialen Konflikte intervenieren, müssen sie reflektieren, wie juridische Strategien die Kämpfe vor Ort verändern. Lokale Gewerkschaften und politische Initiativen sind bemüht die Arbeiter*innen in diesen Fabriken auf Dauer zu organisieren, um effektiv gegen die Ausbeutung in der Textilindustrie vorzugehen. Ein rechtlicher Kampf wird eine nachhaltige Organisierung nicht unbedingt vorantreiben, denn er ist zwingend auf ein abschließendes Urteil ausgerichtet. Der Kampf wird aus dem lokalen Kontext, in dem er entstanden ist, herausgenommen und in das Gericht verlagert. Positiv anzumerken ist, dass diese Verlagerung gerade zu der Thematisierung sozialer Konflikte im Globalen Norden führen kann und Staaten wie Unternehmen vorgespiegelt wird, inwiefern sie in Menschenrechtsverletzungen involviert sind. Der Entfremdungseffekt gegenüber den Opfern von Menschenrechtsverletzungen droht aber weiterzubestehen. Denn indem Anwält*innen die Klage führen und in der juristischen Sprache versuchen die Konflikte auszutragen, verbleiben die Kläger*innen in einem atomisierten Zustand: »claimants will hardly be able to avoid feeling dispossessed of what had once been their conflict – a feeling that may very well be described as alienation« (Frankenberg, 2014, S. 55). Zudem stellt sich die Frage, ob im Falle der Ablehnung einer Klage gegen Menschenrechtsverletzungen Zweifel an der Legitimität der eigenen Forderungen aufkommen oder etwaige gesellschaftliche Unterstützung für diese zu schwinden droht.

Auch in Bezug auf das EU-Grenzregime kann der Bezug auf die Menschenrechte zu einer problematischen Neujustierung führen. Sofern die Menschenrechte in den Mittelpunkt des Kampfes gestellt werden, kann hieraus ein reiner Appell an Staaten resultieren, die Rechte von Migrant*innen zu beachten. Die Grenze als strukturierendes Moment staatlicher Gewalt und Exklusion ist dann nicht mehr der Hauptangriffspunkt politischer Kämpfe. Die Forderung nach einem Recht auf globale Bewegungsfreiheit erscheint im aktuellen Kontext flüchtlingsrechtlicher Rechtsprechung nicht erreichbar, müsste ein Gericht doch begründen, wie mit juridischen Auslegungsmethoden ein Strukturprinzip des Nationalstaats überwunden werden kann (vgl. Georgi, 2013).

Viertens ist das Recht qua seiner Struktur nicht in der Lage Menschenrechtsverletzungen effektiv zu beheben. Dies resultiert aus der spezifischen Form bürgerlicher Gewaltenteilung. Das Recht ist nicht mit Gewaltmitteln versehen, um den Urteilsspruch unmittelbar umzusetzen. Es ist auf die Durchsetzung seitens der Legislative oder Exekutive (insbesondere Polizei und Verwaltung) angewiesen. Selbst ein progressiver Urteilsspruch wird nach der Verkündung aus den Händen der Justiz weitergereicht. Obschon normativ die anderen Gewalten an das Recht gebunden sein sollen, wird das Recht faktisch einem neuen Auslegungsprozess anvertraut. Nicht selten nehmen das Parlament oder die Verwaltung je eigene Perspektiven auf einen Urteilsspruch ein und formen ihn bis zu einem gewissen Grad nach eigenem Gutdünken um. Die nationalen Verfassungsgerichte und auch der EuGH haben zwar einen Zugriff auf die nationalen Gewaltmonopole und können die Umsetzung ihrer Urteile relativ sicherstellen. Aber der EGMR hat als Völkergerichtshof keine derartige Kompetenz. Zu der Umsetzung der Urteile wurde der EU-Ministerrat eingesetzt, der sich aus den Außenminister*innen der Vertragsstaaten zusammensetzt. Damit ist ein Gremium zwischengeschaltet, das vorrangig ein Interesse an gelungenen diplomatischen Beziehungen zwischen den Vertragsstaaten hat und sich der Ausrichtung der jeweiligen Regierung eines Nationalstaats verpflichtet fühlt. Somit ist es kein Wunder, dass es auch im Hirsi-Fall nicht zu einer konsequenten Umsetzung des Urteils und einer Auszahlung des Schadensersatzes an die Kläger*innen gekommen ist. Die spezifische Form liberaler Gewaltenteilung mag gegenüber einem absolutistischen Regime, das alle Gewalt in seinen Händen hielt, einen Fortschritt bedeutet haben und zumindest theoretisch zu einer gegenseitigen Kontrolle der Gewalten führen. Aus der Sicht materialistischer Staatstheorie bedeutete diese Aufspaltung der Gewalt aber vor allem eine Aufteilung der Macht von verschiedenen Fraktionen bourgeoiser Herrschaft auf unterschiedliche Staatsapparate (vgl. Demirovi , 2009). Die Staatsapparate konnten eigenständige Logiken ausbilden und somit ist es möglich, dass es in der juridischen Sphäre mitunter zu progressiveren Politiken kommt als in der politischen Sphäre. Aber auch das Gegenteil ist möglich. Progressive Kämpfe sollten das Recht daher weder als möglichen Bezugspunkt völlig außer Acht lassen noch sich nur auf das Recht verlassen. Auch der Hirsi-Fall hätte anders ausgehen können. Andere Gerichte wie der US-Supreme Court oder das australische Verfassungsgericht hatten in vergleichbaren Fällen, in denen es um Push-Back-Operationen ging, die Anwendbarkeit der Menschenrechte verneint.[23] Dieser Schnittpunkt bürgerlicher Gewaltenteilung bleibt aus der Perspektive progressiver Kämpfe daher immer ein Widerspruch, der nicht aufgelöst werden kann.

IV. Epilog

Die EU-Innenminister diskutieren derzeit über die Einrichtung von Anlaufstellen in nordafrikanischen Staaten. Migrant*innen sollen in diesen Anlaufstellen ihre Asylgründe darlegen und bereits vor Ort soll die Entscheidung fallen, wer in Europa einen Asylantrag stellen kann und wer zurück in den eigenen Herkunftsstaat muss. Die EU preist dies als neues Instrument, um Menschenrechte effektiv zu schützen, Schleuserbanden ihre ökonomische Grundlage zu entziehen und das Sterben auf dem Mittelmeer zu verhindern. In Wahrheit handelt es sich nur um eine erneute

Episode, um die Judikatur des Hirsi-Urteils zu umgehen. Denn wie soll die EU gewährleisten, dass rechtsstaatliche Garantien, die in der EU selbst immer wieder unterlaufen werden, in nordafrikanischen Staaten eingehalten werden? Ein rechtsstaatliches Verfahren kann nur dann gesichert werden, sofern es Anwält*innen, Dolmetscher*innen, Unterstützer*innen und eine kritische Öffentlichkeit gibt, die über Praktiken von Grenzschutzbehörden berichtet. Die sogenannten Anlaufstellen werden dazu führen, dass die europäische Öffentlichkeit keine Kenntnis mehr von den Asylgesuchen von Migrant*innen nehmen kann. Und ob sich Migrant*innen von solchen Anlaufstellen abhalten lassen, die Fahrt über das Mittelmeer nach Europa zu wagen, ist schwer zu bezweifeln.

Auch die jüngste Episode des EU-Grenzregimes zeigt, wie mit Menschenrechten eine faktische Außerkraftsetzung von Rechten vollzogen wird. Wir wollten mit unserem Artikel aufzeigen, dass Gerichtsurteile stetig umkämpft sind – sowohl vor der Klageerhebung, während des Verfahrens und danach im Zuge ihrer Umsetzung. Ein Urteil ist deshalb nie ein Endpunkt, sondern immer erst ein Anfang, um daran Politiken anzuschließen. Das juridische Terrain ist eine Sphäre, in der für die Ausweitung und Anerkennung von Rechten gestritten werden kann. Es handelt sich um einen wichtigen Teil emanzipatorischer Kämpfe – es geht uns deshalb keineswegs darum mit unserer Kritik an Menschenrechten die Arbeit von Flüchtlingsorganisationen oder Asylrechtsanwält*innen anzugreifen. Vielmehr geht es um ein Verständnis menschenrechtlicher Politiken als Teil größerer Strategien, die immer auch nicht-intendierte Gegeneffekte zeitigen können, wie die Reaktionen aus der politischen Sphäre gegen das Hirsi-Urteil zeigen – die in diesem Fall aber auch weiterhin von zivilgesellschaftlichen Akteur*innen kritisch begleitet werden.

Dennoch können bestimmte Widersprüche nicht aufgelöst werden. Unsere Kritik an den Menschenrechten sollte zeigen, wie der Rekurs auf Menschenrechte stets auch entpolitisierende und herrschaftslegitimierende Effekte zeigt. Trotz der Möglichkeit Menschenrechte als immanente Kritik zu benutzen, ist diese Dialektik weder in die eine noch die andere Richtung hinreichend aufzulösen.

Anmerkungen

1   Die empirische Recherche zu dem Hirsi-Fall erfolgte im Rahmen des DFG-Forschungsprojektes »Staatsprojekt Europa«, das von 2009 bis 2013 von Sonja Buckel, John Kannankulam und Jens Wissel am Institut für Sozialforschung Frankfurt am Main durchgeführt wurde,

vgl. www.staatsprojekt-europa.de (10.2.2015) sowie Forschungsgruppe Staatsprojekt Europa 2014.

2　Gedächtnisprotokoll der Verfasser*innen von der mündlichen Verhandlung des Hirsi-Falles.

3　EGMR, Hirsi Jamaa and others v. Italy, 27765/09, vom 23.02.2012.

4　Die Chronologie des Falles wurde von den Verfasser*innen in anderen Artikeln bereits ausführlich dargestellt, siehe u. a. Pichl & Vester, 2012 sowie Pichl & Vester, 2014. Eine umfangreiche diskursanalytische Untersuchung wurde von Sonja Buckel erarbeitet (Buckel, 2013).

5　Wir haben bereits einem früheren Artikel den Beitrag des Hirsi-Urteils zu der politischen Hegemonie im Kontext des EU-Grenzregimes untersucht (vgl. Pichl & Vester, 2014). Zum Zeitpunkt der Verfassung des damaligen Artikels konnten wir lediglich Tendenzen absehen, wie auf das Hirsi-Urteil reagiert wird. Knapp zwei Jahre danach erscheint uns eine Reaktualisierung dieser Untersuchung gewinnbringend, um unsere eigenen Prognosen kritisch zu überprüfen und die Folgen von Gerichtsurteilen konsequent nachzuspüren.

6　Vgl. https://www.detective.io/detective/the-migrants-files/ (19.11.2014).

7　Paris Match vom 14.05.2009.

8　Vgl. taz vom 11.06.2010.

9　Dies wird besonders deutlich, wenn man sich vor Augen führt, dass im Jahr 2009 neun Push-Back-Operationen Italiens auf der Hohen See dokumentiert sind, in deren Rahmen insgesamt über 800 Migrant*innen ohne ihr Einverständnis nach Libyen oder Algerien zurückgeschoben wurden (CIR, 2013, S. 70) – der Fall Hirsi Jamaa and Others v. Italy war jedoch der einzige, in dem es zu einer Klage kam.

10　Matthias Lehnert zeigt in seiner Studie über Frontex, dass die Agentur vorrangig an die GfK und die Europäische Grundrechtecharta gebunden ist. An die EMRK ist Frontex nicht unmittelbar gebunden, da die EU der EMRK selbst noch nicht beigetreten ist. Die Rechtsprechung des EGMR bei der Auslegung der EMRK wird aber auch vom Europäischen Gerichtshof (EuGH) beachtet (Lehnert, 2014, S. 217ff.).

11　Vgl. Hirsi (Anm. 3), Concurring Opinion.

12　Ebd.

13　Das Projekt wurde ko-finanziert durch das Europäische Programm für Integration und Migration (EPIM), welches 2005 als Stiftungsnetzwerk zur Stärkung der Rolle der Zivilgesellschaft bei der Einflussnahme auf politische Entwicklungen in der EU und beim Einsatz für einen konstruktive Herangehensweise gegenüber Migrant*innen in Europa gegründet wurde.

14　Vgl. Hirsi (Anm. 3).

15　Vgl. Hirsi (Anm. 3), Concurring Opinion.

16　Die italienischen Filmemacher Stefano Liberti und Andrea Segre haben mit ihrem Dokumentarfilm *Mare Chiuso* (Italien, 2012) u. a. Kläger*innen aus dem Hirsi-Verfahren begleitet: http://marechiuso.blogspot.it/ (19.11.2014).

17　Laut dem CIR-Report ist Italien aufgefordert, zum 01.12.2014 ein letztes Mal über die Umsetzung des Urteils Bericht zu erstatten (CIR, 2014, S. 27).

18　DD(2014)849 – Communication from the Italian authorities – 25.06.2014 (hier auf Französisch abrufbar: https://wcd.coe.int/ViewDoc.jsp?Ref=DH-DD%282014%29849& Language=lanEnglish&Site=CM (19.11.2014), Übersetzung d. A.).

19　Vgl. http://www.onliberia.org/con_declaration.htm (19.11.2014).

20 Wir möchten nicht verschweigen, dass die Staatsgründung Liberias zu anhaltenden Konflikten zwischen den ehemaligen Sklav*innen und länger ansässigen Gruppen geführt hat, die bis heute den Staat mit zahlreichen Konflikten bis hin zu Bürgerkriegen begleitet. Hierdurch werden gleichsam die Interdependenzen zwischen der modernen Aufklärung und Staatsgründung und den politischen Konflikten auf dem afrikanischen Kontinent deutlich.

21 Vgl. http://www2.webster.edu/~corbetre/haiti/history/earlyhaiti/1805-const.htm (letzter Aufruf am 19.11.2014).

22 Ein Beispiel hierfür im Kontext des EU-Grenzregimes ist die Begründung restriktiver Kontrollpraktiken als effektivstes Vorgehen gegen angeblich »menschenverachtende Schleuserbanden«: Durch die Verhinderung der Abfahrt von Flüchtlingsbooten aus nordafrikanischen Gewässern würde deren Geschäft die Grundlage entzogen und zugleich würden Menschen vor der lebensgefährlichen Überfahrt geschützt – denen zugleich keine andere legale und sichere Möglichkeit des Zugangs zu einem Asylverfahren gewährt wird. Sonja Buckel hat zudem darauf hingewiesen, dass die pauschale Erzählung von den »Schleusern« als per se Kriminelle nicht haltbar ist. Gerade die aggressive Fischereipolitik der EU vor afrikanischen Küsten, hat vielen Fischer*innen ihre Existenzgrundlage entzogen und sie waren gezwungen ihre vormaligen Fischkutter anderweitig zu verwenden – bspw. für die Überfahrt von Migrant*innen (Buckel, 2013, S. 170ff.). Die österreichische Juristin Fabiane Baxewanos kommt daher zu dem Schluss, dass die europäische Einwanderungspolitik Schlepperei gerade fördert (Wiener Zeitung vom 14.10.2014).

23 U. S. Supreme Court, Sale v. Haitian Centers Council, 509 U.S. 155, 21. Juni 1993; Federal Court of Australia, Ruddock v. Vadarlis [2001] FCA 1329, 18. September 2001.

Literatur

Agnoli, J. (2004). *Die Transformation der Demokratie und verwandte Schriften*. Hamburg: Konkret.

Baer, S. (1998). Inexcitable Speech. Zum Rechtsverständnis postmoderner feministischer Positionen am Beispiel Judith Butlers. In A. Hornscheidt et al. (Hrsg.), *Kritische Differenzen – geteilte Perspektiven* (S. 229–250). Wiesbaden: VS Verlag.

Bloch, E. (1977). *Naturrecht und menschliche Würde*. Frankfurt a.M.: Suhrkamp.

Buckel, S. (2007). *Subjektivierung und Kohäsion. Zur Rekonstruktion einer materialistischen Theorie des Rechts*. Weilerswist: Velbrück.

Buckel, S. (2013). *»Welcome to Europe«. Die Grenzen des europäischen Migrationsrechts*. Bielefeld: transcript.

Bender, D. (2014). Das Asylverfahren an deutschen Flughäfen: Völkerrechtswidriges »Push Back« oder Modell für ein Asyl-Schnellverfahren auf Hoher See?, National Report im Rahmen des EPIM-Projektes: »Access to Protection: a Human Right«. Herausgegeben von Stiftung Pro Asyl, Frankfurt a.M.

CIR – Consiglio Italiano Per i Rifugiati (2013). Accesso alla Protezione. Un diritto umano. Rom.

CIR – Consiglio Italiano Per i Rifugiati (2014). Access to Protection: Brigdes not Walls. Rom.

Demirovi, A. (2009). Rätedemokratie oder das Ende der Politik. *PROKLA, Nr. 155, 2/2009*, 181–206.

Ehrmann, J. (2011). »Jenseits der Linie«. Ausnahmezustand, Sklaverei und Thanatopolitik zwischen Aufklärung und (Post-)Kolonialismus. In D. Loick (Hrsg.), *Der Nomos der Moderne. Die politische Philosophie Giorgio Agambens* (S. 128–148). Baden-Baden: Nomos.

Engels, F. (1878). Herrn Eugen Dührings Umwälzung der Wissenschaft (Anti-Dühring). In *Marx-Engels-Werke* (Bd. 20, S. 5–303). Berlin: Dietz, 1962.

Forschungsgruppe Staatsprojekt Europa (2014). *Kämpfe um Migrationspolitik. Theorie, Methoden und Analysen kritischer Europaforschung*. Bielefeld: transcript.

Frankenberg, G. (2014). Human Rights and the Belief in a Just World. *I.Con – International Journal of Constitutional Law, 12/1*, 35–60.

Georgi, F. (2013). Notizen zu einer Kritik der Migrationspolitik. *Kurswechsel, 1/2013*, 41–50.

Hirsch, J. (2005). *Materialistische Staatstheorie*. Hamburg: VSA.

James, C. L. R. (1963). *The Black Jacobins*. London: Penguin.

Kirchheimer, O. (1976). Zur Staatslehre des Sozialismus und Bolschewismus. In ders., *Von der Weimarer Republik zum Faschismus: Die Auflösung der demokratischen Rechtsordnung* (S. 32–52). Frankfurt a.M.: Suhrkamp.

Lehnert, M. (2014). *Frontex und operative Maßnahmen an den europäischen Außengrenzen*. Baden-Baden: Nomos.

Marcuse, H. (1965). Der Kampf gegen den Liberalismus in der totalitären Staatsauffassung. In ders., *Kultur und Gesellschaft* (Bd. 1, S. 17–55). Frankfurt a.M.: Suhrkamp.

Marks, S. (2012). Human rights in disatrous times. In J. Crawford & M. Koskenniemi (Hrsg.), *The Cambridge Companion to International Law* (S. 309–326). Cambridge: University Press.

Marx, K. (1843). Briefe aus den »Deutsch-Französischen Jahrbüchern. In ders., *Marx-Engels-Werke* (Bd. 1, S. 337–246). Berlin: Dietz, 1956.

Miéville, C. (2005). *Between Equal Rights. A Marxist Theory of International Law*. London: Haymarket.

Neumann, F. (1980). *Die Herrschaft des Gesetzes*. Frankfurt a.M.: Suhrkamp.

Pichl, M. & Vester, K. (2014). Die Verrechtlichung der Südgrenze. Menschenrechtspolitiken im Grenzraum am Beispiel des Hirsi-Falls. In Forschungsgruppe Staatsprojekt Europa (2014), *Kämpfe um Migrationspolitik. Theorie, Methoden und Analysen kritischer Europaforschung* (S. 187–208). Bielefeld: transcript.

Pichl, M. & Vester, K. (2012). Menschenrechte auf hoher See. *Blätter für deutsche und internationale Politik, 4/2012*, 23–26.

Reinhardt, D. (2014). Menschenrechte Pushed Back – Wie die neue Seeaußengrenzenverordnung das Hirsi-Urteil zurückweist. *Kritische Justiz, 3/2014*, 341–349.

Teubner, G. (1993). Man schritt auf allen Gebieten zur Verrechtlichung. Rechtssoziologische Theorie im Werk Otto Kirchheimers. In M. Lutter & M. Hoeflich (Hrsg.), *Der Einfluß deutschsprachiger Emigranten auf die Rechtsentwicklung in den USA und in Deutschland* (S. 505–520). Tübingen: Mohr Siebeck.

Wolff, S. (2014). Kämpfe um die Transformation des spanischen Migrationsregimes. In Forschungsgruppe Staatsprojekt Europa, *Kämpfe um Migrationspolitik. Theorie, Methoden und Analysen kritischer Europaforschung* (S. 131–148). Bielefeld: transcript.

Die Autor_innen

Maximilian Pichl hat Rechtswissenschaften und Politikwissenschaften in Frankfurt am Main studiert. Er ist Mitarbeiter am Institut für Öffentliches

Recht an der Frankfurter Goethe-Universität sowie an der Professur für Politische Theorie an der Universität Kassel.
Kontakt: max.pichl@t-online.de

Katharina Vester hat in Frankfurt am Main Politikwissenschaften, Sinologie und Philosophie studiert.
Kontakt: k_vester@gmx.net

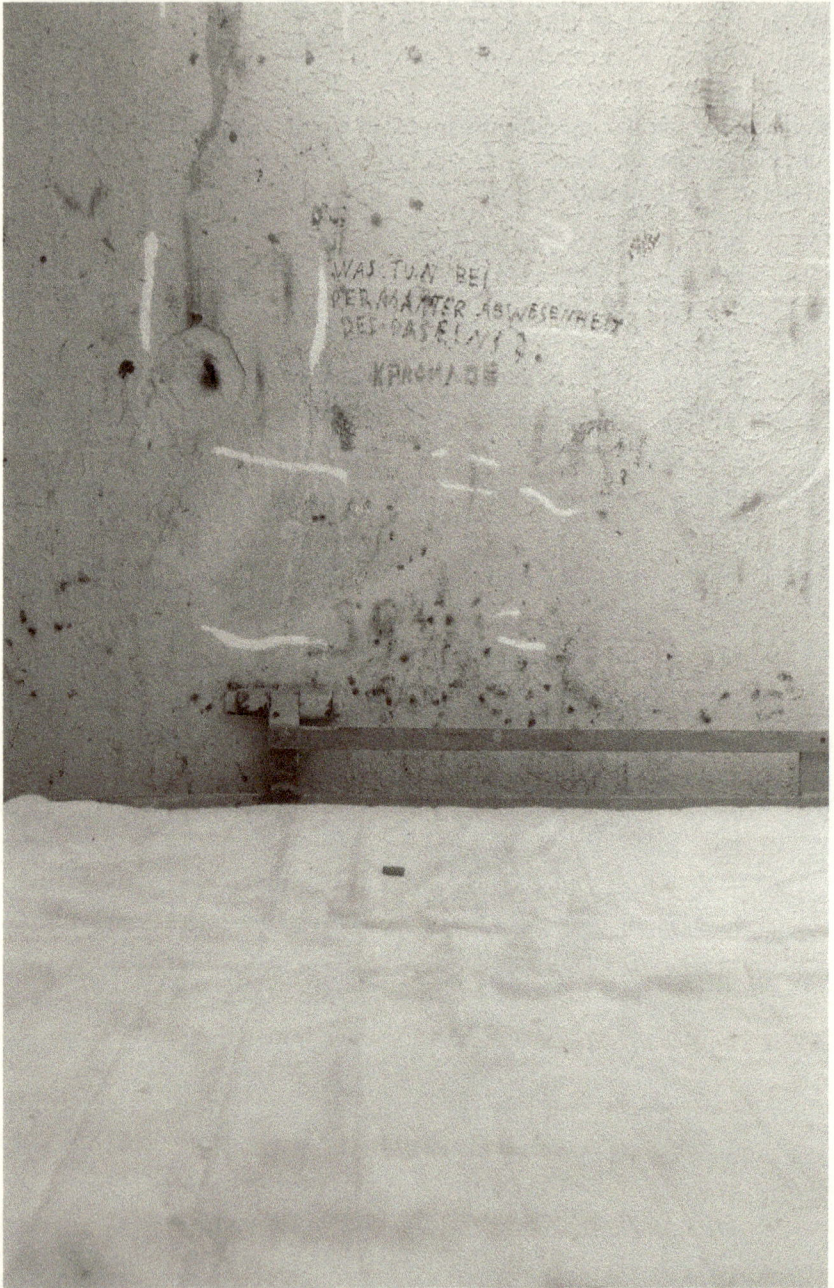

»Geprügelte Hunde reagieren so«
Zwangsmigration, traumatisch beeinflusste pädagogische Beziehungen und der Nutzen tiefenhermeneutischen Verstehens

David Zimmermann

>»Zu den Grundbedingungen des menschlichen Aufwachsens gehört ein gewisses Maß an Liebesökonomie. Das Kind bedarf eines gewissen Quantums Befriedigung seiner Liebestriebe, es muss sich geliebt fühlen und muß lieben dürfen. Wir wissen, dass es auch der Versagung bedarf, fehlte sie, ist das Resultat nicht selten die zügellose Kriminalität (Destruktion). [...] Und dann seien Sie so lieb und blähen Sie sich nicht als Retter, Sie armer Statist, es steht Ihnen schlecht, und den Kindern, die Sie lieben, könnte es beifallen, Ihnen gleichzutun, und dann haben Sie Ihren eigenen Zweck zerstört.«
>
> *Bernfeld, 1925, S. 110*

Abstract

Zehntausende minderjährige asylsuchende oder geduldete Migrant_innen leben heute in Deutschland. Viele von ihnen sind durch Gewalterfahrungen in ihren Herkunftsländern, durch Erlebnisse während der Migration, aber v. a. auch durch die prekäre Situation in Deutschland psychisch schwer belastet, was sich auch im Umgang mit ihnen in hiesigen Schulen zeigt. Vor dem Hintergrund des Modells der »Sequentiellen Traumatisierung« von Keilson und Becker und Material aus einem Forschungsprojekt in Schulklassen für neu in Deutschland angekommene Migrant_innen zeigt David Zimmermann, wie in der Beziehung zwischen Lehrer_innen und Schüler_innen in Fremdheitsgefühlen, Spaltungen und Grenzüberschreitungen Momente traumatischer Erfahrungen sichtbar, aber auch interpersonal und institutionell abgewehrt werden. Nur ein tiefenhermeneutischer Blick auf die latenten, unbewussten Dimensionen von schulischen Interaktionen kann, so Zimmermann, auch die Anteile der Lehrer_innen, der Institution Schule sowie des gesellschaftlichen Kontextes an den destruktiven Dynamiken aufzeigen.

1. Annäherungen

Drei Interneteindrücke

Öffnet man dieser Tage die Onlinepräsenz des Hohen Kommissars für Flüchtlinge der Vereinten Nationen (UNHCR), so fallen eindrückliche Bilder und Wortgruppen ins Auge. Auf der Startseite finden sich Informationen zur Lage der Flüchtlinge in Syrien, im Irak, im Südsudan. Im Hinblick auf ersteres Land ist sogar von »the biggest humanitarian emergency of our era« die Rede (UNHCR, 2014).

Viele Online-Zeitungen schreiben am 15.10.2014 vom Versuch hunderter Flüchtlinge, den Grenzzaun der spanischen Exklave Melilla, der gleichzeitig die Grenze zur Europäischen Union markiert, zu überwinden. Nur drei von ihnen hätten es in das Gebiet des europäischen Außenpostens geschafft, fast alle blieben in den drei gestaffelten Zäunen hängen und wurden festgenommen (Spiegel Online, 2014).

»Die Auffangklassen sind heillos überfüllt. Zahlreiche Schulen können dem Andrang kaum gerecht werden« (Goebels, 2014). So zitiert eine regionale Zeitung einen Gewerkschaftsvertreter im Herbst 2014. In den meisten deutschen Bundesländern gilt die Schulpflicht zwar auch für junge Flüchtlinge, ihre adäquate Förderung, sprachlich wie psychosozial, ist aber vielerorts infrage gestellt.

Es sind drei sehr unterschiedliche Nachrichten, die exemplarisch für die Erfahrungen vieler unfreiwillig ihre Heimat verlassende Menschen stehen. Den verbindenden Rahmen für Kriegs- und Verfolgungsgeschehen, extreme Abhängigkeit und Lebensgefahr während der Flucht sowie große Schwierigkeiten in der schulischen und arbeitsmarktbezogenen Teilhabe im Aufnahmeland bildet der langfristige Prozess der erzwungenen Migration (Bade, 2010). Das heißt, so disparat jene Nachrichten zunächst wirken, sind sie im Hinblick auf die biografische Erfahrung zwangsmigrierter Menschen durchaus sinnhaft aufeinander bezogen. Jene Extremerfahrungen entfalten, soviel kann bereits an dieser Stelle interpretiert werden, ihre psychologische Wirkung auf die Individuen. Demnach ist von vielfach belasteten und beeinträchtigten Erlebensmodi bei den Betroffenen auszugehen (Grinberg et al., 2010). Neue Beziehungen, unter ihnen die pädagogischen, sind deshalb durch spezifische Herausforderungen geprägt, die sich nicht zuletzt aus einem hoch aufgeladenen Übertragungs-Gegenübertragungsgeschehen herleiten lassen.

Die historisch-biografischen wie auch die aktuellen Beziehungserfahrungen zwangsmigrierter Kinder und Jugendlicher benötigen deshalb einer gehaltvollen Konzeptualisierung, um angemessene Unterstützungsmaßnahmen herausarbeiten zu können. Ausgehend von einer Skizzierung des aktuellen Wissens- und Forschungsstands (Kapitel zwei) wird in Kapitel drei ein Rahmenmodell von Traumatisierung als Folge von Zwangsmigration bei Kindern und Jugendlichen vorgestellt. In Kapitel vier werden sowohl verschiedene Forschungsparadigmen kritisch diskutiert, als auch der methodische Zugang eines eigenen Forschungsprojekts dargestellt. Bezugnehmend auf eine ausführliche Fallbesprechung in Kapitel fünf werden abschließend (Kapitel 6) Möglichkeiten pädagogischer Intervention in der Arbeit mit geflüchteten Kindern und Jugendlichen diskutiert.

2. Zwangsmigration, Traumatisierung und Pädagogik

Der Terminus »Zwangsmigration« ist dem der »Flucht« ähnlich, jedoch nicht deckungsgleich. Die primären Gründe für »Flucht« sind in der Genfer Flüchtlingskonvention als »Verfolgung wegen [...] Rasse, Religion, Nationalität, Zugehörigkeit zu einer bestimmten sozialen Gruppe oder wegen ihrer politischen Überzeugung« festgelegt (UNHCR, 1951). Nach neueren Ergänzungen soll jene Konvention unmittelbar auch für Kriegsflüchtlinge Anwendung finden. Zwangsmigration ist umfassender durch einen unverkennbaren wirtschaftlichen, politischen oder sozialen Druck gekennzeichnet, der ein Verlassen der Heimat erzwingt (Oltmer, 2012). Extreme wirtschaftliche Not, Krieg, soziale Marginalisierung sowie viele individuelle und familiäre Gründe sind Bedingungsfelder für aktuell 50 Millionen Menschen, ihre Heimat zu verlassen (UNHCR, 2014b). Etwa die Hälfte jener zwangsmigrierten Menschen sind Kinder und Jugendliche unter 18 Jahren. Gleichwohl sind auch die fast immer unsicheren Bedingungen während der Wanderungsbewegung als auch die nur selten sicheren Aufenthaltsmöglichkeiten im Aufnahmeland zentrale Kennzeichen von Zwangsmigration (Zimmermann, 2012a). Dabei gilt auch: Eine Unterteilung in erzwungene und freiwillige Migration ist vielfach willkürlich. Der Versuch, eine klare Trennlinie zu ziehen, scheitert spätestens bei der Analyse von Einzelschicksalen.

Obwohl nur ein kleiner Anteil jener 50 Millionen Menschen nach Deutschland kommt, steigt auch hierzulande die Zahl Asylsuchender sowie weiterer zwangsmigrierter Menschen. So wurden von Januar bis August 2014 115.000 Asylanträge gestellt (Bundesamt für Migration und Flüchtlinge, 2014). 40.000 Minderjährige leben als Asylsuchende mit oder ohne ihre Eltern in Deutschland, weitere 25.000 Menschen unter 18 Jahren befinden sich im Status der Duldung (Berthold, 2014). Für diese jungen Menschen kann regelhaft angenommen werden, dass die Migration wesentliche Aspekte von Zwang enthält, da sie nur in sehr wenigen Fällen aktiv an den Entscheidungen beteiligt sind (Akhtar, 2014).

Bereits anhand dieser ersten Skizzen lässt sich zeigen: Nicht nur die Erfahrungen in den Herkunftsländern, sondern ebenso die Rahmenbedingungen während der Migration und schließlich in den Aufnahmeländern sind regelhaft hochgradig belastend für zwangsmigrierte Kinder und Jugendliche (Hauser & Andreatta, 2013). Die Entwicklung eines individuellen traumatischen Prozesses bei den betroffenen jungen Menschen ist deshalb eine naheliegende Schlussfolgerung (Haslinger, 2011; Morland et al., 2013). Hiermit entsteht ein neues Feld im Migrationsdiskurs, der über einen langen Zeitraum eher durch geringe Beachtung der psychologischen Auswirkungen derartiger Erfahrungen geprägt war. Gleichwohl war bereits lang zuvor sowohl in psychiatrisch angelegten Untersuchungen (Baeyer et al., 1964; Paul & Herberg, 1963) als auch im psychoanalytischen Diskurs (Kestenberg, 1974; Niederland, 1980) deutlich geworden, dass Betroffene nachhaltig und mit einer breit angelegten Symptomatik auf Extremerfahrungen reagieren. In den hier zitierten Arbeiten standen die Folgen von Lagerhaft und Verfolgung im Fokus. Eine theoretische Anwendung auf das Verständnis der Auswirkungen von Zwangsmigration erscheint jedoch folgerichtig, als dass letztere sehr ähnliche soziale und zwischenmenschliche Bedingungsfelder umfasst (Gefängnis, extreme Abhängigkeit, lebensbedrohliche Situationen). Insbesondere Kindern wurden über einen langen Zeitraum höchstens kurzfristige Beeinträchtigungen als Folge von Extremerfahrungen zugebilligt:

> »Noch bis vor 20 Jahren ging man davon aus, dass Kinder keine PTB nach traumatischen Ereignissen entwickeln, sondern allenfalls eine vorübergehende unspezifische Symptomatik zeigen« (Rosner & Hagl, 2008, S. 205; vgl. auch Herzka et al., 1989).

Die intensivere wissenschaftliche Beschäftigung mit der Gruppe zwangsmigrierter Kinder und Jugendlicher in Form von Sammelbänden und Kongressen lässt sich im deutschsprachigen Raum mit der Ankunft von Flüchtlingen aus dem damaligen Jugoslawien terminieren (vgl. Büttner et al., 2004; Stiftung für Kinder, 1995). Auch heute gilt aber: Mit ihren besonderen Belastungen bilden die Betroffenen eine weitgehend marginalisierte Gruppe. Dies gilt am meisten für Kinder und Heranwachsende, die keine klassischen »Kriegskinder« (Schmitt, 2004, S. 47) sind. Aktuell erfahren etwa Roma aus Südosteuropa Reaktionen, die vielfach von Desinteresse bis zu offener

Feindseligkeit reichen. Zweifelsohne aber trägt ihre Migration regelhaft und sequenzübergreifend Kennzeichen von Zwang.

Hiermit ist nun sowohl ein wissenschaftliches als auch pädagogisch-praktisches Desiderat gekennzeichnet: Individuelles Leid kann sinnhaft nur über subjektzentrierte Analysen unter Einbezug der aktuellen Beziehungen und der sie umgebenden größeren sozialen Situation verstanden werden (Zimmermann, 2015a). Nur ein solcher umfassender Verstehensprozess wirkt der Pathologisierung von sozialen Katastrophenerfahrungen entgegen (vgl. Becker, 2014). Dabei wird zu zeigen sein, dass Forschung und Praxis eng miteinander verbunden sein müssen, mit dem Ziel, sinnhafte konzeptionelle Zugänge und pädagogische Verstehens- und Handlungsmodelle herauszuarbeiten (Zimmermann, 2015b). Der Fokus dieses Beitrags liegt auf der pädagogischen Forschung zur schulischen Situation zwangsmigrierter Kinder und Jugendlicher. Denn es ist jenes Setting, in dem die jungen Menschen einen großen Teil ihrer Zeit verbringen. Neben traumaspezifischen Erlebensmustern ist es das mutuelle Fremdheitsempfinden, das kennzeichnend für dieses Arbeitsfeld ist. Für die Seite der pädagogischen Professionellen beschreibt Kraushofer (2004, S. 173):

> »Wenn Einfühlung bedeutet, sich der Gefühls- und Vorstellungswelt, der Denk- und Erlebenswelt eines Menschen verstehend anzunähern und ein Stück zu spüren, wie die Objekte und die Welt wahrgenommen und erlebt werden, dann heißt das bei diesen Jugendlichen, sich in eine beängstigende Welt voller feindlicher oder zerstörter Objekte zu begeben und sich beispielsweise auch in das Erleben massiver physischer und psychischer Gewalt einfühlen zu müssen.«

Einige der betroffenen Jugendlichen beschreiben ihre Fremdheitserfahrung wörtlich oder sinngemäß mit folgendem Satz: »Was ich erlebt habe, kann sowieso niemand verstehen« (Zimmermann, 2012a, S. 210).

3. Zwangsmigration und Sequentielle Traumatisierung

Oben skizzierte, individuell verschiedene und bezüglich der strukturellen Merkmale doch weitgehend gemeinsame Erfahrungswelt der Betroffenen lässt sich theoretisch am besten mit der Konzeption der Sequentiellen Traumatisierung erfassen (vgl. Keilson, 2005). In ihrer ursprünglichen Form beschreibt diese Konzeption Erfahrungs- und Erlebensmuster von jungen Überlebenden des Holocausts in den Niederlanden. Die zumindest partiell gemeinsame biografische Erfahrung der Mitglieder der Gruppe bildete die Voraussetzung für die Entwicklung des Rahmenmodells. Aspekte dieser gemeinsamen Erfahrungswelt sind bei Keilsons Untersuchungsgruppe im jüdischen Glauben, der Extremverfolgung sowie im Verlust der Eltern zu finden. Die untersuchten Mitglieder einer Gruppe mit zentralen gemeinsamen biografischen Erfahrungen sind so auch als Repräsentanten bzw. Repräsentantinnen einer größeren Gruppe zu verstehen, nicht aber als statistisch repräsentative Teilgruppe. Die Konzeption der Sequentiellen Traumatisierung ist durch zwei miteinander verbundene Grundannahmen gekennzeichnet:

1. Trauma beschreibt immer einen »Prozess, in dem die Beschreibung einer sich verändernden (äußeren, D.Z.) traumatischen Situation der Rahmen ist« (Becker, 2014, S. 176), vor dessen Hintergrund sich individuelle Belastungsverläufe nachzeichnen lassen.
2. Jene schweren Belastungen, die (meist) auch singulär traumatischen Gehalt aufweisen, interagieren innerpsychisch, teils auch sozial miteinander. Individuelle, traumabezogene Prozesse lassen sich nur vor dem Hintergrund jener Interaktion von Extremerleben nachvollziehen (Zimmermann, 2012a, S. 41–47).

Individuelles Verstehen von traumatischem Erleben wird damit partiell erschwert, da die Komplexität von sozialen und innerpsychischen traumatischen Prozessen in den Fokus gelangt.

> »[Es] bedeutet jedoch eine Erleichterung, wenn man sich einmal entschlossen hat, seine Aufmerksamkeit auf das Zusammenspiel der verschiedenen traumatischen Abläufe zu lenken und versucht, den Konnex herzustellen zwischen den verschiedenen traumatischen Sequenzen« (Keilson, 2005, S. 61).

Der Zugang über die Konzeption »Sequentielle Traumatisierung« öffnet darüber hinaus den Blick für subjektiv schwerst belastende Erfahrungen, die als Einzelerfahrung nicht unbedingt klassische Traumaereigniskriterien erfüllen würden. So erwies sich in Keilsons Studie die Nachkriegsphase, die für die Jugendlichen durch Vormundschaftsprozesse sowie die Anerkennung der Waisenschaft geprägt war, als hochgradig traumatische soziale Situation.

Über den ursprünglichen historischen Kontext hinaus kann die Konzeption, eine gründliche Analyse der Bedingungsfelder vorausgesetzt, auch auf andere gesellschaftliche Zusammenhänge übertragen werden (Becker, 2014). Diese Offenheit für unterschiedliche Erfahrungshintergründe ist schon bei Keilson angelegt. So schreibt er, bezugnehmend auf die konzeptionelle Integration sowohl von Opfern der Konzentrationslager als auch Überlebender in Verstecken und in Pflegefamilien:

> »Damit kommen wir zu einer Lücke in der bestehenden Gesetzgebung, die eine deutliche Bevorzugung derjenigen Fälle darstellt, die in den Konzentrationslagern einer inzwischen aller Welt bekannten massiven und vehementen Traumatisierung preisgegeben waren. Diese Bevorzugung ist zwar zu verstehen. Aber wie uns das hier referierte Material lehrt, hat das Verfolgungsgeschehen auch andere, vielleicht weniger ins Auge springende Formen, die darum nicht weniger ernst und folgenreich gewertet werden müssen« (Keilson, 2005, S. 46).

Einen historisch anders gelagerten, aber für die Gruppe schlüssigen sequentiell traumatischen Prozess hat Becker (2014, S. 178–180) für politisch verfolgte Menschen beschrieben. Neben Phasen akuter Verfolgung bringen auch hier weitere Sequenzen traumatische soziale Bedingungen für die Betroffenen mit sich.

Auch zwangsmigrierte Kinder und Jugendliche im 21. Jahrhundert weisen eine Reihe von geteilten Erfahrungen auf, weshalb sich ein übergreifendes Rahmenkonzept Sequentieller Traumatisierung entwickeln lässt. Die gemeinsame Erfahrungswelt dieser Gruppe umfasst den Verlust primärer Beziehungspersonen und/oder guter elterlicher Objekte, ein nicht begreifbares Verlassen des Heimatlandes, lebensbedrohliche Erlebnisse auf dem Weg ins Zielland, die hoch unsichere Aufenthaltssituation im Ankunftsland sowie regelhaft eine komplizierte schulische Situation. Die Sequenzen orientieren sich formal an Beckers (2014, S. 180–182) Rahmenmodell, sind inhaltlich jedoch der spezifischen Situation von Kindern und Jugendlichen angepasst worden (Zimmermann, 2012a, 2012b). Die Sequenzen werden mithilfe biografischer Aspekte von Ibrahim, eines zwölfjährigen Jungen syrisch-kurdischer Herkunft, veranschaulicht. Der Schüler einer Schule mit dem Förderschwerpunkt »emotionale und soziale Entwicklung« lebt in Berlin (ausführliche Falldarstellung in Zimmermann, 2012a, S. 140–158).

Erste Sequenz: Vor der Zwangsmigration

Das Erleben von Krieg und organisierter Gewalt erzeugt Gefühle extremer Hilflosigkeit und Ohnmacht. Für zahlreiche Betroffene ist diese Lebensphase auch mit der Bewusstwerdung der Trennung von den primären Bezugspersonen und der Trauer um den verlorenen Halt der Familie verbunden. Bei vielen betroffenen Jugendlichen entwickelt sich ein die gesamte Zwangsmigration prägendes Gefühl der tiefen Ambivalenz gegenüber der Familie.

Einer engen Verbundenheit stehen dabei verleugnete Gefühle des Hasses und des Ausgestoßenseins aus der Ursprungsgemeinschaft gegenüber (Akthar, 2007, S. 109).

Ibrahim erlebte im Heimatland bürgerkriegsähnliche Zustände; das Haus seines Großvaters wurde mehrfach beschossen. Vor Beginn der Flucht kommt es zu einer endgültigen Trennung von seinem geliebten Großvater (Zimmermann, 2012a, S. 140–158).

Zweite Sequenz: Auf der Flucht

Sie ist durch Erfahrungen überwältigender Angst geprägt, nicht selten zudem durch Lebensgefahr. Viele Flüchtlinge erleben existenzielle Abhängigkeiten von Fluchthelfern oder Polizeikräften, denen sie sich unterwerfen müssen. Die Kinder und Jugendlichen verlieren regelhaft jede Kontrolle über das Geschehen, traumatische Symptomatiken wie Ohnmacht und Hilflosigkeit sind die Folge.

Ibrahim ist mit seiner Familie zu Fuß auf dem Weg von Tschechien nach Deutschland. Er erinnert sich, dass er als damals dreijähriger Junge Schnee und Wurzeln gegessen habe. Seine Mutter bleibt zurück, er hat Angst, sie für immer zu verlieren. »*Da hab ich erstmal wieder geweint, meinte so, nein, komm mit, ich hab sie so geschoben und alles, auf einmal ist sie dann doch mitgekommen*« (ebd., S. 142).

Dritte Sequenz: Die Anfangszeit am Ankunftsort

Überwältigende Überforderung durch die vielen zu klärenden Probleme gilt als häufiges Merkmal dieser ersten Zeit. Während Familien einem Wohnheim mit extrem eingeschränkter Privatsphäre zugeordnet werden, müssen die unbegleiteten minderjährigen Flüchtlinge sich einem angstauslösenden, teils demütigenden Clearing-Verfahren unterziehen. Darin wird ihr Alter geschätzt. Bei anerkannter Minderjährigkeit können sie in der Regel in eine Einrichtung der Jugendhilfe umziehen.

Ibrahim erinnert sich vor allem an die unhygienischen Zustände in der Erstaufnahmeeinrichtung sowie an die Angst, seinen Vater zu verlieren, der zunächst an anderer Stelle untergebracht wurde.

Vierte Sequenz: Chronifizierung der Vorläufigkeit

Zentrales Kennzeichen dieser Sequenz ist die Nicht-Veränderung. Für viele der Jugendlichen ist sie mit großen Zukunftsunsicherheiten verbunden, da sie als Asylsuchende oder geduldete Flüchtlinge nach Beendigung der Schulzeit keinerlei Berufsperspektive in Deutschland haben. In dieser Sequenz gewinnt die Schule eine herausgehobene Bedeutung für die Identitätsentwicklung. Gelungene Entwicklungsverläufe verweisen wiederholt auf die Bedeutung einzelner schulischer Beziehungspersonen (Delen & Nafilo, 2006, S. 101–109).

»Na, weil ich nicht dumm bleiben will, ich will hier was schaffen« (Zimmermann, 2012a, S. 151). Ibrahim misst der Schule eine hohe Bedeutung zu, trotz seiner mannigfaltigen psycho-sozialen Schwierigkeiten. Seinen derzeitigen Lehrer in einer Schule mit dem Förderschwerpunkt »emotional-soziale Entwicklung« erlebt er im Gegensatz zu seinen früheren schulischen Beziehungspersonen als haltend. Dies zeige sich daran, so Ibrahim, dass der Lehrer seine Fragen auch einhundert Mal beantworte. Ein solches Aushalten auch schwieriger Verhaltensweisen kann als Kernmerkmal einer sicheren schulischen Umgebung verstanden werden (vgl. Crain, 2005).

Fünfte Sequenz: Bedrohliche Rückkehr

Familien im laufenden Asylverfahren oder im Status der Duldung sind wiederkehrenden Abschiebedrohungen ausgesetzt. Diese lösen stets aufs Neue psychische Krisen aus und gewinnen somit traumatischen Gehalt. Die familiäre Interaktion ist in diesen Situationen vielfach durch Parentifizierung geprägt, das heißt, die Kinder übernehmen unbewusst die Verantwortung für die psychische Stabilisierung der Eltern (vgl. Bräutigam, 2000).

»Ja, wir hatten auch erstmal Duldung und so alles, dass wir abgeschoben, da hatte ich manchmal auch keinen Bock mehr, ich meinte so: Warum, wenn wir abgeschoben werden, warum soll ich hier noch weiter lernen und so alles?« (unveröffentlichter Interviewauszug). Die fast regelhafte Angst vor Abschiebung ist demnach auch eine pädagogische Herausforderung. Während einige junge Flüchtlinge wie Ibrahim die schulischen Anforderungen als sinnlos erleben, übersteigern andere deren Bedeutung. Subjektiv werden ihre schulischen Erfolge dann zum Gradmesser über den Verbleib der Familie in Deutschland. Eine solche Last ist von den Heranwachsenden jedoch kaum zu tragen.

Sechste Sequenz: Aus Flüchtlingen werden Migranten

Erstmals haben die zwangsmigrierten Menschen aufgrund der Arbeits- und Wohnsituation nun die Möglichkeit, ihr Leben weitgehend selbst zu gestalten. Die Entwicklung des traumatischen Prozesses ist in dieser

Sequenz in besonderer Weise von der Möglichkeit abhängig, die persönliche Lebens- und Leidensgeschichte in einen zwischenmenschlichen Diskurs einzubringen. Schnelle Forderungen nach weitgehender Assimilation sind dabei kontraproduktiv und verstärken das ohnehin prägende Gefühl des Ausgeschlossenseins.

Ibrahim schließt sich einer aggressiv-hassenden Jugendgang an und überfällt Gleichaltrige. Ihr Bedingungsfeld hat diese ausagierte Gewalt in früheren und aktuellen traumatischen Erfahrungen. Einen Raum für notwendige Trauerarbeit bietet weder das auf Spaltung ausgelegte Familiensystem noch die auf Verhaltensmodifikation und Leistung orientierte Schule. Deutlich zeigt sich deshalb die Aggressivität als umgewandelte Trauer. Er sagt: »Bei mir hat's Weinen schon aufgehört irgendwie« (Zimmermann, 2012a, S. 140).

4. Traumatisierte Kinder und Jugendliche in der Schule Forschungsmethodische Überlegungen

4.1 Forschungszugänge

Quantitative Forschung zu Traumatisierung bei zwangsmigrierten Menschen beruht konzeptionell bedingt stets auf der Vorstellung einer transkulturell gültigen Definition einer posttraumatischen Belastungsstörung (PTBS) (APA, 2013). In einer deutschen, auf PTBS-Symptomatik fokussierenden Studie von Gavranidou et al. (2008) berichteten 60 Prozent der zwangsmigrierten Kinder und Jugendlichen von einem oder mehreren traumatischen Ereignissen, diese korrelierten signifikant mit schwerer psychischer Belastung. Liegen im internationalen Kontext Zahlen zu traumatisierten Flüchtlingen vor, so schwanken deren Angaben erheblich, die Erhebungsmethoden werden zu Recht kritisiert (Karunkarra et al., 2004; McDonald et al., 2014; Wenk-Ansohn et al., 2013). Denn eine genaue Erhebung der Anzahl schwer belasteter oder sogar traumatisierter Kinder und Jugendlicher ist kaum möglich. Mithilfe standardisierter traumadiagnostischer Erhebungsinstrumente können gerade die langfristigen und Sequentiellen Traumatisierungen, denen viele junge Flüchtlinge ausgesetzt sind, nur äußerst unzureichend erfasst werden (Zimmermann, 2014). Das PTBS-Konzept ist demnach im Hinblick auf zwangsmigrierte Kinder und Jugendliche traumafachlich kaum tragfähig. Zudem kommen wirkmächtige Machtkonstellationen zum Einsatz, eine transkulturelle Perspektive wird konzeptionell bedingt negiert (Kizilhan et al., 2013). Eine stark erhöhte psychische Vulnerabilität zwangsmigrierter Kinder ist jedoch trotz unsicherer Forschungslage unumstritten (Assion et al., 2011; Morland et al., 2013).

Qualitative Traumaforschung muss es demgegenüber zum Ziel haben, individuelle Erfahrungs- und Erlebensmuster abzubilden, somit Zusammenhänge zwischen äußerer und innerer Welt der Betroffenen herzustellen. Dies kann im Traumakontext nur gelingen, wenn abgewehrte, teils auch abgespaltene Aspekte des Erlebens in die Forschung einbezogen werden (Zimmermann, 2015a). Tiefenhermeneutische Forschung zielt auf eine Rekonstruktion subjektiver Sinngehalte, wobei die »Spannung zwischen einem *manifesten* und einem *latenten* Sinn« (König, 2000, S. 557, Herv. im Orig) der jeweiligen Quellen von besonderem Interesse ist. Forscherinnen und Forscher sind dabei Subjekte des Analyseprozesses, da sie das Textmaterial auf sich wirken lassen und insbesondere »an irritierenden Interaktionssequenzen ansetzen« (ebd., S. 563).

Tiefenhermeneutisch orientierte Forschung ist deshalb unabdingbar, soll die Analyse traumatischer Prozesse nicht ausschließlich erinnerungsfähige Erfahrung oder symbolisierbares Erleben umfassen: »Most of the manifest interview-texts appeared to be relatively banal – compared to the powerful latent (unconscious) emotional messages between the lines, occurring during the interviews« (Marks & Mönnich-Marks, 2003, Abs. 8).

Von besonderer Bedeutung ist nunmehr der mutuelle Zusammenhang der Konzeption »Sequentielle Traumatisierung« einerseits und tiefenhermeneutischer Forschung andererseits. Wird die aktuelle soziale Situation als Teil des traumatischen Prozesses verstanden, muss diese in ihrem affektiven Gehalt erfasst und analysiert werden. Deshalb bedarf es der Einfühlung in die pädagogischen Akteure (Lernende und Lehrende) sowie der Reflexion eigener Emotionen angesichts der Konfrontation mit potenziell traumatischen Interaktionsszenen. Somit ergibt sich auch eine Verbindung zur pädagogischen Arbeit: »Die Entwicklung von Ideen und Vorstellungen davon, was junge Flüchtlinge brauchen könnten, basiert auf Erkenntnissen, die durch Einfühlung in die subjektive Erlebniswelt der Jugendlichen gewonnen werden können in Verknüpfung mit pädagogischem, psychologischem bzw. psychoanalytischem Wissen« (Kraushofer, 2004, S. 172).

Adäquate Handlungsmöglichkeiten lassen sich demnach nicht aus Manualen herleiten, sondern bedürfen eines individuums- und emotionsbezogenen Verstehens. Jene Analyse, die Kraushofer hier für die professionelle pädagogische Arbeit vornimmt, gilt im Prinzip gleichermaßen für die Forschung. Es zeigt sich jedoch ein wichtiger Unterschied: Im Rahmen der Forschung kann in aller Regel kein Containment (im Sinne Bions) gewährleistet werden (Loch, 2008). Eine tiefenhermeneutisch orientierte Forschungstätigkeit mit traumatisierten Kindern und Jugendlichen muss deshalb engen Restriktionen unterliegen. Vielfach ist die Forschung mit beteiligten Professionellen aus forschungsethischen Gründen angezeigt. Auch inhaltlich erweist sich jener Zugang als gewinnbringend: Denn die Professionellen sind aufgrund ihrer höheren emotionalen Reife zu Symbolisierungsleistungen der latenten Emotionen fähig. Somit können sich im Interaktionsgeschehen spiegelnde Affekte in die Forschung integriert werden (Zimmermann, 2015a).

4.2 Zum Verständnis traumatisierter pädagogischer Beziehungen Zugänge eines aktuellen Forschungsprojekts

Unter Maßgabe des in Kapitel 2 dargestellten Forschungsdesiderats haben wir im Rahmen eines größer angelegten Projekts an der Leibniz Universität Hannover zur Situation von traumatisierten Kindern und Jugendlichen in der Schule folgende Forschungsfrage formuliert:[1]

Wie reinszenieren sich traumatische Erfahrungs- und Erlebensmuster in der pädagogischen Interaktion sowie in institutionalisierten Handlungsabläufen?

Schüler und Schülerinnen in niedersächsischen Sprachlernklassen sowie ihre Lehrkräfte bildeten dabei neben anderen eine wichtige Fokusgruppe jener Untersuchungen.[2] Zur Sicherstellung eines weitgehenden gemeinsamen Verständnisses des Themas haben wir den beteiligten Fachkräften eine grafische Übersicht vorgelegt, in dem das traumatische Geschehen in einem Drei-Ebenen-Modell illustriert wird: traumatische Erfahrungen (z. B. Gewalt), typische innere Erlebensmuster (z. B. starke Angst, dissoziative Anteile) sowie mögliche Verhaltensweisen.

Zur Gewährleistung inhaltlicher Tiefe bei gleichzeitiger Generalisierbarkeit der Ergebnisse im Sinne »kontextspezifischer Aussagen« (Mayring, 2007, Abs. 14) wurden Forschungsmethoden benötigt, die zweierlei Charakteristika aufweisen: die Öffnung des Zugangs zu nicht verbalisierbaren Erlebensanteilen der Interaktionspartner und -partnerinnen einerseits und die Darstellbarkeit möglichst umfassender und vergleichbarer Aspekte des Beziehungsgeschehens in der traumapädagogischen Arbeit andererseits.

Themenzentrierte Interviews (Schorn, 2000) mit den pädagogischen Professionellen wurden deshalb als erstes Untersuchungsinstrument gewählt. Im Fokus dieser teilstrukturierten Interviewform stehen die einzelnen Befragten mit ihren subjektiven Sichtweisen. Gleichwohl ermöglicht die Leitfadenstrukturierung eine hier notwendige thematische Einengung. Werden Professionelle als Interaktionpartnerinnen und -partner der zwangsmigrierten Kinder und Jugendlichen interviewt, sind sie analog zur hier genutzten Trauma-Rahmenkonzeption auch Beteiligte am traumatischen Prozess. Somit ermöglicht der Dialog über Emotionen Einblicke in zentrale Erlebensaspekte dieses Prozesses. Dies bedeutet auch, dass die kindliche bzw. jugendliche Seite des Erlebens nur über einen Umweg, mittels Rekonstruktion seitens der Professionellen, erschlossen wird.

Die inhaltliche Tiefendimension wird gestärkt, indem die Fachkräfte um die Übernahme der Ich-Perspektive der Kinder und Jugendlichen gebeten wurden und aus dieser Perspektive heraus inneres Erleben ihrer Schülerinnen und Schüler rekonstruieren. Mehrfach wurden sie zudem um die Benennung eigener Emotionen in der Arbeit mit den Betroffenen ersucht. Bereits die Interviewdurchführung sowie die Transkription erforderte demnach eine »intensive Interaktion mit den Daten« (Jaeggi et al., 1998, S. 5). Denn zwischen Interviewenden und Interviewten entwickelte sich ein intensiver, Emotionen, Haltungen und Handlungen thematisierender Dialog. Die Kontextbedingungen des Interviews sowie eigene Emotionen der Interviewenden wurden in Prä- und Postskripta festgehalten.

Beobachtungen nach dem Tavistock-Modell bildeten die zweite Forschungsmethode (Lazar, 2000). Das ursprünglich aus der Ausbildung von Kinder- und Jugendlichentherapeuten und -therapeutinnen stammende Instrument ermöglicht die Rekonstruktion von subjektiven Sinnzusammenhängen zwischen Beziehungspersonen aus einer im Hinblick auf die Interaktionen abstinenten, gleichwohl reflexiven Beobachtungsposition heraus. Hierbei bemühen sich die Forscherinnen und Forscher um eine möglichst umfassende Aufmerksamkeit, um die vielfältigen Interaktionssequenzen aufnehmen zu können.

Die Beobachtungen fanden jeweils vor oder nach den Interviews in den Schulklassen oder Wohngruppen der Fachkräfte statt und wurden von einer nicht an den Interviews beteiligten Person durchgeführt. Aus forschungsökonomischen Gründen konnten nur ein bis zwei Beobachtungen im jeweiligen Setting realisiert werden. Die Beobachterinnen verfassten im Anschluss an ihre Hospitationen ein Protokoll, in dem sie möglichst detailliert die Interaktionen, jedoch auch die vermuteten Wünsche und Ängste der beobachteten Personen niederschrieben. Wiederum dienten ausführliche Prä- und Postskripta der Reflexion eigener Emotionen sowie latenter Interaktionsanteile, die in den Protokollen so nicht ersichtlich waren.

Für beide Forschungsmethoden waren im Anschluss an die Durchführung und Verschriftlichung Auswertungen in der Interpretationsgruppe vorgesehen. Eine voreilige Theoretisierung des Materials ist hier nicht angezeigt: »It is therefore important that the experience and evidence is made directly available to the supervisory seminar in which the observations are discussed and not prematurely ›coded‹ into theoretical interpretations and categories« (Miller et al., 1989, S. 52).

Die sehr strukturierte Vorgehensweise des Zirkulären Dekonstruierens bildete den formalen Rahmen für die Auswertungsschritte (Jaeggi et al., 1998). Somit konnte ein sicherer Ort auch in der Forschungsgruppe bereitgestellt werden. Die Auswertungen wurden zunächst einzelfallbezogen vorgenommen. Interviewtranskriptionen und Beobachtungsprotokolle wurden jeweils zu einem Fall zusammengefasst. Analog zum oben Beschriebenen ist ein »Fall« jedoch nicht personal, sondern interaktional sowie institutionell zu verstehen. Demnach sind es weder einseitig die Kinder und Jugendlichen, die ihre traumatischen Erfahrungen reinszenieren. Noch sind es Professionelle, die (so ließe sich ein vorschnelles Urteil fällen) in unangemessener Weise auf die Anforderungen reagieren. Vielmehr bildet die aktuelle pädagogische Situation den (institutionellen) Rahmen dafür, wie sich traumatisch beeinflusste Interaktion im gegebenen Setting verstehen lässt (Zimmermann, 2015a).

Ein wesentlicher Aspekt zur Entschlüsselung der Daten bestand im Verständnis der Interaktion manifester und latenter Sinngehalte. Unter den manifesten Daten wurden Beschreibungen bzw. Beobachtungen der Interaktion sowie von den Fachkräften symbolisierbare Erwartungen oder Sorgen verstanden. Latente Daten fanden sich in Wünschen und Ängsten der Interviewten, die jedoch vielfach nur durch die Perspektivübernahme in der Interpretationsgruppe sowie durch die Analyse eigener Gegenübertragungsgefühle verstanden werden konnten (König, 2000, 558). Das heißt, die Auswertung greift im Wesentlichen auf die gleichen Methoden zurück, die in den Interviews und in den Prä- und Postskripta der Beobachtungen genutzt wurden.[3] Im Anschluss an die Arbeit in der Gruppe wurde ein Ergebnisprotokoll verfasst, indem die erarbeiteten Themenfelder strukturiert im Sinne von Falldarstellungen aufgearbeitet wurden.

5. Fallanalyse: Die (Un-)Möglichkeit, allen gerecht zu werden

Die wichtigste Grundlage der folgenden Fallanalyse bildet die Masterarbeit von Nicole Wipperfürth (Wipperfürth, 2014), die im Kontext ihrer Mitarbeit im oben genannten Forschungsprojekt entstanden ist. Während die

Autorin die Interviews durchgeführt hat, beobachtete Franziska Ullrich den Unterricht. Da Nicole Wipperfürth selbst als Lehrkraft in Sprachlernklassen tätig ist, gelingt ein intensiver Dialog über die Schülerinnen und Schüler.

5.1 Rahmenbedingungen

Die Lehrerin Karin[4] unterrichtet seit mehr als 10 Jahren in niedersächsischen Sprachlernklassen. In diesem Kontext beschäftigt sie sich intensiv mit dem Thema »Traumatisierung« und weist nach Aussage der Interviewerin ein großes Engagement in ihrer Arbeit auf. Die Schülerinnen und Schüler der Klasse, die im Mittelpunkt der Fallanalyse steht, sind zwischen 13 und 16 Jahren alt, seit relativ kurzer Zeit in Deutschland und stammen überwiegend aus Kriegs- und Krisengebieten. Die Sprachlernklasse ist an eine Hauptschule angebunden. Die Atmosphäre des Interviews wird von Wipperfürth (2014, 65f.) folgendermaßen beschrieben:

> *In ihren Erzählungen erlebe ich sie [Karin, D. Z.] als sehr empathisch und emotional nah an den Jugendlichen. Nach meinem Empfinden ist sie froh und auch erleichtert, diese Haltung mit mir teilen und mir davon berichten zu können. [...] Die Atmosphäre ist eher die eines freundlichen Fachgespräches über ein sehr emotionales Thema, allerdings mit deutlich weniger Schwere, als bei meinem ersten Interview. Im Nachhinein habe ich das Gefühl, zu wenig nachgefragt zu haben. Auch während der Transkription hält dieses Gefühl an und verwirrt mich. Mir fällt während des Interviews beispielsweise nicht auf, dass meine Kollegin für den von ihr gewählten traumatisierten Schüler kaum Ich-Sätze formuliert. Des Weiteren weiß ich, dass in ihrer Klasse drei Jugendliche unbegleitet geflohen sind.*«

5.2 Themenfeld 1: Traumatisierte Beziehung, Fremdheit und pädagogisches Ich-Ideal

Beziehungsarbeit, so stellt es die Lehrerin Karin an vielen Stellen heraus, hat in der Arbeit mit neu in Deutschland lebenden Jugendlichen eine herausgehobene Bedeutung. Im konkreten Kontext zeigt sich, dass die Fachkraft dabei vielfach mit stark zurückgezogenen Verhaltensweisen der Jugendlichen konfrontiert ist. Karin beschreibt einen Schüler ihrer Klasse:

> *Kassim war am Anfang total zurückgezogen, hat auch den Kontakt mit anderen nicht gesucht [...] auch gar nicht richtig zugelassen. [...] Der war so blockiert, dass er teilweise nicht in der Lage war zu sprechen, also,*

der konnt sich schon gar nicht auf ne neue Sprache einlassen. [...] Sein Ver-
halten mir gegenüber [...] war von einer ängstlichen Unterwürfigkeit. [...]
Geprügelte Hunde reagieren so, wie er reagiert hat [...]. Er hat im Grunde
die beiden anderen Schüler, die nun seine Sprache sprechen, also an die hat
er sich nur angedockt, da war nicht wirklich ne Beziehung. [...] Er konnte
nix geben [...] er hat nur genommen.«
　　Frage: »Welche Art von Beziehung könnte er verinnerlicht haben [...]?«
　　Karin: »Gewaltbeziehung. Also Gewalt und Unterwerfung. Genau so«
(Wipperfürth, 2014, S. 67).

Die (symbolisierbaren) szenischen Informationen der Klassenlehrerin verweisen auf eine deutliche emotionale Teilhabe der Fachkraft am traumatischen Geschehen:
　　»[A]m Anfang, als ich so das Ausmaß seiner Verstörtheit glaubte erken-
nen zu können, hat mich das sehr äh bedrückt. Ich hab dann so überlegt,
was ich machen kann, außer dem, was ich immer mache. [...] Es hat mich
auch so als politischer Mensch wütend gemacht [...] und dann auch so
diese Ohnmachtsanfälle. Ich war also drauf und dran nach [Heimatland
von Kassim, Anm. d.Verf.] zu schreiben [...] an den Konsul [...] dort an
die Regierung [...] (seufzt) aber ich hab dann festgestellt, das kann ich mir
schenken, ne« (Wipperfürth, 2014, S. 69).

Karin benennt hier zentrale traumaassoziierte Emotionen (Wut, Ohnmacht,
Hilflosigkeit) als affektive Reaktion auf die traumatische Erfahrung und
das Erleben des Jungen. Erlebte Hilflosigkeit löst einen Handlungsdruck
aus, den die Fachkraft jedoch selbst als zu diesem Zeitpunkt wenig zielfüh-
rend beschreibt. Gleichwohl sind nicht alle seelischen Verletzungen derart
linear mit massiv auffälligem Verhalten, sei es aggressiv-ausagierend oder
zurückgezogen, verbunden. Gerade junge Flüchtlinge zeigen, so lässt sich
exemplarisch rekonstruieren, oft hoch angepasstes Verhalten. In diesen Fällen lassen sich die traumatischen pädagogischen Beziehungsmuster partiell
aus einer Analyse der szenischen Informationen entschlüsseln. Karin formuliert dies folgendermaßen:
　　»Ich hab [...] manchmal das Gefühl, dass es also auch Formen von
Traumatisierung gibt, [...] die maskiert sind und zwar so maskiert, dass
man' s nicht erkennt, dass also [...] ein diffuses Gefühl da ist, [...] das
man nicht packen kann. [...] das bereitet mir manchmal Schwierigkeiten,
weil diese Schüler dann so perfekt sind, also die haben auch genau die rich-
tige [...] Menge an Fehlverhalten, um unauffällig zu sein« (Wipperfürth,
2014, S. 17).

Die Lehrerin erlebt demnach ein kaum fassbares, für sie selbst nicht recht symbolisierbares Gegenübertragungsgefühl, dass zunächst schwer einzuordnen ist. Gleichwohl, so kann begründet argumentiert werden, spiegeln sich in jenem Affekt in zweierlei Hinsicht traumaassoziierte Aspekte: Es ist einerseits jene innere Einsamkeit, die van der Hart und Kollegen als Kernmerkmal von Traumatisierung bezeichnen (van der Hart et al., 2004). Dabei steht die Nicht-Bezogenheit zu positiven inneren Repräsentanzen im Mittelpunkt, in der Gegenübertragung zeigen sich diese Emotionen nunmehr als Leere hinsichtlich klarer und fassbarer Emotionen. Andererseits bildet sich im »diffusen Gefühl« und dem Eindruck der »Maskierung« von seelischem Leid eine besondere Fremdheit zwischen der Pädagogin als Vertreterin der Mehrheitsgesellschaft und dem jungen Flüchtling ab – die szenischen Informationen sind somit auch Ausdruck eines sehr aktuellen Aspekts Sequentieller Traumatisierung.

Die deutliche Widerspiegelung der traumatischen Erfahrung (ob konkret in Emotionen wie Ohnmacht oder eher »unbegreifbar« in der pädagogischen Interaktion sowie im eigenen Erleben) erzeugt nunmehr bei Karin einen hohen Anspruch an sich selbst:

»Sie erwarten von mir Zuverlässigkeit in jeder Phase. Also [...] dass ich auch erkennbar bin, transparent bin. [...] Sie müssen nachvollziehen können, warum ich was wie mache« (Wipperfürth, 2014, S. 68).

Bereits diese Formulierung verallgemeinert einen hohen fachlichen und menschlichen Anspruch und löst ihn von der Reflexion des Zwei-Personen-Geschehens mit Kassim. Vielmehr wird absolute Zuverlässigkeit und Transparenz als Notwendigkeit in der Arbeit mit den zwangsmigrierten Jugendlichen im gegebenen Setting benannt. Der damit verbundene Druck, allen gerecht zu werden, zeigt sich im Beobachtungsprotokoll. Es wird auch deutlich, dass jener Druck nicht förderlich für die Strukturierung einer Gruppe als soziales Gebilde ist:

Karin unterbricht die Aufzählung zwischendurch, als es unruhig wird, um einen Jungen am vorderen Tisch zu fragen: »›Ist alles in Ordnung?‹ Er antwortet: ›Ja, ja, nur meine Tasche.‹ [...] Sie hält an der Tafel inne, wartet ab, bis drei Jungen am vorderen Tisch, die noch immer ihre Jacken tragen, wieder leise sind und bedankt sich dafür. [...] Als sie die allgemeine Aufgabenverteilung schließlich abgeschlossen hat, spricht sie mit dem Mädchen eine extra Aufgabe ab. [...] Schließlich geht Karin helfend in der Klasse umher. [...] Als es bei der hinteren Gruppe unruhig wird, fragt die Lehrerin: ›Habt ihr Probleme?‹ Kinder: ›Nee, alles geklärt.‹ Der Junge würde jedoch weiterhin schlimme Wörter sagen. Daher holt sie den Jungen mit dem Rucksack nach vorne und bittet einen anderen Jungen für sie zu übersetzen.

Andere Schüler rufen währenddessen: ›Frau X., Frau X.‹ Sie bittet um Ge-
duld. Der Junge übersetzt, wie von der Lehrerin gebeten: ›Ich möchte, dass
du Respekt gegenüber deiner Mitschülerin hast und keine schlimmen Worte
mehr sagst. Sie ist doch deine Kollegin‹« (unveröffentlichtes Beobachtungsprotokoll Ullrich, 2014).

Ähnlich, wie die Fachkraft im Interview die Perspektive der Jugendlichen
übernimmt, können nunmehr auch die Mitglieder der Forschungsgruppe die
Perspektive der Lehrerin einnehmen. Es lassen sich dadurch latente Sinnge-
halte entschlüsseln, die in der symbolisierten Interaktion nicht in diesem
Maße deutlich werden. Mitglieder der Forschungsgruppe rekonstruierten
folgende innere Erlebenswelt für Karin:
»Ich möchte diejenige sein, zu der die Kinder kommen.«
»Durch meine Hilfe kannst du wieder Vertrauen fassen.«
»Ich möchte dir zeigen, dass es auch noch gute Menschen auf dieser
Welt gibt.«
»Ich möchte, dass du auch noch später an mich denkst.«
»Ich möchte, dass du mir das Gefühl gibst, dass mein Handeln richtig
ist« (Wipperfürth, 2014, S. 68f.).

Obwohl es sich dabei nunmehr um eine (hier auch nur auszugsweise wieder-
gegebene) Rekonstruktion, keinesfalls um ein Abbild innerer Welt handelt:
Es wird deutlich, dass das »Mitleiden« bei Traumatisierung im konkreten
Fall ein sehr hohes Ich-Ideal mitbedingt. Dieses Ideal spiegelt sich auch in
der Forschungsgruppe selbst wieder, wenn die Mitglieder reflektieren, sie
fühlen sich gedrängt, passende Sätze zu formulieren. Erzeugt ein hohes Ich-
Ideal (scheinbare) Handlungsnotwendigkeiten, denen man pädagogisch real
nicht entsprechen kann? Lässt sich ein Teil der diesbezüglichen Handlungen
als pädagogische Grenzüberschreitung interpretieren? Dies kann im Folgenden zumindest anhand einiger szenischer Beispiele diskutiert werden.

5.3 Themenfeld II: Grenzüberschreitung

Die Lehrkraft betont gegenüber der Beobachterin, ein »Mitleiden« würde sie
selbst emotional blockieren und handlungsunfähig machen. Wipperfürths
(2014, S. 66) Reflexion im Postskript, demnach Karin kaum Ich-Sätze in Perspektivübernahme formulieren, wären so als wichtige Information hinsichtlich
eines interpersonalen Abwehrgeschehens gegenüber emotionaler Reflexion
zu verstehen. Während ein Teil der objektiven Informationen (Interviewaus-

züge), subjektiven Daten (Perspektivübernahme durch die Forschenden) sowie der Selbstreflexion der Untersuchenden demnach auf eine starke emotionale Beteiligung verweisen, lehnt Karin dies in ihrer professionellen Rolle eher ab. Ist es jener deutliche Widerspruch, der Grenzüberschreitungen mitbedingt? Als Folge einer widersprüchlichen Beziehungsvorstellung könnte eine »tiefenhermeneutische Doppelstrategie« (Heinrich, 1994) partiell misslingen. Jene Doppelstrategie besteht darin, in der Szene emotional teilzuhaben, diese Teilhabe gleichermaßen für eine Reflexion des Beziehungsgeschehens und, in der Folge, für pädagogisches Handeln zu nutzen. Dazu ergänzend stehen einige Informationen aus den Beobachtungen: Im Unterricht weckt Karin bei der Beobachterin die Assoziation der »lieben Großmutter«, deren Gutmütigkeit ausgenutzt werde. Szenisch dominieren bei der Forscherin Gefühle der Unruhe und Rastlosigkeit. In ihrem Postskriptum schreibt sie:

»Sowohl meine Gedanken, als auch meine Aufzeichnungen sind ziemlich durcheinander. Es hat während der Unterrichtssituation klare Verständnis- als auch Verständigungsprobleme gegeben, bei denen ich gerne als Vermittlerin fungiert hätte« (zitiert nach: Wipperfürth, 2014, S. 70).

Jene (zweifelsohne nur sehr schemenhaft in ein langfristiges und komplexes Unterrichtsgeschehen Einblick gebenden) Überlegungen legen analog zum oben Beschriebenen nahe, dass ein hohes (primär emotional beeinflusstes) Ich-Ideal eine innere Struktur bei der Lehrkraft und damit eine äußere Struktur des Unterrichts erschweren. Dies kann insofern als Grenzüberschreitung interpretiert werden, als dass eine traumapädagogisch unabdingbare Transparenz dann nicht mehr im angestrebten Maß gewährleistet ist. Wipperfürth (2014, S. 74) reflektiert diesbezüglich:

»›Großmütter sind nicht strafend.‹, ist eine weitere Assoziation der Forschungsgruppe (zu jener Unterrichtssituation, D. Z.). Damit hat Karin die Rolle der ›Guten‹, die den Unmut der Klasse nicht erleben und aushalten muss. Ihr Bedürfnis nach einem harmonischen Miteinander scheint für sie erfüllt. Theoretisch ist begründbar, dass es für traumatisierte Kinder und Jugendliche oft nur gute oder böse Menschen gibt. Reinszeniert sich das im Fall der Klasse? Und wer sind dann die ›Bösen‹?«

Eine ganze Reihe deutlicher Grenzüberschreitungen, denen zweifelsohne eine hohe emotionale Belastung zugrunde liegt, zeigt sich im Umgang mit privaten Schwierigkeiten der Jugendlichen. So berichtet Karin der (fremden) Beobachterin sogar von intimen Erkrankungen einzelner Schülerinnen. In der Forschungsgruppe dominieren Gefühle der Beschämung, teils auch der Wut angesichts jener Distanzlosigkeit.

Grenzüberschreitungen sich selbst und den Lernenden gegenüber zeigen sich auch im Umgang mit eigenen, teils unaushaltbaren Emotionen:

[Karin, D. Z.]: »Mit den negativen äh, wenn mich was bedrückt oder so, manchmal wenn ich es dann auch verbalisieren kann, ne, dann rede ich mit dir oder mit Sarah, es gibt so Lieblingskollegen, mit denen man drüber redet, also mit denen, die's auch nachvollziehen können. [...] Ich lese auch relativ viel Fachliteratur [...] und ähm ich hab ja diesen Traumatherapeuten, der Schüler von mir hat und also wir telefonieren eigentlich regelmäßig ausführlichst über alles miteinander. Das ist mir auch ne Unterstützung geworden, inzwischen ne, das muss ich sagen.«

Wipperfürth (2014, S. 71) schreibt dazu: *»Sie spricht von ›regelmäßigen Telefonaten‹ mit dem Traumatherapeuten, in denen sie ›ausführlichst über alles‹ miteinander reden. Es bleibt offen, was diese Aussage impliziert. Sind es auch die eigenen Gefühle, über die Karin mit dem Therapeuten sprechen kann, sind es Fachgespräche zwischen Kooperationspartner_innen oder meint sie, dass sie mit dem Therapeuten detailliert über Kassim sprechen kann, was in Anbetracht einer gesetzlichen Schweigepflicht kritisch zu sehen ist.«*

5.4 Abschließende Überlegungen zur Fallgeschichte

Analog zur theoretischen Entwicklung ist auch die Fallgeschichte durch eine hohe emotionale Beteiligung, wenn auch widersprüchlicher Art, geprägt. Die Analyse und Reflexion der affektiven Beteiligung ermöglichte deshalb wesentliche Rückschlüsse auf die Erfahrungen und Erlebensmodi der Kinder und Jugendlichen, insbesondere aber auf die Herausforderungen der aktuellen Beziehung. Pädagogisch dominiert im vorliegenden Fall ein haltender Beziehungsmodus zwischen Karin und ihren Schülerinnen und Schülern. Das »Zumutende« jedoch, das auch mit Entwicklungsanreizen verbunden ist, über die aktuelle Beziehung hinauszugehen, wird zumindest in den vorliegenden Daten noch nicht im notwendigen Maß deutlich (vgl. Leber, 1988). Das heißt, es kann davon ausgegangen werden, dass die Jugendlichen in der unmittelbaren Zwei-Personen-Interaktion mit der Lehrkraft ein weitgehend sicheres Setting vorfinden. Im Hinblick auf die Strukturierung der institutionellen Anteile von Schule sowie der Entwicklung von Selbstbemächtigungsstrategien (Weiß, 2009) können eher hemmende Interaktionsmuster entdeckt werden.

Die vorliegenden Informationen lassen zum Teil offen, ob es sich bei der ausgeprägten Nähe der Lehrkraft zu ihren Schülerinnen und Schülern nur um ein »Verwenden lassen« im Sinne eines des Angebots eines sicheren Übertragungsobjekts oder doch auch partiell um ein »Verwenden« der Schüler und Schülerinnen handelt (Trescher, 1993, S. 182). Letzteres dient im Kontext stark herausfordernder Arbeit der »Wiederherstellung der narzißtischen Homöostase« (Mentzos, 1988, S. 84), ist demnach als Teil interpersonal und institutionell verankerter Abwehr zu verstehen. Als Resultat andauernder und traumatisch geprägter Übertragungs- und Gegenübertragungsprozesse entstehen bei der Fachkraft eigene Bedürfnisse nach Anerkennung, partiell auch nach einer exklusiven Beziehung zu den Heranwachsenden[5]. Mit der Integration jener eigenen Bedürftigkeit in die pädagogische Beziehung ist jedoch ein erneuter Anspruch an die Jugendlichen formuliert, der erwachsenen Person emotional gerecht zu werden. Es sind jene Widersprüche, die besonders bezeichnend für das Beziehungsgeschehen in der vorliegenden Fallgeschichte sind. Ausgeprägte Empathiebereitschaft und kaum vorhandene Perspektivübernahme, Engagement für die Jugendlichen und eigene Bedürftigkeit sind dabei jeweils durchaus verbundene Facetten eines traumatisch beeinflussten Beziehungsgeschehens. Im Bereich der persönlichen, teils intimen Details aus dem Leben der Jugendlichen zeigen sich deutlich sichtbare Grenzüberschreitungen, deren Wirkung auf die Jugendlichen sich teilweise erst verzögert entfalten dürfte, etwa, wenn die enge Beziehung sich in dieser Form nicht mehr aufrechterhalten lässt oder die Verbreitung von intimen Details »ans Tageslicht« kommt.

Es zeigt sich also eine deutliche Verwobenheit des zentralen Themas »Trauma« mit der aktuellen pädagogischen Interaktion, an der sowohl Schülerinnen und Schüler als auch die Lehrkraft teilhaben. Eine kritische Analyse dieses Interaktionsgeschehens darf jedoch nicht mit einer Bewertung einer hoch engagierten Lehrerin verwechselt werden. Vielmehr zeigt das Fallverstehen auf, dass auch derart professionelle Fachkräfte Anteil an traumatischer Reinszenierung im pädagogischen Kontext haben, teils in sehr bewältigender, teils auch in weniger förderlicher Hinsicht. Hinzu kommen institutionelle Anteile jener Reinszenierung, die hier noch nicht ausreichend diskutiert werden konnten (vgl. Zimmermann, 2015a).

6. »Sisyphos oder Die Grenzen der Erziehung« (Bernfeld) Was Pädagog_innen leisten können

Jenes Maß an »Liebesökonomie«, wie der psychoanalytische Pädagoge Siegfried Bernfeld es bezeichnet, in der Arbeit mit zwangsmigrierten

Kindern und Jugendlichen einzuhalten, stellt für die Professionellen eine besondere Herausforderung dar. Zwar wurden in die oben vorgestellte Studie nur zwei Fachkräfte aus Sprachlernklassen einbezogen, was eine horizontale Auswertung im Sinne des Vergleichs von Themenfeldern nicht möglich macht (Schorn, 2000). Gleichwohl verweist auch eine Reihe von anderen Daten auf jenes Problem. So berichten Jugendliche mit Zwangsmigrationshintergrund entweder von desinteressierten, zumindest aber stark gehemmten Fachkräften oder aber von Lehrerinnen, denen sie »alles zu verdanken« hätten (Zimmermann, 2012b). Darin spiegelt sich die Psychodynamik einer traumatischen Spaltung, bei dem für integrierte Beziehungskonstellationen vielfach kein Raum mehr zu bleiben scheint (Zimmermann, 2015b). Auch Kraushofers (2004) psychoanalytische sowie Lennertz' (2011) bindungstheoretische Untersuchungen verweisen auf Spaltungen als Reinszenierung beziehungstraumatischer Erfahrungen. Traumatheoretisch ist diese Wahrnehmung von Beziehungspersonen bei den Jugendlichen gut begründbar. Umso stärker jedoch bedarf sie der pädagogischen Reflexion.

Noch einmal: Es ist nicht davon auszugehen, dass die problematischen Anteile der Beziehungsgestaltung fehlender persönlicher Eignung entspringen. Vielmehr lassen sich die teils intransparenten, manchmal regressiven Beziehungsangebote als Teil interpersonaler Abwehr kaum aushaltbarer Gefühle verstehen. Diese Abwehrkonstellation ist zudem eingebunden in einen institutionellen Kontext. Ausgehend vom Modell Sequentieller Traumatisierung lässt sich somit zeigen: Die Jugendlichen treffen in den Sequenzen drei bis sechs oft auf hoch engagierte Fachkräfte. Gleichwohl ist die äußere Situation für die Jugendlichen selbst (Aufenthaltssituation, vielfach schwierige Familiendynamik oder fehlender Kontakt zur Familie) sowie auch für die Fachkräfte (fehlende Supervision) durch unsichere Bedingungen gekennzeichnet. Diese Rahmenbedingungen wirken zurück auf die unmittelbaren Beziehungen. Starke Ambivalenzen von Nähe und (diffusem) Fremdheitserleben, hohe Ich-Ideale bei Lernenden und Lehrenden sowie Schwierigkeiten, Grenzen der pädagogischen Beziehung einzuhalten, sind Auswirkungen jener sozialen Bedingungen in der aktuellen Fallgeschichte. Sie liefern gleichwohl auch erste Hinweise auf mögliche konzeptionelle Überlegungen zur pädagogischen Interaktion mit traumatisierten Kindern und Jugendlichen mit Zwangsmigrationshintergrund.

Aktuelle Publikationen (Blaustein, 2013; Deutsches Rotes Kreuz, 2003; Weeber & Goegercin, 2014) legen zum Teil aufwändige konzeptionelle Rahmen für die Förderung jener traumatisierten Kinder und Jugendlichen vor. Da sich diese primär auf die Jugendhilfe beziehen, sind sie für den schulpädagogischen Kontext ohnehin nur begrenzt übertragbar. Vor allem aber wird deutlich: Die konzeptionelle Überladung erscheint im Kontext von Zwangsmigration eher destruktiv zu sein. Sind die Kinder und Jugendlichen doch ohnehin massiv mit Organisation (Aufenthaltssituation) und Förderprogrammen (Alphabetisierung, Nachhilfe) konfrontiert. Vielmehr als jene hohe konzeptionelle Quantität ist ein sicherer Rahmen von Bedeutung, der für die schulische Traumapädagogik vor allem von Ding (2014) beschrieben wurde. Dabei stehen Beziehungsangebote wie morgendliche Begrüßungen, die Integration von Bewegung in den Unterricht sowie die Ermöglichung von Passivität im Vordergrund. Die Grundlage eines Sicheren Orts aber bilden die Reflexionsprozesse bei den Professionellen selbst.

Eine so angelegte Umorientierung ist demnach unumgänglich. Den Schwierigkeiten bei der Einfühlung in die fremde Welt (vgl. Kraushofer, 2004, 172f.) kann nur begegnet werden, indem genau diese Schwierigkeiten immer wieder thematisiert werden. Denn sie sind ein Teil der traumatisierten Interaktion und spiegeln somit einen wesentlichen Aspekt der kindlichen bzw. jugendlichen Erlebenswelt wieder. Nur aus der emotionale und kognitive Anteile integrierenden Analyse der Extremerfahrungswelt zwangsmigrierter Kinder und Jugendlicher können angemessene Unterstützungsangebote entwickelt werden.

Anmerkungen

1   Im Folgenden wird ausschließlich auf den qualitativ-tiefenhermeutischen Forschungsteil Bezug genommen. Die Ergebnisse einer quantitativen Voruntersuchung sind nachzulesen in: Ullrich & Zimmermann, 2014.
2   Bei den Sprachlernklassen handelt es sich um Förderklassen für neu in Deutschland angekommene Migrantinnen und Migranten, in denen letztere etwa ein Jahr verbleiben. Die Schülerschaft dieser Klassen ist äußerst heterogen, zwangsmigrierte Kinder und Jugendliche bilden eine große Teilgruppe.
3   Bei der Nutzung subjektiver und szenischer Informationen in der Auswertung handelt es sich nie um die Abbildung innerer Welt oder gar des Unbewussten der befragten und beobachteten Personen (Datler, 2005). Die »segensreich(e)« (Jaeggi et al., 1998, S. 5) Interpretationsgemeinschaft, in der auch Widersprüche und Schattierungen deutlich werden, ermöglicht es jedoch, jene Daten zur ganzheitlichen Erfassung einer Fallgeschichte sinnhaft einzusetzen.
4   Alle Namen wurden anonymisiert.
5   Selbstverständlich liegt keine kausale Linearität bei der Entstehung individueller Bedürfnisse vor. Im Sinne der Konzentration auf das Thema »traumatisierte Beziehungen« kann die Konfrontation mit erheblichem Leid jedoch als wesentliches Bedingungsfeld für jenes affektive Bedürfnis verstanden werden.

Literatur

Akthar, S. (2007). *Immigration und Identität*. Gießen: Psychosozial-Verlag.

Assion, H.-J., Bransi, A. & Koussemou, J.-M. (2011). Migration und Posttraumatische Belastungsstörung. In G. H. Seidler (Hrsg.), *Handbuch der Psychotraumatologie* (S. 528–535). Stuttgart: Klett-Cotta.

Bade, K. J. (2010). Migration. In D. Brandes, K. Kaiserová & D. Myeshkov (Hrsg.), *Lexikon der Vertreibungen. Deportation, Zwangsaussiedlung und ethnische Säuberung im Europa des 20. Jahrhunderts* (S. 433). Wien: Böhlau.

Baeyer, W. Ritter von, Häfner, H. & Kisker, K.-P. (1964). *Psychiatrie der Verfolgten: psychopathologische und gutachtliche Erfahrungen an Opfern der nationalsozialistischen Verfolgung und vergleichbarer Extrembelastungen*. Berlin u. a.: Springer.

Becker, D. (2014). Die Erfindung des Traumas. Verflochtene Geschichten. Gießen: Psychosozial-Verlag (Neuauflage der 2. Aufl. von 2006).

Bernfeld, S. (1925). Sisyphos oder die Grenzen der Erziehung. In U. Herrmann, W. Datler & R. Göppel (Hrsg.), *Theorie und Praxis der Erziehung. Pädagogik und Psychoanalyse. Werke* (Bd. *5*, S. 11–130). Gießen: Psychosozial-Verlag.

Berthold, T. (Hrsg.). (2014). *In erster Linie Kinder: Flüchtlingskinder in Deutschland*. http://www.unicef.de/blob/56282/fa13c2eefcd41dfca5d89d44c72e72e3/fluechtlingskinder-in-deutschland-u%20nicef-studie-2014-data.pdf (20.11.2014).

Blaustein, M. (2013). Childhood Trauma and a Framework for Intervention. In E. Rossen und R. Hull (Hrsg.), *Supporting and Educating Traumatized Students. A Guide for School-Based Professionals* (S. 3–22). New York: Oxford Univ. Press.

Bundesamt für Migration und Flüchtlinge (2014). Aktuelle Zahlen zu Asyl. Ausgabe: August 2014. http://www.bamf.de/SharedDocs/Anlagen/DE/Downloads/Infothek/Statistik/statistik-anlage-teil-4-aktuelle-zahlen-zu-asyl.html?nn=1694460 (17.09.2014).

Bräutigam, B. (2000). *Der ungelöste Schmerz. Perspektiven und Schwierigkeiten in der therapeutischen Arbeit mit Kindern politisch verfolgter Menschen* (= Psychoanalytische Pädagogik, 9). Gießen: Psychosozial-Verlag.

Büttner, C., Mehl, R., Schlaffer, P. & Nauck, M. (Hrsg.). (2004). *Kinder aus Kriegs- und Krisengebieten. Lebensumstände und Bewältigungsstrategien*. Frankfurt a.M.: Campus.

Crain, F. (2005). *Fürsorglichkeit und Konfrontation. Psychoanalytisches Lehrbuch zur Arbeit mit sozial auffälligen Kindern und Jugendlichen*. Gießen: Psychosozial-Verlag.

Datler, W. (2005). *Bilden und Heilen. Auf dem Weg zu einer pädagogischen Theorie psychoanalytischer Praxis. Zugleich ein Beitrag zur Diskussion um das Verhältnis zwischen Psychotherapie und Pädagogik*. Wien: Empirie Verlag.

Delen, I. & Nafilo, J. (2006). »Wir verzichten auf sämtliche Leistungen. Das war der Deal, um studieren zu dürfen«. In Pro Asyl (Hrsg.), *Vom Fliehen und Ankommen. Flüchtlinge erzählen* (S. 101–109). Karlsruhe: von Loeper.

Deutsches Rotes Kreuz (2003). *Materialien zur Traumaarbeit mit Flüchtlingen*. Karlsruhe: von Loeper

Ding, U. (Hrsg.) (2014). »Ich kann mir sowieso nichts merken, also brauche ich auch nicht hin!« Wie kann Schule dissoziierende Kinder verstehen und im Lernen unterstützen? In W. Weiß, E. K. Friedrich, E. Picard & U. Ding (Hrsg.), *»Als wär ich ein Geist, der auf mich runter schaut.« Dissoziiation und Traumapädagogik*. Weinheim und Basel: Beltz Juventa.

Freud, A. (1980). Kriegskinder. Berichte aus den Kriegskinderheimen »Hampstead Nurseries« 1941 und 1942 (= Die Schriften der Anna Freud. Bd. II: 1939–1945). München: Kindler.

Goebels, W. (2014, 02.11.). Flüchtlingskinder: Schulen in NRW sind überfordert. *Aachener Zeitung*. Verfügbar unter: http://www.aachener-zeitung.de/lokales/region/fluechtlingskinder-schulen-in-nrw-sind-ueberfordert-1.950030 (02.11.2014).

Grinberg, L., Grinberg, R. & Ribas, F. C. (22010). *Psychoanalyse der Migration und des Exils.* Stuttgart: Klett-Cotta.

Haslinger, P. (2011). *Zwangsmigration und Geschichtspolitik. Zur Frage einer Europäisierung von »Flucht und Vertreibung«.* Geisteswissenschaft im Dialog, 13.04.2011. http://www.perspectivia.net/content/publikationen/gid/2011-04-13/haslinger_zwangsmigration (31.10.2014).

Hauser, K. & Andreatta, P. (2013). Flucht-Migration und Trauma: Situationsanalyse und Sequentielle Traumatisierung. *Zeitschrift für Psychotraumatologie, Psychotherapiewissenschaft, Psychologische Medizin, 11*(2), 77–89.

Heinrich, E.-M. (1994). *Verstehen und Intervenieren. Psychoanalytische Methode und genetische Psychologie Piagets in einem Arbeitsfeld Psychoanalytischer Pädagogik.* Heidelberg: Asanger.

Herzka, H. S., Schumacher, A. v. & Tyrangiel, S. (1989). *Die Kinder der Verfolgten: Die Nachkommen der Naziopfer und Flüchtlingskinder heute.* Göttingen: V&R.

Jaeggi, E., Faas A. & Mruck K. (1998). Denkverbote gibt es nicht! Vorschlag zur interpretativen Auswertung kommunikativ gewonnener Daten. Forschungsbericht aus der Abteilung Psychologie im Institut für Sozialwissenschaften 2–98. http://www.ash-berlin.eu/hsl/freedocs/227/Zirkulaeres_Dekonstruieren.pdf (28.11.2014).

Karunkarra, U. K., Neuner, F., Schauer, M., Singh, K., Hill, K., Elbert, T. et al. (2004). Traumatic events and symptoms of post-traumatic stress disorder amongst Sudanese nationals, refugees and Ugandans in the West Nile. *African Health Science, 4,* 83–93.

Keilson, H. (2005). Sequentielle Traumatisierung bei Kindern. Deskriptiv-klinische und quantifizierend-statistische follow-up Untersuchung zum Schicksal der jüdischen Kriegswaisen in den Niederlanden. Gießen: Psychosozial-Verlag (unveränd. Neudruck der Ausgabe von 1979, Enke Verlag).

Kestenberg, J. (1974). Kinder von Überlebenden der Naziverfolgung. *Psyche, 28*(3), 249–265.

Kizilhan, J. I., Utz, K. S. & Bengel, J. (2013). Transkulturelle Aspekte bei der Behandlung der Posttraumatischen Belastungsstörung. In R. E. Feldmann & G. H. Seidler (Hrsg.), *Traum(a) Migration. Aktuelle Konzepte zur Therapie traumatisierter Flüchtlinge und Folteropfer.* (S. 261–279). Gießen: Psychosozial-Verlag.

Kraushofer, T. (2004). Genug ist nicht genug. Überlegungen zur Konzeptarbeit für den pädagogischen Alltag mit jugendlichen Flüchtlingen. In C. Büttner, R. Mehl, P. Schlaffer und M. Nauck (Hrsg.), *Kinder aus Kriegs- und Krisengebieten. Lebensumstände und Bewältigungsstrategien* (S. 171–180). Frankfurt a.M. u.a.: Campus.

König, H. (2000). Tiefenhermeneutik. In U. Flick, E. v. Kardorff & I. Steinke (Hrsg.), *Qualitative Forschung: Ein Handbuch* (S. 556–569). Rowohlt: Reinbek bei Hamburg.

Lazar, R. A. (2000). Erforschen und Erfahren: Teilnehmende Säuglingsbeobachtung. »Empathietraining« oder empirische Forschungsmethode. *Analytische Kinder- und Jugendlichen-Psychotherapie, 31,* 399–417.

Lennertz, I. (2011). *Trauma und Bindung bei Flüchtlingskindern. Erfahrungsverarbeitung bosnicher Flüchtlingskinder in Deutschland.* Göttingen: V & R.

Loch, U. (2008). Traces of traumatizations in narrative interviews. *Forum qualitative research, 9.* http://www.qualitative-research.net/index.php/fsq/article/view/320.

Mayring, P. (2007). Generalisierung in qualitativer Forschung. *Forum Qualitative Sozialforschung.* http://www.qualitative-research.net/index.php/fqs/article/view/291/639.

McDonald, M. K., Borntrager, C. F. & Rostad, W. (2014). Measuring trauma: considerations for assessing complex and non-PTSD Criterion A childhood trauma. *J Trauma Dissociation, 15*(2), 184–203.

Mentzos, S. (1988). *Interpersonale und institutionalisierte Abwehr*. Frankfurt a.M.: Suhrkamp Taschenbuch Wissenschaft.

Miller, L., Rustin, M., Rustin, M. & Shuttleworth, J. (1989). *Closely observed infants*. London: Duckworth.

Morland, L., Birman, D., Dunn, B.L., Adkins, M.A. & Gardner, L. (2013). Immigrant Students. In E. Rossen & R. Hull (Hrsg.), *Supporting and Educating Traumatized Students. A Guide for School-Based Professionals* (S. 51–71). New York: Oxford Univ. Press.

Niederland, W.G. (1980). *Folgen der Verfolgung: Das Überlebenden-Syndrom Seelenmord*. Frankfurt a.M.: Suhrkamp.

Oltmer, J. (2012). Migration: in: Online-Lexikon zur Kultur und Geschichte der Deutschen im östlichen Europa. http://ome-lexikon.uni-oldenburg.de/53946.html (12.11.2014).

Paul, H. & Herberg, H.J. (1963). *Psychische Spätschäden nach politischer Verfolgung*. New York: Karger.

Rosner, R. & Hagl, M. (2008). Posttraumatische Belastungsstörung. *Kindheit und Entwicklung, 17*(4), 205–209.

Schmitt, G. (2004). Kriegskinder in Schule und Unterricht. In C. Büttner, R. Mehl, P. Schlaffer & M. Nauck (Hrsg.), Kinder aus Kriegs- und Krisengebieten: Lebensumstände und Bewältigungsstrategien (=Studien der Hessischen Stiftung Friedens- und Konfliktforschung, 48) (S. 47–54). Frankfurt a.M.: Campus.

Schorn, A. (2000). Das »themenzentrierte Interview«. Ein Verfahren zur Entschlüsselung manifester und latenter Aspekte subjektiver Wirklichkeit. *Forum Qualitative Sozialforschung* http://www.qualitative-research.net/index.php/fsq/article/view/1092/2394.

Spiegel Online (2014). Spanische Exklave: Hunderte Flüchtlinge stürmen Grenzzaun (15.10.2014). *Spiegel Online*. Verfügbar unter: http://www.spiegel.de/politik/ausland/melilla-hunderte-fluechtlinge-verfangen-sich-in-grenzzaun-a-997419.html (02.11.2014)

Stiftung für Kinder (Hrsg.). (1995). Children – War and Persecution. Proceedings of the Congress, Hamburg, 26.–29.09.1993. Osnabrück: Secolo.

Trescher, H.G. (21993). *Theorie und Praxis der psychoanalytischen Pädagogik* (=Psychoanalytische Pädagogik, 4). Mainz: Matthias-Grünewald-Verl.

UNHCR (2014). Startseite. Verfügbar unter: http://www.unhcr.org/cgi-bin/texis/vtx/home (13.11.2014).

UNHCR (2014b). Global Trends 2013. http://www.unhcr.org/5399a14f9.html (17.09.2014).

UNHCR (1951). Abkommen über die Rechtsstellung der Flüchtlinge vom 28. Juli 1951. Verfügbar unter: http://www.unhcr.de/mandat/genfer-fluechtlingskonvention.html (28.10.2014).

van der Hart, O., Nijenhuis, E., Steele, K. & Brown, D. (2004). Trauma- related dissociation. Conceptual clarity lost and found. *Australian and New Zealand Journal of Psychiatry, 38*, 906–914.

Weeber, V.M. & Goegercin, S. (2014). *Traumatisierte minderjährige Flüchtlinge in der Jugendhilfe: Ein interkulturell- und ressourcenorientiertes Handlungsmodell* (=Perspektiven sozialer Arbeit in Theorie und Praxis, 6). Herbolzheim, Breisgau: Centaurus.

Weiß, W. (2009). *Philipp sucht sein Ich. Zum pädagogischen Umgang mit Traumata in den Erziehungshilfen*. Weinheim, München: Juventa.

Wenk-Ansohn, M., Scheef-Maier, G. & Gierlichs, H.-W. (2013). Zur Begutachtung psychischreaktiver Traumafolgen in aufenthaltsrechtlichen Verfahren: Ein Update. In R.E. Feldmann & G.H. Seidler (Hrsg.), *Traum(a) Migration. Aktuelle Konzepte zur Therapie traumatisierter Flüchtlinge und Folteropfer* (S. 283–302). Gießen: Psychosozial-Verlag.

Wipperfürth, N. (2014). *Beziehungsarbeit mit zwangsmigrierten traumatisierten Kindern und Jugendlichen in der Schule*. Masterarbeit, Leibniz Universität. Hannover

Zimmermann, D. (2012a). *Migration und Trauma: Pädagogisches Verstehen und Handeln in der Arbeit mit jungen Flüchtlingen* (=Psychoanalytische Pädagogik, 38). Gießen: Psychosozial-Verlag.

Zimmermann, D. (2012b). Die Beziehung nutzen. Verstehen und Handeln in der schulischen Arbeit mit jungen, traumatisierten Flüchtlingen. *Trauma und Gewalt, 6,* 306–317.

Zimmermann, D. (2014). Trauma und Traumadiagnostik in der Schule. *Sonderpädagogische Förderung heute, 59*(3), 308–322.

Zimmermann, D. (2015a). Das Leiden der anderen. Beziehungstraumatisierungen und institutionelle Abwehr. In B. Herz, D. Zimmermann & M. Meyer (Hrsg.), *»... und raus bist du.« Pädagogische und institutionelle Herausforderungen in der schulischen und außerschulischen Erziehungshilfe* (im Druck.). Bad Heilbrunn: Klinkhardt Forschung.

Zimmermann, D. (2015b). Psychoanalytisches Fallverstehen als Methode schulischer Traumapädagogik. In M. Fürstaller, W. Datler & M. Wininger (Hrsg.), *Psychoanalytische Pädagogik: Selbstverständnis und Geschichte* (Schriftenreihe der DGfE-Kommission Psychoanalytische Pädagogik, 5) (im Druck). Leverkusen: Budrich.

Der Autor

David Zimmermann, Jun. Prof. Dr., ist Juniorprofessor am Lehrstuhl Pädagogik bei Verhaltensstörungen im Institut für Sonderpädagogik an der Leibniz Universität Hannover. Seine aktuellen Arbeitsschwerpunkte sind Traumapädagogik, Fallverstehen und psychoanalytische Pädagogik. Er ist Mitbegründer des Instituts für Traumapädagogik Berlin.
Kontakt: david.zimmermann@ifs.uni-hannover.de

Europas Grenzen
Ein kurzer frei assoziierter Kommentar zum Beitrag von Maximilian Pichl und Katharina Vester

Daniel Keil

Mit den vielfältigen Transformationen von Staatlichkeit in Europa entsteht eine neuartige Konstellation der Institutionalisierung politischer Herrschaft, die aus einem Geflecht subnationaler, nationaler, internationaler und transnationaler Staatsapparate besteht. Die Europäische Union als »Staatsapparateensemble« (z. B. Wissel, 2011; Buckel, 2011) zu begreifen heißt, weder die Wirkmächtigkeit nationaler Apparate zu unterschätzen, noch das Transnationale zu unterschätzen und zudem bei der europäischen Integration von einem offenen und widersprüchlichen Prozess auszugehen, der nicht auf das Telos eines transnationalen Staates hinausläuft. Vielmehr zeigt sich, dass infolge des Übergewichts der negativen Integration Europas, d. h. der polit-ökonomischen Konstitution einer neoliberalen Wettbewerbsordnung, unterschiedliche, auf den verschiedenen Scales verdichtete Kräfteverhältnisse im Krisenmanagement durchaus gegeneinander stehen können. Dennoch zeigen sich gerade in der Form des Rechts, institutionalisiert in europäischen Institutionen (insbesondere dem EuGH) auch Effekte, welche national artikulierte Interessen überlagern können und somit für eine Form politisch nicht intendierter Transnationalisierung sorgen. Dies bedeutet nun allerdings nicht, dass das Recht eine eindeutig zivilisierende Kraft darstellt, die als List der Vernunft die Gewalttätigkeit des polit-ökonomischen Zusammenhangs zurückweisen könne, wie es beispielsweise Habermas meint, der die alte liberale Idee der Menschenrechte noch immer als konkrete Utopie zu verkaufen sucht (Habermas, 2011) und hierbei nicht nur die Dialektik des Rechts negiert, sondern auch das widersprüchliche Verhältnis von Recht und Staat. Genau diese Problematik verdeutlichen Pichl und Vester anhand des Hirsi-Falls, woran sie plausibel nachzeichnen, wie Menschenrechtssprechung durch den Europäischen Gerichtshof für Menschenrechte staatlichen Praktiken widersprechen kann, was zu den im Text beschriebenen Veränderungen der europäischen Grenzkontrollpraxis führte – der Verschiebung der Grenzen selbst. Diese Verschiebungen, wie auch die im Anschluss daran von den Autor*innen diskutierte Dialektik der Menschenrechte, deren Ausgangspunkt in den historischen Gründungsakten ausgemacht wird, möchte ich wiederum zum Ausgangspunkt nehmen, den instruktiven Text an zwei Punkten weiterzudenken: erstens an der

Gewalt, die im Recht aufgehoben ist und die sich insbesondere im grundlegenden Mechanismus der Identifizierung versteckt, und zweitens damit einhergehend, bezüglich der Wirkung der transformierten Grenzen nach innen.

Indem das Recht auf eine abstrakte Allgemeinheit rekurriert, deren Abstraktion in der Absehung des Besonderen und Einzelnen liegt, schneidet es gleichzeitig alles außer der selbst gesetzten Norm ab. Darüber hinaus, in der Institution der Staatsbürgerschaft, wird überhaupt der Zugang zum Recht geregelt, wodurch das qua Staatsgrenzen bestimmte Innen auch im Inneren bestimmt und das Nicht-Dazugehörige identifiziert wird – bei Pichl und Vester kann dies am Beispiel der Verweigerung der Entschädigungszahlung an die Gewinner*innen des Prozesses bemerkt werden, was mit der Begründung, dass aufgrund verschiedener Namensschreibweisen (durch Übersetzung) die Identität nicht einwandfrei festgestellt werden kann. Das Nicht-Identifizierbare bleibt außerhalb des Identifizierungsmechanismus und wird ausgestoßen. Dieses prinzipielle Moment des Rechts zeigt die Bewegung zwischen mittelbarer und unmittelbarer Gewalt, welche sich darin verbirgt. In der Institution der Staatsbürgerschaft ist die rechtliche Allgemeinheit eines Staates die Zugehörigkeitsdefinition, die ein gewichtiges Moment der Konstitution einer nationalen Bevölkerung ausmacht, einer Nation und damit vermittelt ist mit territorialen Grenzziehungen und nationaler Mythologie. Der Zwang zur Identität des*der Einzelnen konkretisiert sich im realen Mythos der nationalen Identität. Die Unionsbürgerschaft der EU könnte daher so interpretiert werden, dass die nationalen Borniertheiten tatsächlich in einer post-nationalen Citizenship aufgehoben werden könnten und daher der Habermaschen Utopie der Menschenrechte näher kommt. Gestützt werden könnte dieses Argument davon, dass, ähnlich wie im Hirsi-Fall, die Rechtsprechung des Europäischen Gerichtshofs die Bedeutung der Unionsbürgerschaft gegen die Intention der Nationalstaaten erhöhte. Dagegen spricht allerdings die Gate-Keeper-Funktion der Nationalstaaten (Bauböck, 2004) und prinzipieller die Beibehaltung des Ein- und Ausschlussprinzips, das sich zwar mit der Unionsbürgerschaft verändert, in dieser Veränderung aber vielmehr eine Ausdifferenzierung bewirkt, die von Buckel als »Stratifizierung nach Rechten« (2013, 60ff.) begriffen wird. Mittels mehrstufiger Entrechtung, strukturiert durch Errichtung der EU-Außengrenzen wie auch der stratifizierten Grenzen nach innen, wird nicht nur die Nicht-Bevölkerung markiert, sondern zugleich eine Homogenisierung der Bevölkerung vorangetrieben. Darin verknüpfen sich Aktualisierungen kulturalistisch-rassistischer Ideologeme – europäische Zivilisation vs. unzivilisiertes Außen – mit der neoliberalen Wettbewerbsordnung und der darin zentralen Einteilung in »nützliche« und »unnütze« Menschen, was zugleich die mittelbare bis unmittelbare Gewalt der Grenzen rationalisiert. Diese Einteilungen finden ihre Basis wiederum in einer spezifischen Verknüpfung von Europa mit den Menschenrechten, die gegenwärtig vor allem aus der Neuerfindung der europäischen Vergangenheit entsteht: der Entwicklung der Erzählung der EU als Zivilisationsprojekt, das seinen negativen Gründungsmythos aus einer deterritorialisierten Vergangenheit des Nationalsozialismus zieht. Darin liegt eine Auflösung der Dialektik der Menschenrechte, die deren inhärente »Kehrseite« in der entkoppelten Vergangenheit festmacht, während die derzeitigen Verhältnisse das Zivilisierte darstellen. Dabei geht ebenfalls der innere Zusammenhang von mittelbarer und unmittelbarer Gewalt in der Form des Rechts selbst verloren, was Adorno als die Konservierung des Schreckens durch das Recht benannte, »jederzeit bereit auf ihn zu rekurrieren, mit Hilfe der anführbaren Satzung« (Adorno 1966, 303).

Insofern ist die kritische Analyse der derzeitigen Grenzsicherungspraktiken und ihr widersprüchliches Zusammenspiel mit dem Recht eine wichtige Grundlage, auch innere Vereinheitlichungsmomente der europäischen Integration zu betrachten. Abgrenzung nach außen und Homogenisierung nach innen sind Teil der europäischen Integrationsprozesse, die insbesondere in der derzeitigen Form in der Krise immer wieder die Dialektik zwischen Recht und Herrschaft in einer Verschiebung auf unmittelbare Formen der Gewaltausübung verschieben. Einer emanzipatorischen Kritik muss dabei aber auch immer bewusst sein, dass der Schrecken im Recht selbst auch dann zwar aufgehoben aber nicht überwunden ist, wenn es vernünftig ist, es dort wo notwendig gegen staatliche Gewalt in Anschlag zu bringen.

Literatur

Adorno, Th. W. (1966). *Negative Dialektik*. Frankfurt a.M.: Suhrkamp.

Bauböck, Rainer (2004). Citizenship and territorial borders in the EU Polity. In Puntscher Riekmann, S., Mokre, M. & Latzer, M. (Hrsg.), *The State of Europe. Transformations of Statehood from a European Perspective* (170–195). Frankfurt a.M./New York: Campus.

Buckel, S. (2011). Staatsprojekt Europa. *PVS*, *52*(4), 636–662.

Buckel, S. (2013). *»Welcome to Europe«. Die Grenzen des europäischen Migrationsrechts. Juridische Auseinandersetzungen um das »Staatsprojekt Europa«*. Bielefeld: transcript.

Habermas, J. (2011). *Zur Verfassung Europas. Ein Essay*, Frankfurt a.M.: Suhrkamp.

Wissel, J. (2011). Staatsprojekt Europa. Zur Rekonfiguration politischer Herrschaft. *Eurostu-dia – Revue Transatlantique de Recherche Sur L'Europe*, 7(1–2), 133–151.

Der Autor

Daniel Keil, Dr. des., lebt und arbeitet prekär in Frankfurt am Main. Er promovierte über Elemente einer staatstheoretischen Perspektive auf den Wandel nationaler Identität in der europäischen Integration und ist Mitglied des Arbeitskreises kritische Europaforschung (AkE). Seine letzten Veröffentlichungen sind: Herausgabe (zus. mit Tobias Goll und Thomas Telios): *Critical Matter. Diskussionen eines neuen Materialismus.* Münster: Westfälisches Dampfboot, 2014. Autor: Territorium und Tradition in: Goll/Keil/Telios 2014: *Critical Matter.* Münster: Westfälisches Dampfboot. Kontakt: D.keil1@gmx.net

Das Projekt der Menschenrechte in der Moderne
Anmerkungen zum Beitrag von Maximilian Pichl und Katharina Vester

Ursula Apitzsch

Der Beitrag hat das unbestreitbare Verdienst, den historischen Kontext und die konkreten empirischen Folgen des Urteils des Europäischen Gerichtshofs für Menschenrechte (EGMR) im Fall Hirsi Jamaa und Anderer gegen den italienischen Staat recherchiert und dokumentiert zu haben. Bei dem Fall ging es um eine sogenannte Push-Back-Operation italienischer Grenzschutzkräfte im Jahr 2009. Insgesamt 23 MigrantInnen gerieten bei einer Überfahrt von Libyen nach Italien in Seenot und wurden durch den italienischen Grenzschutz abgefangen. Statt sie nach Italien zu bringen und ihnen ein Asylverfahren zu ermöglichen, wurden sie ohne ihr Wissen und Einverständnis nach Libyen verbracht.

> »Der EGMR stimmte der Klage von 24 eritreischen und somalischen Staatsbürger*innen, die sich unter den Zurückgeschobenen befunden hatten, im Februar 2012 in allen Punkten zu. Die Push-Back- Operationen der italienischen Regierung wurden als rechtswidrig eingestuft und den Kläger*innen jeweils 15.000 Euro Schadensersatz zugesprochen.«

Statt nun die möglichen enormen politischen Folgen dieses Urteils im Hinblick auf die erstmals grundsätzlich erreichte transnationale Durchsetzbarkeit von Menschenrechten auszuloten, beklagen sich die AutorInnen vielmehr »ob der offensichtlichen Folgenlosigkeit des Straßburger Richterspruchs«. (Tatsächlich hat nur eines der Opfer bislang die zugesprochene Entschädigung wegen ungerechtfertigter Zurückschiebung erhalten.) Sie stützen diese Schlussfolgerung jedoch nicht nur auf den Nachweis, dass und wie das Urteil von den beteiligten Staaten – in diesem und vergleichbaren Fällen der Zurückschiebung von Flüchtlingen – umgangen wird, sondern sie stellen grundsätzlich die Frage: »Sind der Menschenrechtsidee möglicherweise Momente inhärent, die dazu führen, dass sie trotz ihrer vertraglichen Geltung nicht zu humanen gesellschaftlichen Verhältnissen führen?«

Die AutorInnen kommen bei ihrer Beantwortung dieser Frage zu einem ambivalenten Urteil. Einerseits sehen sie angesichts historischer Beispiele – explizit angesichts der Menschenrechtserklärung und Entkolonialisierung Haitis 1804/1805 – in den Menschenrechten »einen relevanten Anknüpfungspunkt für emanzipatorische Auseinandersetzungen«. Andererseits bemängeln sie, dass »das Recht nicht mit Gewaltmitteln versehen (ist), um den Urteilsspruch unmittelbar umzusetzen«. Drittens schließlich beklagen sie ganz generell »die Verrechtlichung politischer Konflikte« als »Entpolitisierung und Verhüllung politischer Herrschaft«.

Meine Kritik an dieser Argumentation orientiert sich an folgenden Überlegungen:

1. Obgleich die AutorInnen »Verrechtlichung« kritisieren, bleibt ihre eigene Argumentation doch im sehr engen juristischen Argumentationsrahmen befangen und knüpft nicht explizit an die großen philosophischen Debatten um Menschenrechte an. Implizit erinnert ihre resignative Deutung der Menschenrechte jedoch an diejenige von Hannah Arendt, erklärbar nach der Katastrophe des Nationalsozialismus. Arendts Position möchte ich zumindest punktuell in Erinnerung rufen; bei meinem Widerspruch möchte ich u. a. auf die Arendt-Kritik von Julia Kristeva und ihre Definition der Logik des »Fremden« zurückgreifen.

2. In einer Metaktitik an der These der »Verrechtlichung« möchte ich argumentieren, dass eine konservative Abwertung der Menschenrechte im Sinne Burkes gerade durch das Hirsi-Urteil des EGMR widerlegt wird. Die AutorInnen werden der Bedeutung der Tatsache nicht gerecht, dass mit den Menschenrechtsurteilen des EGMR Individuen das Recht zugestanden wird, gegen Staaten zu klagen und ihr Recht gegen die nationalen Gewaltmonopole durchzusetzen, insofern sich die Staaten den Urteilen

des EGMR unterworfen haben. Sie erwähnen dies lediglich nebenbei als »Sonderrolle« des EGMR, auf die sie nicht weiter eingehen, sondern demgegenüber generell bei der Klage über die »Staatszentriertheit« des Rechts verharren. Welcher Fortschritt hier gerade gegen die Durchsetzung rein nationaler Interessen erreicht wurde, wird in keiner Weise gewürdigt.

3. Ich komme zu dem Ergebnis, dass der Rekurs auf Menschenrechte nicht notwendig im Gegensatz zum politischen Kampf steht, sondern im Gegenteil die Möglichkeit der Berufung auf erworbene Rechte der »Subalternen« – in diesem Fall von Flüchtlingen aus verschiedenen Konfliktzonen an den Rändern Europas – überhaupt erst möglich macht. Erst dadurch gelingt es nämlich den »Subalternen« überhaupt, in die Sphäre des Politischen einzudringen.

(Ad 1) Die Aporien der Menschenrechte
An die Stelle der durch Geburt erworbenen Adelsprivilegien hatte die Französische Nationalversammlung die Vorstellung einer gewollten und freien Vereinigung unter dem Schirm der Menschenrechte gesetzt. In der Verfassung von 1793 wurde daraus folgerichtig abgeleitet, dass jedem erwachsenen Ausländer, der ein Jahr in Frankreich lebte, die Staatsbürgerrechte zu gewähren seien.

Hannah Arendt jedoch sieht bereits in dieser ersten Erklärung der Menschenrechte die Tendenz zur Verquickung von Volkssouveränität und Menschenrechten angelegt. Der Prozess, den Hannah Arendt in ihrem Werk *Ursprünge und Elemente totaler Herrschaft* (Arendt, 1986) als Dialektik des Nationalstaats beschrieben hat, besteht darin, dass einerseits der Nationalstaat als einziger wirksamer Garant der Einhaltung von Menschenrechten erscheint, andererseits sich in fast allen historischen Nationalstaaten *ein* bestimmter sich ethnisch definierender Bevölkerungsteil zum Staatsvolk erklärt und die übrigen Bevölkerungsgruppen gegenüber diesem Staatsvolk als »Andere«, als sogenannte ethnische Minderheiten definiert.

Die Frage, die Hannah Arendt ihr ganzes Leben lang eindringlich formuliert und variiert, lautet: Gibt es ein Recht auf Menschenrechte, und wer ist die Instanz, die dieses fundamentale Recht für die Individuen durchsetzen kann? Anders gesagt: Sind Menschenrechte als Rechte »des Menschen« immer nur abstrakt im Sinne der Aufklärung als Gebot der Vernunft und ethisches Postulat zu formulieren, oder gibt es Institutionen menschlichen Zusammenlebens, die historisch konkret als materiales Fundament der Menschenrechte jedes Individuums gelten könnten? Nicht nur den abstrakten Begriff »des Menschen« hält Arendt für höchst ungeeignet, um konkrete Rechte zu formulieren, sondern auch abstrakte Gruppenidentitäten wie »Volk«, »Nation« oder »Ethnie«. Arendts Werk über *Elemente und Ursprünge totaler Herrschaft* fragt danach, was aus jenen Völkern wird, die ohne eigene Regierung sind, die sie schützen könnte, was aus all jenen Menschen werden soll, die auf der Erde zu Wanderungen gezwungen werden. Menschenwürde scheint bislang in einer aus Staaten gebildeten Welt als bloßes Mensch-Sein nicht realisierbar zu sein.

Insofern und insoweit die als ethnisch etikettierten Minderheiten als Bedrohung des dominanten Staatsvolkes angesehen werden, spricht man ihnen – so Arendt – die mit der Staatsbürgerschaft verbundenen Rechte mehr oder weniger ab, ja, es kommt paradoxerweise gerade im Verlaufe der Entwicklung der modernen Nationalstaaten im Anschluss an die Ergebnisse des Ersten Weltkriegs erstmals in großem Maße zum Verlust der Staatsangehörigkeit überhaupt und in deren Gefolge zur Staatenlosigkeit vieler Menschen. Mit der Entstehung von Minderheiten und Staatenlosen verbunden ist die Tendenz, dass Staaten die Geltung von Menschenrechten nicht nur nach dem Prinzip national differenzierter Menschenrechte nach innen hierarchisch wirksam werden lassen, sondern dass sie sich auch gegenüber Einwanderungen nach außen rigide abschirmen und damit die ursprüngliche Intention der französischen Nationalversammlung von 1793 in ihr Gegenteil verkehren.

Es stellt sich schließlich für Arendt die Frage, ob es überhaupt so etwas wie unabdingbare Menschenrechte gibt, »d.h. Rechte, die unabhängig von jedem besonderen politischen Status einzig der bloßen Tatsache des Menschseins entspringen« (Arendt, 1986, S. 456ff.).

Sie kommt zu der resignierten Feststellung, dass der Begriff der Menschenrechte, wie Burke als Kritiker der Französischen Revolution vorausgesagt habe, in dem Augenblick zusammenbrechen würden, wo Menschen sich wirklich nur noch auf sie und auf keine national garantierten Rechte mehr berufen könnten. Vor dem Hintergrund der Erfahrung des Nationalsozialismus schreibt sie:

> »Unsere neuesten Erfahrungen [...] scheinen gleichsam experimentell zu beweisen, dass Menschenrechte nichts sind als eine sinnlose ›Abstraktion‹, dass sich Rechte wie eine ›überkommene Erbschaft‹ tradieren, die man Kindern und Kindeskindern weitergibt wie das Leben selbst, und dass es politisch sinnlos ist, seine eigenen Rechte als unveräußerliche Menschenrechte zu reklamieren, da sie konkret niemals etwas anderes sein können, als ›die Rechte eines Engländers‹ oder eines Deutschen oder welch anderer Nation immer« (Arendt, 1986, S. 466).

(Ad 2) Zur Metakritik der These von der » Verrechtlichung« des Politischen
Statt nun herauszuarbeiten, dass im Gegensatz zu den von Arendt be-
schworenen Erfahrungen vor und nach dem Zweiten Weltkrieg der
Europäische Gerichtshof für Menschenrechte ausdrücklich supranational
wirksame Menschenrechte nicht nur anerkennt, sondern auch gegenüber
den einzelnen europäischen Nationalstaaten – allen Behinderungen und
Verzögerungen zum Trotz zumindest in ersten exemplarischen Fällen –
durchsetzt, verharren die AutorInnen Maximilian Pichl und Katharina
Vester bei einer Arendt vergleichbaren, aber einer völlig anderen historischen Situation geschuldeten resignativen, letztlich konservativen Haltung
gegenüber den Menschenrechten. Im Gegenzug lehnen sie sich an eine
emphatische Konzeption des Politischen an, wie sie der einstige Carl Sch-
mitt-Schüler und spätere Mitarbeiter des Instituts für Sozialforschung,
Otto Kirchheimer, in seiner Kritik an der Weimarer Republik entwickelt
hatte.

»So hat Kirchheimer die Verrechtlichung politischer Konflikte dahingehend kritisiert, dass ›jeder tatsächlichen, jeder Machtentscheidung [ausge-
wichen wird] […], alles wird neutralisiert dadurch, daß man es juristisch
formalisiert‹ (Kirchheimer, 1976, S. 36).« Mit dieser Kritik diagnostiziere
Kirchheimer eine spezifische Entpolitisierung gesellschaftlicher Konflikte,
sofern sie ihres politischen Kontextes enthoben und »verrechtlicht« werden.
Die AutorInnen gestehen durchaus zu, dass die heutige Situation in Europa
(die ja auch eine Konsequenz aus der Katastrophe der Weimarer Republik
und Europas im Zweiten Weltkrieg darstellt; U.A.) eine grundlegend andere ist. Sie räumen ein: »Die nationalen Verfassungsgerichte und auch der
EuGH haben zwar einen Zugriff auf die nationalen Gewaltmonopole und
können die Umsetzung ihrer Urteile relativ sicher stellen«, aber sie stören
sich daran, dass dieses Ergebnis in der Sphäre des Rechts ihren Ursprung
hat und nicht in der von ihnen emphatisch positiv besetzten Sphäre des politischen Konflikts.

>»Die Übersetzung in die Logik des Rechts transferiert die politischen Kon-
> flikte von ihren ursprünglichen Orten (aus den Betrieben, den Schulen, den
> öffentlichen Plätzen, den Grenzräumen etc.) in die Sphären von staatlichen
> Institutionen, in denen die Subjekte den Regeln staatlicher Politik folgen
> müssen.«

Die AutorInnen räumen ein, »dass es in der juridischen Sphäre mitunter zu
progressiveren Politiken kommt als in der politischen Sphäre. Aber auch
das Gegenteil ist möglich.«

Tatsächlich ist eine barbarische Regression gegenüber der Respektierung allgemeiner Menschenrechte zurzeit in Europa vor allem in der Sphäre des Politischen bemerkbar, wo populistische rechtsgerichtete Strömungen immer mehr Raum gewinnen, zum Teil – wie in Frankreich – gar Meinungsmehrheiten für sich reklamieren können. Dabei ist eine Logik zu bemerken, dass der Immigrant als der jeweils »Andere« umso mehr dämonisiert wird, je weiter er von der jeweiligen, sich als dominantes Staatsvolk definierenden Bevölkerung entfernt ist, wo der »Andere« also überhaupt nicht in der Konkretion von öffentlichen Plätzen und Grenzräumen erfahren wird, sondern eine bloße Projektion darstellt. Diesen Mechanismus hat besonders Julia Kristeva genau untersucht (vgl. Apitzsch, 2006). Julia Kristeva ist – wie Hannah Arendt – Migrantin. 1941 in Sliven in Bulgarien geboren, emigrierte sie 1965 nach Paris. 1988 veröffentlichte sie ihr berühmtes Buch *Fremde sind wir uns selbst* (Kristeva, 1990). Fremdheit, das uns Unheimliche, »das Andere« und »der Andere« werden – so argumentiert Kristeva im Anschluss an Freud – produziert gemäß der Logik des Unbewussten und seiner Projektionen, und diese Logik ist eine zutiefst menschliche und universale Logik. Zum Fremden machen wir das, was wir an uns selbst verdrängen, und wir projizieren es auf Andere, die wir in diesem Prozess erst zu uns unheimlichen, Angst einflößenden Fremden machen (ebd., S. 196).

Diese Argumentation jedoch ist ohne die Annahme der Strukturen universaler Menschlichkeit nicht möglich. Daher mag Kristeva sich mit Arendts resignativem Hinweis auf Burke und die Bedeutungslosigkeit der Menschenrechte letztlich nicht zufriedengeben. Sie hält Arendt entgegen:

»Die Nazis haben ihre Menschlichkeit nicht wegen der ›Abstraktion‹ verloren, die der Begriff ›Mensch‹ (›die abstrakte Nacktheit seines Nichts – als – Menschseins‹) enthalten konnte. Im Gegenteil: Weil sie die hohe und abstrakte, die symbolische Vorstellung von Menschlichkeit verloren hatten und sie durch eine lokale, nationale oder ideologische Zugehörigkeit ersetzten, hat sich in ihnen die Bestialität breitgemacht und konnte gegen diejenigen, die diese Zugehörigkeit nicht hatten, ausgeübt werden« (ebd., S. 167f.).

(Ad 3) Die Menschenrechte der »Subalternen«
Pichl und Vester benutzen den Begriff der »Subalternen«, um ihre Auffassung von der Dialektik bürgerlicher Menschenrechte deutlich zu machen, die für sie – wie für Arendt – in deren Abstraktheit begründet sind, nicht aber auf einer ethnisierenden oder rassistischen, sondern auf einer ökonomischen und sozialen Ausgrenzung beruhen:

»Die Menschenrechtsidee durchlief Prozesse der Aneignung. Sie wurden von Subalternen, die aus dem Projekt des liberalen Bürgertums zunächst ausgeschlossen waren, aufgenommen und gegen die bürgerliche Gesellschaft selbst gewandt. Im Spiegel der Menschenrechte erblickte das Bürgertum die Unzulänglichkeit seiner Revolution. Zugleich wird der blinde Fleck des bürgerlichen Liberalismus offenbar. Die politische Emanzipation der Menschen wurde ohne die soziale Emanzipation gedacht. [...] Die Menschenrechte sind insofern als Setzung eines abstrakten Staatsbürgers zu verstehen, der geschichts- und kontextlos den eigentlichen gesellschaftlichen Verhältnissen vorangestellt gedacht wird. Diese Setzung gerät in Zeiten ökonomischer Krisen ins Wanken und entlarvt sich als Verschleierung politischer Verhältnisse.«

Diese Argumentation, die einen schlichten ökonomischen Determinismus zur Erklärung politischer Verhältnisse voraussetzt, wird gerade der außerordentlich vielfältig differenzierten Situation der Flüchtlinge auf dem Mittelmeer nicht gerecht. Diese Flüchtlinge sind entsprechend ihrer sozialen Lage, ihrer Bildung, ihrer kulturellen und Geschlechtszugehörigkeit nach außerordentlich unterschiedlich. Was sie eint, ist nicht ihre ökonomische, sondern ihre postkoloniale Situation. Es erscheint angemessen, sie insofern mit dem Begriff der »Subalternen« als eine spezifische Gruppe zu bezeichnen. Der von Antonio Gramsci übernommene Begriff der »Subalternen Gruppen« (Gramsci, 1934) ist bei ihm keinesfalls zu verstehen als ein Deckname für Begriffe wie »Arbeiterklasse« oder »Proletariat«, sondern eine Bezeichnung für alle gesellschaftlichen Gruppen in der Geschichte, die anderen Gruppen historisch untergeordnet waren und gegen diese Unterordnung in einer marginalen Situation »an den Rändern der Geschichte« kämpften. Dies galt bereits in der Antike für die Sklaven, die nach Gramscis Auffassung erst für ihre Rechte kämpfen konnten, nachdem sie einen Begriff von sich selbst als Menschen entwickelt hatten.

Eine politische, Kontexte rekonstruierende Analyse jener Dynamiken, die Menschen schutzlos auf das offene Meer hinaustreibt, hat insofern anzusetzen an der Rekonstruktion der Unterdrückungszusammenhänge in den Herkunftsregionen. Zu politischen Subjekten, die Rechte anmelden und grundsätzlich auch durchsetzen können, werden diese Menschen jedoch durch das außerordentlich bedeutsame Urteil des Europäischen Gerichtshofs für Menschenrechte von 2012, das ihnen das Recht auf Partizipation an erstmals historisch durchsetzbaren konkreten Menschenrechten zuerkennt und zugleich den einzelnen europäischen Nationalstaaten gegenüber ein juristisch gefasstes Regressverbot gegenüber dem Rückfall in rechtlose Barbarei formuliert.

Literatur

Apitzsch, U. (2006). Die Aporien der Menschenrechte und das Denken des Anderen: Hannah Arendt und Julia Kristeva. In *Denken ohne Geländer. Hannah Arendt zu 100. Geburtstag.* POLIS 47, 19–33.

Arendt, Hannah (1986). *Elemente und Ursprünge totaler Herrschaft.* München, Zürich (dt. erstmals 1955; englischer Titel: The Burden of Our Time, London, 1951).

Gramsci, Antonio (1934). An den Rändern der Geschichte (Geschichte der subalternen gesellschaftlichen Gruppen), Gefängnisheft 25. In *Gefängnishefte* (Bd. 9, S. 2185–2200), Hamburg: Argument, 1999.

Kirchheimer, O. (1976). Zur Staatslehre des Sozialismus und Bolschewismus. In Ders., *Von der Weimarer Republik zum Faschismus: Die Auflösung der demokratischen Rechtsordnung* (S. 32–52). Frankfurt a.M.: Suhrkamp.

Kristeva, J. (1990). *Fremde sind wir uns selbst.* Frankfurt a. M.: Suhrkamp (französischer Titel: Etrangers à nous-memes, Paris, 1988).

Die Autorin

Ursula Apitzsch, ist Professorin für Politik und Soziologie im Schwerpunkt »Kultur und Entwicklung« und Direktorin am Cornelia Goethe Centrum (CGC) für Frauen- und Geschlechterforschung der Goethe-Universität Frankfurt am Main. Ihre Forschungsschwerpunkte sind Politische Ideengeschichte, Biografieforschung, Migration und Geschlechterverhältnisse. Kontakt: apitzsch@soz.uni-frankfurt.de

Das Recht auf Rechte erkämpfen
Die sudanesischen Flüchtlinge auf dem Protest-Camp Weißekreuzplatz in Hannover und ihr Kampf um Menschenrechte

Sigmar Walbrecht

Seit dem 24. Mai des letzten Jahres besteht auf dem Weißekreuzplatz in Hannover ein Protest-Camp sudanesischer Flüchtlinge. Mit dem Camp, das eine Dauerkundgebung darstellt, fordern sie im Wesentlichen ein Aufenthaltsrecht und ein Leben in Würde in Deutschland ein und kritisieren gleichzeitig eine nach ihrer Ansicht bestehende Kollaboration der Bundesregierung mit dem islamistischen Regime von Al Bashir und die Geschäftsbeziehungen von deutschen Unternehmen mit dem Sudan.[1]

Die protestierenden Flüchtlinge machen damit einerseits deutlich, dass sie Deutschland für Fluchtursachen in die Verantwortung nehmen und darauf hinweisen wollen, dass wir in den Metropolen von einem Weltsystem profitieren, das insbesondere in den Ländern des Südens zum Zerfall von Gesellschaften und zu massenhafter Verelendung führt. Andererseits prangern die Camp-Aktivist_innen eine europäische Asyl- und Flüchtlingspolitik an, die eben jene Verantwortung von sich weist und Schutzsuchende mit allen Mitteln abwehrt, statt Solidarität zu gewähren. Wohl kaum jemand wir infrage stellen, dass Sudanes_innen, von denen viele in oppositionellen Organisationen aktiv waren und sind, allen Grund hatten, ihr Land zu verlassen, um anderswo ihr Heil zu suchen. Trotzdem ist es ihnen nicht möglich, ohne Weiteres ein Leben in Würde, wie das ja auch Artikel 1 der Menschenrechte allen zugesteht, zu finden.

Eine maßgeblich von Deutschland vorangetriebene EU-Flüchtlingspolitik sorgt dafür, dass die Verantwortung für ankommende Flüchtlinge auf die Staaten an den EU-Außengrenzen abgewälzt und noch weitergehend in die nordafrikanischen Staaten vorverlagert wird. Genau genommen wird jedoch nicht der Schutz vorverlagert – auch wenn es Pläne gibt, mit Asylzentren in Ägypten Möglichkeiten der Asylantragstellung bereits außerhalb der EU zu ermöglichen –, sondern die Abwehr von Flüchtlingen weiter von den Zentren der EU nach außen verlegt. Dies geschieht u. a. mit dem zynischen Argument, den Menschen die lebensgefährliche Überfahrt über das Mittelmeer ersparen zu wollen. Europa mag sich als Hüter der Menschenrechte präsentieren, die auf dem Papier tatsächlich garantiert werden, in Anspruch nehmen sollen sie jedoch längst nicht alle. Mit unglaublicher Brutalität finden an den EU-Grenzen Push-Back-Aktionen statt, werden Menschen dem Ertrinken überlassen oder sogar auf sie durch europäische Grenzschützer geschossen. Am 6. Februar 2014 starben mindestens 15 Menschen bei dem Versuch von Marokko die spanische Enklave Ceuta zu erreichen. Die spanischen Grenzschützer schossen mit Tränengas und Gummigeschossen auf Flüchtlinge, die schwimmend den EU-Boden erreichen wollten. Nirgendwo wird die Festung Europa so manifest und bildhaft wie an den spanischen Enklaven Ceuta und Melilla. Die Inanspruchnahme von Menschenrechten wird den fliehenden Menschen verunmöglicht oder zumindest enorm erschwert. Es ist wie ein zynisches Spiel: Nur wer die lebensgefährlichen Hindernisse an den Grenzen zur EU überwindet, hat sich das Recht erkämpft, den nächsten Schritt zu tun und von der EU die Anwendung der Menschenrechte einzufordern oder wohl eher zu erbitten. Es gilt eben kein bedingungsloser Anspruch auf Menschenrechte für alle Menschen. Ein grenzenloser Anspruch auf Menschenrecht kollidiert zwangsläufig mit dem

Anspruch von Nationalstaaten, ihre Grenzen zu kontrollieren und national-staatliche Interessen durchzusetzen. Vor Not fliehende Menschen, die doch den EU-Boden erreichen, sind dann darauf angewiesen, dass Behörden und Gerichte ihnen diese Rechte gewähren. Behörden und Gerichte glauben be-urteilen zu können, wie heftig die erlittenen Verfolgungen, Bedrohungen und das Elend waren, um einen Schutzanspruch daraus ableiten zu können. Spätestens in dem Moment, wo der Schutz und die Inanspruchnahme von Menschenrechten von den Behörden und Gerichten abhängig ist, verliert sich der Kampf um ein Leben in Würde in einem Rechtsstreit.

Die auf dem Weißekreuzplatz in Hannover protestierenden sudanesi-schen Flüchtlinge versuchen diesen Kampf wieder zu politisieren, indem sie eine Gruppenlösung für alle Camp-Aktivist_innen und deren Familien fordern, die ein Leben in Würde zulässt. Das würde nach ihrer Ansicht be-deuten, dass sie alle ein Aufenthaltsrecht in Deutschland bekommen und ihnen eben auch alle sozialen Rechte zugestanden werden, die auch andere Bürger_innen dieses Landes besitzen. Viele der sudanesischen Asylsuchen-den sind über ein anderes Mitgliedsland in die EU eingereist. Sie müssten laut Dublin III-Verordnung dort ihr Asylverfahren durchlaufen. Manche haben sogar bereits in eine anderen EU-Land einen Schutzstatus erhalten, trotzdem sind sie weitergereist nach Deutschland, da ihnen in den Ländern, in denen sie zuvor waren (hauptsächlich v.a Italien, Bulgarien oder Ungarn) kein Leben in Würde, z. T. nicht mal ein Überleben, möglich war. Die Dub-lin-Verordnung und EU-Richtlinien verlangen, dass sie wieder zurück in diese Länder sollen. Einige andere Aktivist_innen vom Weißekreuzplatz und ihre Familienangehörigen haben in Deutschland ein Asylverfahren durch-laufen, sind aber abgelehnt worden. Die niedersächsische Landesregierung und die Bundesregierung sehen keine rechtliche Grundlage für eine Grup-penlösung. Es findet eine Auseinandersetzung um Lösungen im Rahmen der bestehenden Gesetze statt. Dies ist der Punkt, an dem auf der Kippe steht, ob aus einem politischen Kampf ein reiner Rechtsstreit wird. Selbstverständ-lich muss für jede und jeden Einzelnen eine Lösung auch im Rahmen der rechtlichen Möglichkeiten gesucht werden. Aber es ist klar, dass das le-gitime Interesse der Camp-Aktivist_innen nach einer Lösung für alle auf diesem Weg nicht durchzusetzen ist. Weil die bestehenden deutschen Geset-ze (namentlich das »Gesetz über den Aufenthalt, die Erwerbstätigkeit und die Integration von Ausländern im Bundesgebiet«) in Verbindung mit EU-Abkommen keine Aufenthaltsoption zulassen, werden die Forderungen der sudanesischen Flüchtlinge als illegitim hingestellt.

Der Protest der sudanesischen Flüchtlinge macht deutlich: Die Legitimi-tät von Kämpfen kann sich nicht daran orientieren, ob bestehende Gesetze und Abkommen zwischen den EU-Mitgliedsländern die Inanspruchnahme von Menschenrechten gewährleisten. Denn das tun sie offensichtlich nur sehr eingeschränkt. Vielmehr muss sich die Legitimität von Forderungen nach Rechten und ihre Kämpfe darum an dem Abgleich der Interessen aller Menschen orientieren, die einem ständigen Aushandlungsprozess unterliegen. Die Menschenrechte können dabei ein Orientierungspunkt sein, sind aber nicht unhinterfragbar, vielmehr müssen sie darauf überprüft werden, inwiefern sie berechtigte Forderungen ausklammern und inwieweit Menschen von ihrer Inanspruchnahme ausgeschlossen werden.

Anmerkung

1   Die Deklaration der Forderungen der Campaktivist_innen finden sich auf der Homepage des Protest-Camps unter https://fluechtlingscamphannover.wordpress.com/category/info -material/declaration-juni-2014/ (11.02.2015).

Der Autor

Sigmar Walbrecht ist Mitarbeiter in der Geschäftsstelle des *Flüchtlingsrat Niedersachsen e.V.* Der Flüchtlingsrat Niedersachsen e.V. ist ein landesweiter Zusammenschluss von niedersächsischen Initiativen, Organisationen und Einzelpersonen, die für den Schutz und eine menschenwürdige Lebensperspektive von Flüchtlingen und Migrant_innen mit prekärem Aufenthaltsrecht eintreten. In diesem Sinne versteht er sich als Lobbyorganisation, die sich im Interesse der Asylsuchenden in die Flüchtlingspolitik einmischt. Darüber hinaus berät der Flüchtlingsrat Asylsuchende und Multiplikator_innen, die Flüchtlinge unterstützen und bietet d regelmäßig Fortbildungs- und Fachveranstaltungen an und gibt Informationsmaterialien heraus.
Kontakt: nds@nds-fluerat.org

Gewonnen – und nun?

Nadja Saborowski und Sven Veigel

In dem im Jahr 2005 vom Europäischen Rat verabschiedeten und Ende 2011 weiterentwickelten »EU-Gesamtansatz Migration und Mobilität«[1] (GAMM) werden die fünf zentralen Ziele seiner Migrationspolitik benannt.

Jeweils »unter der Berücksichtigung der selbstbestimmten Prioritäten, Bedürfnisse und Aufnahmekapazitäten jedes Mitgliedsstaats« soll »legale« Migration gestaltet, illegale Migration bekämpft, die Grenzkontrollen gestärkt, ein Europa des Asyls und umfassende Partnerschaften zu den Herkunfts- und Transitstaaten errichtet werden. Als wichtigster Aspekt gilt dabei die Prävention und Bekämpfung der illegalen Einwanderung »unter strikter Beachtung der Menschen- und Flüchtlingsrechte«, wie es das Auswärtige Amt formuliert. Insbesondere der Abschluss von Rückübernahmeabkommen zwischen der EU und Drittstaaten ist hierbei ein probates Mittel und die politische Grundlage der Push-Back-Operationen.

Ziemlich genau vor drei Jahren, am 23. Februar 2012, fällte der Europäische Gerichtshof für Menschenrechte (EGMR) in Straßburg ein Urteil, das das Potenzial dazu hatte, den Europäischen Grenzschutz nachhaltig zu verändern und hierdurch die Rechte von Flüchtlingen und Migrant/innen an den EU-Außengrenzen insbesondere auf Hoher See zu stärken. Im Fall Hirsi et. al. wurde eine sogenannte Push-Back-Operation des italienischen Militärs aus dem Jahr 2009, bei der über 200 Personen nach Libyen zurückgeführt wurden, verhandelt und letztlich, unter Berufung auf Art. 3 EMRK[2] in Verbindung mit dem Refoulementverbot der GFK für rechtswidrig erklärt. Tatsächlich konnten sich die Hoffnungen an das Hirsi-Urteil, einen humaneren Grenzschutz zu begründen, nicht bestätigen. Wie Pichl und Vester ausführen, hat von 24 Klägern lediglich einer die zugesprochene Schadensersatzsumme erhalten. Auch die Push-Back-Operationen wurden nicht eingestellt.

Wie auch Pichl und Vester fragen wir uns: »Gewonnen – und nun?« Warum gab und gibt es keine Veränderung der Praxis, wenn doch der EGMR diese für menschenrechtswidrig erklärt hat? Warum werden die Menschenrechte von den Unterzeichnerstaaten nicht umgesetzt? Ist der Diskurs über die universelle Geltung der Menschenrechte nicht naiv?

Pichl und Vester beziehen hierzu keine eindeutige Position, verweisen allerdings auf die theoretischen Widersprüchlichkeiten der Menschenrechtsidee, die sie unter Bezugnahme auf deren historische Entwicklung herleiten. Sie arbeiten die »dialektische Form« der Menschenrechte heraus und veranschaulichen, wie der Bezug auf die Menschenrechte als »juridische Strategie[n]« stets auch »entpolitisierende und herrschaftslegitimierende Effekte zeigt«. Es geht ihnen zwar »keineswegs darum […] die Arbeit von Flüchtlingsorganisationen oder Asylrechtsanwält/innen anzugreifen«, jedoch versuchen Pichl und Vester mit ihrer Analyse den Praktiker/innen der NGOs einen kritischen Spiegel vorzuhalten und auf theoretische Probleme ihrer Grundannahmen aufmerksam zu machen. Sie verweisen dabei auf die »nicht-intendierten Geneneffekte« des Handelns der Zivilgesellschaft und Asylrechtsanwält/innen.

Tatsächlich darf das Handeln von NGOs niemals blind seiner menschenrechtlichen Zielsetzung folgen. Allerdings sollten die Autor/innen nicht außer Acht lassen, dass Menschenrechtsorganisationen in ihren Methoden äußerst heterogen sind. Während beispielsweise das European Center for Constitutional and Human Rights (ECCHR) den Weg der Gerichtsbarkeit geht, ist die Lobbyarbeit für andere Organisationen die zentrale Methode der Verwirklichung von Menschenrechten. Somit stehen NGOs oftmals in einem, wenn auch zumeist nicht explizit verbalisierten, Partnerschaftsverhältnis, in welches unterschiedliche Organisationen die eigenen Kompetenzen einbringen.

Darüber hinaus folgt aus »nicht-intendierte[n] Gegeneffekte[n]« nicht zwangsläufig, dass die Strategie an sich hinterfragt werden muss, vielmehr geht es um eine Anpassung an eventuell nicht berücksichtigte Konsequenzen, hier die Gegen- bzw. Umgehungsstrategien der Nationalstaaten. Ist die Folge von Verboten das Finden von Umgehungsmöglichkeiten, ergibt sich daraus nicht der Schluss, Verbote aufzuheben, sondern vielmehr eine Ausdifferenzierung.

In der juristischen Rechtsprechung ist es üblich, strittige Sachverhalte letztinstanzlich abschließend klären zu lassen, um so eine Rechtssicherheit herzustellen. So ist der Ruf nach der Einhaltung der Menschenrechte nicht an sich das Problem, sondern das Reagieren auf veränderte Praxen. Selbstverständlich kann dies bedeuten, dass es noch einer Vielzahl von Urteilen bedarf, bis man die Praxis an sich aufgibt und neue Lösungen sucht. Aber entspricht nicht genau dies unserem Verständnis von Rechtsstaatlichkeit?

Betrachtet man beispielsweise den Diskurs rund um das Dublin-System, so fordert die Zivilgesellschaft unter prominenter Beteiligung einer Vielzahl von Akteur/innen die »freie Wahl des Mitgliedstaates«.[3] Durch Bekräftigung der Forderung in politische Gesprächsrunden, auf Tagungen und durch Lobbyarbeit, versucht man so, die politischen Akteur/innen zum Umdenken zu bewegen. Daneben kämpfen Rechtsanwält/innen unter Anrufung der nationalen und internationalen Gerichte um die Einhaltung der EMRK-Prinzipien bezüglich der Rückführung in bestimmte Mitgliedstaaten. Die Gerichtsurteile bewirken wiederum eine Unterbrechung oder gar Änderung der Praxis zuständiger Behörden. Aktuell wirkt sich beispielsweise das Tarakhel-Urteil so auf die Praxis aus, dass Rückführungen nach Italien von Familien mit Kleinkindern ohne Garantie einer kindsgerechten Unterbringung nicht erfolgen. Auch hier wird sich sicherlich bald eine neue Praxis etablieren, wie man die Vorgaben des EGMR umgehen oder unterlaufen kann. Doch steht dann der Rechtsweg erneut zur Verfügung. Die Berufung auf die Menschenrechte kann daher durchaus zu einem Umdenken der politischen Akteure führen. Mit Ihrem Artikel mahnen Pichl und Vester allerdings dazu, diese Methode nicht unreflektiert und als einzig mögliche Strategie zu nutzen bzw. sollten die Akteure in diesem Feld darauf gefasst sein, dass das Recht, insbesondere die Menschenrechte, immer auch die Möglichkeit bietet, sich dem selbigen zu entziehen. Die Antwort auf die Frage, warum die Staaten genau das tun, lassen die beiden Autoren jedoch unbeantwortet, obwohl sie diese in ihrem Artikel selbst formulieren: »ist es nicht entscheidender zu analysieren, warum die Menschenrechte gerade nicht von den Staaten durchgesetzt werden?« Aber vielleicht ist die Beantwortung weit weniger spannend und herausfordernd als die theoretische Auseinandersetzung mit den juristischen und politischen Strategien in der Umsetzung. Denn die Mitgliedstaaten kommunizieren ihre Motive recht offen und es genügt ein Blick in den bereits erwähnten GAMM:

> »Der GAMM sollte einen umfassenden Rahmen bilden, der es ermöglicht, [...] eine enge praktische Zusammenarbeit mit den Partnerländern in kohärenter Weise und zum gegenseitigen Nutzen zu steuern. Er sollte fester Bestandteil des allgemeinen außenpolitischen Rahmens der EU sein, der auch die Entwicklungszusammenarbeit umfasst, und gut mit den innenpolitischen Prioritäten der EU abgestimmt sein.«

Der GAMM fokussiert sich somit auf den individuellen ökonomischen Nutzen für die EU und deren Mitgliedstaaten. Die sich im globalen Wettbewerb um hochqualifiziertes Fachpersonal befindenden Staaten bauen im Werben um diese Gruppe Mobilitätshürden für diese ab. Gleichzeitig berufen sie sich im Kampf gegen den Menschenhandel bzw. den Menschenschmuggel auf die Menschenrechte der Flüchtlinge, denen sie aber gleichzeitig, wie auch 2009 durch italienische Behörden geschehen, jede legale Möglichkeit der Einreise verwehren.

Solange aus ökonomischem Kalkül der Vorrang der Menschenrechte infrage gestellt wird, werden Urteile wie das des EMGR zwangsläufig nur der Beginn eines emanzipatorischen Prozesses und niemals dessen Ende sein können. Der Weg mag lang und beschwerlich sein, aber ist dies nicht der Kampf den die liberale Gesellschaft im 21. Jahrhundert zu führen vermag?

Anmerkungen

1   http://ec.europa.eu/home-affairs/news/intro/docs/1_DE_ACT_part1_v2.pdf
2   Wortlaut des Art. 3 EMRK: Niemand darf der Folter oder unmenschlicher oder erniedrigender Strafe oder Behandlung unterworfen werden.

3   Memorandum. Flüchtlingsaufnahme in der Europäischen Union: Für ein gerechtes und so-
    lidarisches System der Verantwortlichkeit (www.proasyl.de).

Die Autor_innen

Nadja Saborowski hat Rechtswissenschaften in Berlin und Friedens- und
Konfliktforschung in Magdeburg studiert. Sie arbeitet im Behandlungszen-
trum für Folteropfer e. V. als Projektkoordinatorin.
Kontakt: n.saborowski@migrationsdienste.org

Sven Veigel hat Geografie mit dem Schwerpunkt Humangeografie in Tübingen und Bonn studiert. Er arbeitet im Behandlungszentrum für Folteropfer
e. V. als Projektkoordinator.
Kontakt: s.veigel@migrationsdienste.org

Menschenrechte – Aporien eines leeren Signifikanten

Tom D. Uhlig[*]

1790 schrieb Edmund Burke in einer Entgegnung auf die französische Revolution, seinem Traktat *Reflections on the Revolution in France*: »A spirit
of innovation is generally the result of a selfish temper and confined views.
People will not look forward to posterity, who never look backward to their
ancestors« (Burke, 2005, S. 274).

Burke weist hier auf einen empfindlichen Punkt der französischen
nachrevolutionären Verfassung hin: Der Versuch ex nihilo Rechte aus
dem Menschsein abzuleiten scheint dazu verurteilt, von gesellschaftlichen
und historischen Bedingungen zu abstrahieren, welche in dem gesetzten
Nullpunkt, dem Bruch mit dem Absolutismus, aufgehoben sind. Bei-
spielhaft skizziert er die Generativität des Rechts entlang Ahnenfolgen
englischer Herrscher. Ungeachtet seines harmonistischen Konservatismus,
mit welchem in dem Traktat fortwährend die vermeintlich organische Na-
türlichkeit des englischen Staatswesens gepriesen wird, ist der Hinweis
auf die Tradiertheit von Recht m. E. grundlegend, um die Aporien von
Menschenrechtspolitiken nachzuvollziehen. So offenbaren die Artikel der
französischen Erklärung der Menschen- und Bürgerrechte gerade in der
utilitaristischen Argumentation Leerstellen, welche wohl als konstitutiv

für eine Konstruktion natürlicher Rechte des Menschen gelten können. So ist beispielsweise im ersten Artikel davon die Rede, gesellschaftliche Unterschiede dürften nur im »allgemeinen Nutzen« gründen, und in Artikel fünf heißt es, das Gesetz dürfe nur solche Handlungen verbieten, »die der Gesellschaft schaden«. Diese hier angedeutete wahrscheinlich notwendige Ausblendung normativer Grundlagen zeigt an, dass die Gewährung von Menschenrechten im Rahmen einer bestimmten Gesellschaftsform erfolgte, namentlich der nationalstaatlichen Gemeinschaft. Verdeutlicht die Geschichte bereits ihre innergesellschaftlich begrenzte Reichweite, so konnte die Idee der Menschenrechte über nationale Grenzen hinaus kaum Wirkung entfalten, da keine Instanzen existieren, die ihre Einforderbarkeit gewährleisten. Hannah Arendt (2003, S. 619) liest in *Elemente und Ursprünge totaler Herrschaft* Burkes Intervention dahingehend, als »daß es politisch sinnlos ist, seine eigenen Rechte als unveräußerliche Menschenrechte zu reklamieren, da sie konkret niemals etwas anderes sein können als ›die Rechte eines Engländers‹ [...] oder welch anderer Nation auch immer«.

An dieser Stelle setzt der Artikel von Maximilian Pichl und Katharina Vester an, welcher diese Verfasstheit der Menschenrechte an dem Beispiel des Hirsi-Urteils diskutiert. Gekonnt zeigen die Autor*innen auf, welche historischen Zufälle, welches Ineinandergreifen von Netzwerken es bedarf, um »Menschenrechte« für diejenigen einklagbar zu machen, welche nicht unter staatlicher Protektion stehen.

Ihrer Argumentation folgend, lassen sich die Überlegungen Arendts zu den Aporien der Menschenrechte (ebd., S. 601–625) auf ihre Aktualität hin befragen. In Ermangelung einer positiven Bestimmbarkeit fragt Arendt nach der Beschaffenheit der Menschrechte, indem sie die Lage von Menschen analysiert, die allen anderen Rechten entäußert sind, da keine Nation ihnen diese garantiert. Wie etwa im Falle der jüdischen *displaced persons* nach dem Zweiten Weltkrieg, konnte sich »keine dieser Menschengruppen ihrer elementaren Menschenrechte sicher sein [...], wo diese nicht von einem Staate geschützt sind, dessen Oberhoheit man durch Geburt und internationale Zugehörigkeit untersteht« (ebd., S. 606). Es zeigt sich in ihrer Argumentation, dass die Situation der absolut Rechtlosen frappierende Ähnlichkeit mit derjenigen der Staatenlosen aufweist. Mit dem Verlust der Heimat bei gleichzeitiger Unmöglichkeit eine neue zu finden offenbart sich, dass es »sinnlos [ist], Gleichheit vor dem Gesetz für jemanden zu verlangen, für den es kein Gesetz gibt« (ebd., S. 612). In diesem Sinne halten Pichl und Vester fest: »Die Menschenrechte setzten ein bürgerliches Individuum voraus, das aufgrund seiner ökonomischen Situiertheit und der gesellschaftlichen Akzeptanz seiner Herkunft ohne Weiteres in der Lage ist, politische Freiheit zu ergreifen und auszuüben«. Der Fall *Hirsi Jamaa und andere gegen Italien* verdeutlich die tagespolitische Dringlichkeit dieses Problems. Erst auf italienischem Boden, mit der bescheidenen Rechtssicherheit, die dieser verspricht, ist es möglich geworden, überhaupt einen Anspruch zu erheben, welcher vermeintlich qua Naturrecht allen Menschen zusteht, in diesem Falle dem Schutz vor Folter. Die rechtliche Grauzone, welchen diesen Boden umgibt, ständig auszuweiten, ist europäische Praxis, der es nach Pichl und Vester juristisch entgegenzuwirken gilt.

Gleichzeitig zu dem Dargestellten – und dieses dialektische Moment wissen Pichl und Vester aufzuheben – kann die Idee der Menschenrechte in konkreten politischen Interventionen von strategischem Wert sein. Sie ermöglichten es historisch, einen Standpunkt der Kritik von Rechts- und Machtverhältnissen einzunehmen, welcher vormals von den jeweiligen Statthaltern göttlicher Verfügungsgewalt auf Erden besetzt war. Indem sie den Menschen als Maß der Dinge proklamierten, eröffneten sie »die Möglichkeit einer immanenten Kritik«. Wenngleich das nackte Naturrecht sich Tag für Tag als juridische Fiktion herausstellt, werden alle anderen Rechte dem Anspruch nach von ihm abgeleitet. Im Rechtswesen scheint es die Stelle eines leeren Signifikanten, einem Signifikanten ohne Signifikat, oder lacanianisch gesprochen eines Herrensignifikanten zu besetzen. Žižek (2002, S. 58) fasst diesbezüglich zusammen:

> »[T]he master signifier that guarantees the community's consistency is a signifier whose signified is an enigma for the members themselves – nobody really knows what it means, but each of them somehow presupposes that others know it, that it has to mean ›the real thing,‹ and so they use it all the time.«

Die Idee der Menschenrechte ist wohl demnach ein inhaltlich unterbestimmter Begriff, welcher das Zusammenleben strukturiert, eben weil ihm Bedeutsamkeit unterstellt wird. Worin nun seine Bedeutung besteht, kann nicht durch Proklamation bestimmt werden, sondern ist in der politischen Alltagspraxis Gegenstand ständiger konflikthafter Auseinandersetzung. Aufgrund seiner derzeitigen Verwobenheit mit nationalstaatlicher Zugehörigkeit entfaltet er – in Ermangelung transnational wirkmächtiger Institutionen – seine Geltung nicht aus sich heraus, weshalb, wie Pichl und Vester darlegen, »[d]ie politische Radikalisierung der Menschenrechte über ihre eigene Idee hinaus [...] nur ein Beitrag zu einem emanzipatorischen Kampf sein [kann]«.

Literatur

Arendt, H. (2013). *Elemente und Ursprünge totaler Herrschaft. Antisemitismus, Imperialismus, totale Herrschaft*. München: Piper.

Burke, E. (2005). Reflections on the Revolution in France. In The Works of the Right Honourable Edmund Burke, Vol. III. (of 12) (S. 231–563). http://www.gutenberg.org/files/15679/15679-h/15679-h.htm#REFLECTIONS (16.02.2015)

Žižek, S. (2002) The Real of Sexual Difference. In S. Barnard & B. Fink (Hrsg.), *Reading Seminar XX. Lacan's Major Work on Love, Knowledge, and Feminine Sexuality* (S. 57–76). Albany: State University of New York Press.

(* Vita und Kontakt des Autors siehe Impressum)

Politische Gefangene als Folge eines Streiks der Flüchtlinge

Turgay Ulu

Aus unserer seit drei Jahren in Deutschland und Europa politische Kämpfe führenden Bewegung sind in Deutschland vier Personen als politische Gefangene in Haft. Einer unserer Freunde wurde festgenommen, weil er für die Freiheiten von Flüchtlingen und MigrantInnen in den Hungerstreik trat. Die andern drei Freunde wurden bei einer Polizeioperation zur Räumung der Ohlauer Schule in Berlin festgenommen, deren Dach von uns daraufhin neun Tage besetzt wurde. Es gab große Unterstützung für uns aus der Bevölkerung. Um der Bevölkerung zu erklären, warum Flüchtlinge und MigrantInnen es nötig haben nach Europa zu fliehen, haben wir bis heute alle möglichen Arten von Aktionen durchgeführt. Mit Studierendenbewegungen, Bewegungen zur Kritik hoher Mieten, künstlerischen Bewegungen und allen möglichen gesellschaftlichen Organisationen wie z. B. Gewerkschaften haben wir versucht, Allianzen zu bilden, und versuchen so zu erklären, dass das Flüchtlings- und MigrantInnenproblem ein politisches Problem ist. Aus diesen Gründen betreiben wir aktuell die Kampagne »Meine Rechte sind deine Rechte«. Dabei arbeiten wir mit bekannten deutschen Theatern zusammen, wie dem Grips Theater und dem Gorki Theater. Am Ende der Kampagne werden wir am 21. März, dem »Internationalen Tag gegen Rassismus«, eine große Demonstration veranstalten.

Aufgrund der aktiven Verwicklung des kapitalistischen Systems in Krieg, Ausbeutung und Diktaturen, sind Flüchtlinge und MigrantInnen gezwungen zu fliehen. Um ihren politischen Kampf im Zentrum Europas zu verhindern, ist das zentrale Argument des Systems, es handele sich hier um »Linksradikalismus«. Das System versucht dabei über etliche ihm verbundene Institutionen und Organisationen den Kampf der Flüchtlinge zu unterbinden und diese zu kriminalisieren. Aus diesen Gründen wird versucht politisch argumentierende widerständige Flüchtlinge und UnterstützerInnen des Widerstandes zu marginalisieren.

Das System will verhindern, dass sich politisierte Flüchtlinge mit anderen antikapitalistischen Bewegungen auf gemeinsamem Terrain treffen. Während die Flüchtlinge immer wieder kriminalisiert werden, schafft die Entwicklung von rassistischen Strömungen hierfür eine Grundlage. Unsere Bewegung des Flüchtlingsstreiks soll genau an dieser Stelle einen Widerstand bilden.

Mit der Übertretung von deutschen Abschiebegesetzen, Widerstand gegen in Deutschland befindliche Isolationslager und gegen Abschiebungen entwickeln wir seit drei Jahren eine alternative Lebensform auf der Straße. Gegen das europäische Grenzregime, die als Kriegsmittel benutzte Organisation Frontext und die Außengrenzbestimmungen nach dem Dubliner Abkommen haben wir etliche Besetzungsaktionen und Demonstrationen organisiert.

Unter dem Titel »Movement« hat unsere Bewegung des Flüchtlingsstreiks eine neue politische Zeitschrift herausgebracht. In unserer Zeitschrift hat jeder Flüchtling das Recht zu schreiben. Jeder widerständige Flüchtling hat das Recht, das Wort zu ergreifen. Unsere Zeitschrift wird in verschiedenen Sprachen veröffentlicht. Die Flüchtlinge müssen nicht in den europäischen Sprachen schreiben, die sie nicht verstehen, sondern können in ihren Muttersprachen schreiben.

Das System benutzt eine ganze Reihe von rassistischen und kolonialen Gesetzen, um Flüchtlingslager in möglichst abgelegenen Gebieten zu gründen und zu verhindern, dass die Flüchtlinge sich mit der Bevölkerung vereinen könnten. Wir hingegen brechen alle diese Behinderungen auf und schaffen direkte Verbindungen zur Bevölkerung.

Mit der Besetzung des Oranienplatz und der Ohlauer Schule haben wir der Bevölkerung die Probleme vor Augen geführt, die uns an den Rand drängen und unsichtbar werden lassen. Gegenwärtig veranstalten wir Seminare und Diskussionen mit dem Titel »Warum wir hier sind«. Beispielsweise erklären wir alle Dimensionen, die dazu führen, dass Menschen aus Nigeria, dem Sudan oder von anderen Orten fliehen müssen. Wir erklären der Bevölkerung Kapitalismus, Ausbeutung und Rassismus. An den Stellen, wo das System über Widersprüche und Auseinandersetzungen ins Rutschen gerät, versuchen wir sicherzustellen, dass die wirklichen Quellen dieser Phänomene gesehen werden.

Im Kampf der Flüchtlinge auf der Straße um ihre Rechte und Freiheiten wird deutlich, was für eine Lügenmaschine die sie kriminalisierenden Parlamente, Senate, ja der ganze Staat insgesamt ist. Wir sind all den Lügen und Spielchen entgegengetreten, die SenatsvertreterInnen oder LokalpolitikerInnen bei Treffen verbreitet und veranstaltet haben. Die Kriegslist, die das System in Afrika, Asien und auf anderen Kontinenten betreibt, wurde in ähnlicher Weise gegen die von diesen Kriegen nach Europa Fliehenden und gegen unsere Bewegung des Flüchtlingsstreiks verwendet.

Die Bewegung des Flüchtlingsstreiks bringt in die zentraleuropäischen Bewegungen der Bevölkerung eine neue Dynamik. Das Problem ist nicht allein ein Flüchtlingsproblem. Der Kapitalismus bietet der Menschheit keinen Ausblick auf eine hoffnungsvolle Zukunft.

Europa und die anderen imperialistischen Staaten wollen mit Argumenten über den Islam, Terror, Flüchtlinge und MigrantInnen ein Kontrollsystem entwickeln. Mit diesem Kontrollsystem sollen der herrschenden Ordnung angepasste Gesellschaften entwickelt werden. Sämtliche neuen Gesetze in Europa haben die Errichtung eines Hochsicherheitskontrollsystems zum Ziel.

Die ideologischen Mittel des Staates reichen für die Bildung einer solchen Bevölkerung nicht aus. Aus diesen Gründen soll mit rassistischen und kolonialistischen Gesetzen eine Bevölkerung bestärkt werden, die demütig ist und lenkbar wie SklavInnen.

Die gegenwärtigen Flüchtlingslager können als Proberäume für die Kontrolle verstanden werden, die der Kapitalismus entwickelt. Die heutigen Bedingungen in den Lagern für Flüchtlinge und MigrantInnen werden morgen in allen Schichten der Bevölkerung Verwendung finden. Diejenigen, die versuchen den Kreis der Kontrolle des Systems zu brechen, werden weit weg von Großstädten in ähnliche Lager gebracht werden um ihr Verhalten zu »verbessern«.

Unsere als alternatives Kommuneleben auf der Straße konzipierte Bewegung des Flüchtlingsstreiks hat eine ganze Reihe von Aktionsformen entwickelt, die bisher in Deutschland noch nie ausprobiert worden sind. Gegen Angriffe durch den Staat Baum- und Dachbesetzungsaktionen einzusetzen wurde erstmals von unserer Bewegung realisiert.

Wir sind darin erfolgreich, einen langandauernden Widerstand von Flüchtlingen zu organisieren, die verschiedenste sprachliche, kulturelle, glaubensbezogene und traditionelle Hintergründe haben. Wir haben einen Arbeitsmodus gefunden, in dem es keineN ChefIn gibt und jedeR das Recht zu Sprechen und zu entscheiden hat. Alle Entscheidungen werden auf großen Versammlungen unter Beteiligung aller getroffen.

Die in diesen Unterschiedlichkeiten gründenden Widersprüche und Auseinandersetzungen bieten den Flüchtlingen die Gelegenheit, Erfahrungen zu sammeln. Mit dieser Art von Aktionen und Aktivitäten wird leichter verständlich, warum wir gezwungen sind zusammen zu arbeiten, selbst wenn wir unterschiedliche kulturelle, sprachliche und traditionelle Bezüge haben. Die Unterschiedlichkeit in Bezug auf Sprache, Glaube und Traditionen wird von den kolonialen Systemen benutzt, um die Völker dazu zu bringen, sich gegenseitig zu ermorden. Wir hingegen versuchen diese ganzen Probleme auf ihre Quelle, das System, zurückzulenken. Und genauso werden wir von eben diesem System in Isolation gehalten. Von eben diesem System werden wir aus der Bevölkerung ausgesondert, eben dieses System behandelt uns als Menschen zweiter Klasse. Eben dieses System bedingt, dass wir Opfer von rassistischen Angriffen werden. Warum sollten wir gegeneinander und nicht gegen das System kämpfen?

De facto ist es nicht dabei geblieben, dass wir rassistische und kolonialistische Gesetze brechen. Gleichzeitig haben wir auf gesetzlicher Ebene eine Reihe von Reformen bewirken können. In dem in diesem Jahr gültig werdenden Gesetzespaket für Flüchtlinge konnten bezüglich Einkaufsgutscheinen, Essenspaketen und den Regelungen zur Residenzpflicht Änderungen bewirkt werden. Auf der anderen Seite beinhaltet das Gesetzespaket aber ebenso Regelungen, die Abschiebungen erleichtern.

Im Lokalen begonnen, hat sich unser Kampf allgemeiner entwickelt und mit anderen gesellschaftlichen Bewegungen verbunden. In Opposition zu einem Kapitalismus, der keine Lösung für seine Krisen findet, spielt das Problem der Flüchtlinge und MigrantInnen eine wichtige Rolle im Rahmen einer sich neu entwickelnden Atmosphäre. Wenn das Gebiet dieser Fragen nicht besetzt werden würde, bedeutete das eine Erleichterung für rassistische Bewegungen.

Wir sind diejenigen, die seit Jahren auf der Straße sind und Besetzungen gemacht haben. Deshalb sind wir auch diejenigen, die unsere Angelegenheiten betreffend ein eigenes Rederecht haben. Denen, die uns nicht eingeladen haben, die unsere Aktionen instrumentell für Initiativen genutzt haben, lassen wir direkt unsere Kritik zuteilwerden.

Nur weil uns selbst gegenüber Sprache, Recht und Gesetz die Hände gebunden sind, wollen wir nicht, dass vom Staat unterstützte Organisationen, die überhaupt nicht an unserem Widerstand teilgenommen haben, über uns Filme machen oder Projekte veranstalten. Deshalb wollen wir unsere eigenen Medien, Zeitschriften, Musik und Theater. Allerdings hört das System nicht auf, alle Arten von Repression und Tricks einzusetzen, um diese unsere Aktivitäten zu unterbinden.

Es lebe die Humanität und unser kollektiver Kampf!

Übersetzt aus dem Türkischen von Marko Perels

Der Autor

Turgay Ulu ist Journalist und Schriftsteller. Er war in der Türkei 15 Jahre lang (1996–2011) inhaftiert. Während dieser Zeit wurde er von Amnesty International unterstützt. 60 Tage hat er mit einem Hungerstreik gegen die Isolationshaft gekämpft. Als nach seiner Entlassung eine erneute Festnahme drohte, ist er nach Griechenland geflüchtet. Dort wurde er wieder verhaftet und saß drei Monate im Gefängnis. Nach einem erneuten Hungerstreik wurde er freigelassen und flüchtete weiter nach Deutschland. Kontakt: turgay.164@hotmail.com

Trauma und Asylrecht
Die moralische Ökonomie von Opferstatus und repressiver Abschottung

Christoph H. Schwarz

Auf dem Berliner Symposion zum Flüchtlingsschutz im Juni 2014 mahnte Deutschlands Bundespräsident Joachim Gauck, sich an Hannah Arendt zu erinnern, »die nach dem Zweiten Weltkrieg angesichts von Staaten- und Schutzlosigkeit von Menschen das Recht, Rechte zu haben, einforderte.« Die Frage, ob Deutschland mehr Flüchtlinge aufnehmen soll, polarisiert derzeit die Bevölkerung und ruft sehr gegensätzliche Emotionen hervor, die viel Material für eine kritische Sozialpsychologie liefern: In der Süddeutschen Zeitung konstatiert etwa Heribert Prantl im Oktober 2014 eine »Mobilmachung des Mitgefühls«, vor allem angesichts der täglichen Bilder der syrischen Flüchtlingskrise: »Das Elend der Flüchtlinge ist so nahe gerückt – und es fasst so viele Deutsche ans Herz.« Er verweist auf eine Vielzahl lokaler Initiativen zur Unterstützung von Flüchtlingen, Aktionen, oftmals einem Ideal der humanitären Hilfe für unschuldig in Not Geratene verpflichtet zu sein scheinen. Lediglich die politischen Entscheidungsträger, die Innenminister, hätten sich davon

> »noch nicht erfassen lassen, ein Teil von ihnen jedenfalls rettet sich zu den bräsigen Formeln und Maßnahmen, die sie schon immer propagiert haben, die aber allesamt gescheitert sind: noch mehr Überwachung der Außengrenzen, noch mehr Bekämpfung von Schleppern und Schleusern, noch mehr Repression und Abschreckung, noch mehr Fingerabdrücke, noch mehr Unterstellung von Missbrauchsabsicht, noch mehr Abschiebungen.«

Fast zeitgleich zu diesem engagierten Kommentar in Deutschlands meist-verkaufter Tageszeitung versammeln die PEGIDA-Demonstrationen jedoch Zehntausende Menschen, die gerade eine Verschärfung der von Prantl kritisierten Maßnahmen fordern, Abschottung fordern und das Bild des »Wirtschaftsflüchtlings« bemühen. Diese Demonstrationen werden jedoch wiederum an den meisten Orten von Gegendemonstrationen mit noch hö-herer TeilnehmerInnenzahl beantwortet.

Die Tatsache, dass Ressentiments gegen Flüchtlinge Zehntausende auf die Straße treiben, befremdet umso mehr, wenn man vergleicht, wie wenige Flüchtlinge Deutschland im Vergleich zu Staaten wie dem Libanon oder der Türkei aufnimmt. Wie unwahrscheinlich es ist, dass Flüchtlinge ihr Recht auf Asyl überhaupt in der EU geltend machen oder die Verletzung ihrer Rechte an den EU-Grenzen anklagen können, zeigen Maximilian Pichl und Katharina Vester in ihrem Artikel überzeugend auf. Dabei leisten sie zudem eine grundsätzliche Kritik der Menschenrechte, und diskutieren die Frage, welche Paradoxien sich ergeben, wenn politische Kämpfe für die Rechte von Flüchtlingen sich primär auf diesen Topos beziehen. Die Frage etwa, ob wirtschaftliche Misere und Hungersnöte nicht ebenso legitime Flucht-gründe darstellen, lässt sich laut Pichl und Vester nicht mit Bezug auf die bürgerlichen Menschenrechte in ihrer derzeitigen Formulierung diskutieren – der emphatische Bezug hierauf bietet dementsprechend keinen Ausgangs-punkt für eine grundlegende Kritik des Verdachts, »Wirtschaftsflüchtlings« zu sein, dem sich Flüchtlinge in Asylverfahren in der Regel ausgesetzt sehen.

David Zimmermann beleuchtet in seinem Artikel hingegen die Situation von jugendlichen Asylsuchenden, denen es trotz aller Widrigkeiten gelungen ist, Deutschland zu erreichen. Er nimmt in den Blick, wie in der Schule mit traumatisierten jugendlichen ZwangsmigrantInnen umgegangen wird und welche Interaktionsformen sich zwischen Lehrenden und Lernenden in einer solchen Institution entwickeln. Die Unterstellung der »Wirtschaftsflucht« scheint in diesem Kontext keine Rolle zu spielen. Vielmehr begegnen die Päd-agogInnen – um auf Prantls Worte Bezug zu nehmen – den Jugendlichen mit sehr viel Mitgefühl und adressieren sie als Opfer, woraus sich jedoch andere Probleme ergeben. Zimmermann arbeitet heraus, dass die hohen Ansprüche der für die Studie befragten Lehrerin auf ein pädagogisches Ich-Ideal ver-weisen, das über die Rolle hinausgeht, die sie in der Institution erfüllen soll – und das genau deswegen in der Konsequenz die Grenzen der SchülerInnen in verschiedener Hinsicht verletzt. Dabei wird klar, dass weniger das indivi-duelle Handeln dieser Lehrerin zu problematisieren ist, sondern dass hierin eine institutionelle Dynamik am Werk ist, die den Lehrenden bestimmte Rol-len im Umgang mit Traumatisierten zuweist. Die »(Un)Möglichkeit, allen gerecht zu werden« verweist auf eine tendenzielle Überforderung der Professionellen im Unterricht traumatisierter Jugendlicher in einer pädagogischen Institution, die eigentlich in erster Linie der Bildung dienen soll, die das aber nur schwer kann, zumal der juristische und soziale Status der Lernenden so prekär ist. Dabei werden die Handlungsstrategien der jungen Asylsuchenden im Umgang mit dem Opferstatus und derartigen Grenzverletzungen leider nicht deutlich. Vermutlich hätte es den Rahmen dieses Artikels gesprengt, doch es bleibt zu hoffen, dass mehr Forschung zu derartigen institutionellen Dynamiken und ihren psychischen Dimensionen folgt, und dass Flüchtlinge dabei stärker selbst zu Wort kommen.

Die Artikel von Pichl und Vester und Zimmermann behandeln ganz unterschiedliche Aspekte des Themenkomplexes Flucht, doch die beiden zentralen Begriffe der Menschenrechte und des Traumas verweisen auf einen Zusammenhang, den José Brunner in seinem Buch *Politik des Traumas* (2014) herausgearbeitet hat: Im Trauma-Diskurs wird in der Regel nicht nur eine individuelle psychische Verletzung, sondern meist auch die Verletzung eines Gesellschaftsvertrages verhandelt. Es geht oftmals nicht nur um eine klinische Diagnose, sondern auch um Rechtsansprüche und die Frage, wer als Opfer gelten und damit verbundene Rechte einfordern kann. Auch für Brunners Ausführungen ist der Begriff der Übersetzung zentral, doch anders als bei den von Pichl und Vester konstatierten Übersetzungen zwischen juridischer und politischer Sphäre, geht es hier um die Übersetzung von der medizinischen in die juridische Sphäre. In letzterer soll entschieden werden, ob die unsichtbaren, weil psychischen Wunden tatsächlich vorliegen und ob Menschen als Opfer gelten können – oder ob sie ihren Opferstatus nur vortäuschen. Im Asyl- und Aufenthaltsrecht wird diese Frage immer öfter über die Trauma-Diagnose verhandelt. So bemerkt etwa Peter Jacob, dass die von Zimmermann kritisierte Diagnose der Posttraumatischen Belastungsstörung (PTBS) »nicht nur im medizinisch-traumatologischen Schrifttum, sondern auch in ausländer- und asylrechtlichen Verfahren seit einigen Jahren eine zunehmende Rolle [spielt]; manche Gerichtsentscheidungen, in denen es um PTBS – so die übliche Abkürzung – geht, lesen sich fast schon wie medizinische Gutachten« (Jacob, 2010, S. 51). Die Diagnose PTBS kann vor Gericht eine Abschiebung verhindern und eine Duldung erwirken, wenn im Zielland keine medizinisch-psychologische Behandlung gewährleistet ist; sie kann asylrechtlich auch als Beleg für die Wahrheit der vom Asylsuchenden präsentierten Geschichte von Verfolgung und Flucht dienen.

Bezeichnenderweise ändert die zunehmende Verwendung des Trauma-Begriffs in diesem juridischen Zusammenhang nichts an der an der weiterhin schlechten medizinischen Versorgung von Flüchtlingen (Wirtgen, 2009). Sie verweist vielmehr auf eine bestimmte Logik, nach der Asyl gewährt oder verweigert wird, die sich zunehmend vom Verständnis von Asyl als Rechtsanspruch hin zu einer humanitären Logik des »Mitgefühls« auf der einen Seite und verstärkter Abschottung und Unterstellung von Missbrauchsabsicht auf der anderen Seite entwickelt. Didier Fassin (2005) spricht hier von einer Verschiebung in der »moralischen Ökonomie des Einwanderungsrechts«. Der erstmals von E. P. Thompson (1963; 1971) eingeführte Begriff der moralischen Ökonomie erscheint mir aus verschiedenen Gründen produktiv für weiterführende Diskussionen sowohl der von Pichl und Vester kritisierten Problematiken, als auch institutioneller Dynamiken im Umgang mit Flüchtlingen, wie sie Zimmermann nachzeichnet. So verweist der Begriff gerade auf die ökonomischen Aspekte, deren Ausblendung Pichl und Vester als konstituierend für das bürgerliche Menschenrechtsprojekt kritisieren, die jedoch in öffentlichen Diskursen und institutionellen Praktiken bestimmend sind. Zudem wird eine Kritik des Zusammenhangs von Ökonomie und dem in der Öffentlichkeit vorherrschenden diffusen und widersprüchlichen Gerechtigkeitsempfinden möglich, das zwischen Ressentiment und Mitgefühl schwankt, und an dem sich politische Entscheide oftmals orientieren. Fassin zeichnet etwa am Beispiel Frankreich nach, dass, solange die Arbeitskraft der Immigranten benötigt wurde, der Verdacht der »Wirtschaftsflucht« über Jahrzehnte asylrechtlich genauso wenig eine Rolle spielte, wie die Feststellung des Opferstatus über medizinische Gutachten. Das mag eine banal anmutende Tatsache sein, doch sie widerspricht der vorherrschenden Auffassung, dass die Gewährung eines Rechts unabhängig von ökonomischen Verhältnissen zu entscheiden sei. Aus einer Perspektive politischer Psychologie kann der Umgang mit Asylsuchenden nicht nachvollzogen werden ohne Bezug auf ein oft diffuses Gerechtigkeitsempfinden, über dessen hegemoniale Artikulation sich politische Positionen und institutionelle Praktiken konstituieren.

Wendet man Thompsons Begriff auf die gegenwärtige deutsche Flüchtlingspolitik an, so wird deutlich, dass die Dublin-III-Abkommen Deutschland in die relativ komfortable Position versetzen, nach einer moralischen Ökonomie der Barmherzigkeit zu handeln: Das Land ist von den größten Flüchtlingsbewegungen in der Region hochgradig abgeschottet, doch wenn die Überlastung anderer Staaten, die sehr viel mehr Flüchtlinge aufnehmen, zu viel mediale Aufmerksamkeit erhält, kann Deutschland sich mit humanitären Aufnahmeprogrammen profilieren, wie etwa zuletzt verabschiedeten Bundes- und Landesaufnahmeprogrammen für Flüchtlinge aus Syrien zeigen. Doch die Tatsache, dass zeitgleich die Mitfinanzierung des von Italien initiierten Seenotrettungsprogramms Mare Nostrum versagt wird, zeigt, dass es nicht darum geht, Flüchtlingen das Recht einzuräumen, Rechte zu haben, oder sie auch ihre Rechtsansprüche auch nur prüfen lassen zu können.

Literatur

Brunner, J. (2014). *Die Politik des Traumas. Gewalterfahrungen und psychisches Leid in den USA, in Deutschland und in Israel*. Berlin: Suhrkamp.

Fassin, D. (2005). Compassion and Repression: The Moral Economy of Immigration Policies in France. *Cultural Anthropology, 20*(3), 362–387.

Gauck, J. (2014). Rede des Bundespräsidenten beim Berliner Symposium zum Flüchtlingsschutz, 30. Juni 2014. http://www.bundespraesident.de/SharedDocs/Reden/DE/Joachim-Gauck/Reden/2014/06/140630-Fluechtlingsschutz.html (14.11.2014).

Jacob, P. (2010). Amtsermittlung und Beweiserhebung bei der Geltendmachung von PTBS. *Asylmagazin*,3/2010, 51–58. http://www.asyl.net/fileadmin/user_upload/beitraege_asylmagazin/Beitraege_AM_2010/AM-2010-3-51-Jacob.pdf (15.01.2015).

Prantl, H. (2014). Flüchtlinge in Deutschland. Mobilmachung des Mitgefühls. *Süddeutsche Zeitung* vom 18.10.2014. http://www.sueddeutsche.de/meinung/fluechtlinge-in-deutschland-mobilmachung-des-mitgefuehls-1.2178312 (01.15.2015).

Thompson, Edward P. (1963). *The making of the English working class*. New York: Pantheon Books, 1964.

Thompson, Edward P. (1971). The Moral Economy of the English Crowd in the Eighteenth Century. In *Past & Present, 50*, 76–136.

Wirtgen, W. (2009). Traumatisierte Flüchtlinge: Psychische Probleme bleiben meist unerkannt. *Deutsches Ärzteblatt, 106*(49), A2463-A2465. http://www.aerzteblatt.de/pdf.asp?id=66991 (15.01.2015).

Der Autor

Christoph H. Schwarz, Dr., ist Post-Doc Research Fellow im Forschungsnetzwerk Re-Konfigurationen am Centrum für Nah- und Mitteloststudien der Universität Marburg. Er studierte Soziologie und Pädagogik (M. A.) sowie Spanisch, Politik und Wirtschaft (gymnasiales Lehramt, erstes Staatsexamen). Derzeitiges Forschungsprojekt: Die moralische Ökonomie des Protests junger Erwachsener in Marokko, Tunesien und Spanien.
Kontakt: christoph.schwarz@staff.uni-marburg.de

Enfin j'avais quitté le bled

Yassine Zaaitar und aufenthaltsraum

Der Film *Enfin j'avais quitté le bled* (zu deutsch: *Und schließlich bin ich abgehauen*) von Yassine Zaaitar zeigt die Festung Europa aus der Sicht der durch das europäische Migrationsregime Illegalisierten. Zaaitar, aus Marokko kommend und selbst seit über einem Jahrzehnt in Europa lebend, befragte »Sans papiers« über ihre beschwerlichen Reisen nach Europa, ihr Leben hier und ihre Hoffnungen und Ängste. Unterlegt sind die Interviewauszüge mit Menschen, die aufgrund ihres Status ihr Gesicht nicht zu zeigen wagen, mit statischen Kameraaufnahmen aus Fortbewegungsmitteln, Autos, Zügen, Straßenbahnen und Schiffen, die sowohl auf die Migrationswege wie auf die politische Bewegung der Refugees verweisen.

> »Ich habe diesen Film gemacht, weil ich die Polizeirepression stets spüre, jeden Tag, jede Stunde, jede Minute. Und ich bin standfest bis heute. Aufgrund dieser erdrückenden Situation lebe ich zwar, aber gleichzeitig bin ich tot in einem Ort voller Rassismus«, so Yassine Zaaitar.

Im Folgenden soll mittels einiger ausgewählter Filmstills ein kleiner Einblick in den Film gegeben werden. Die zu den jeweiligen Filmausschnitten zugehörigen Originalzitate in Französisch bzw. Darija (Marokkanisch-Arabisch) befinden sich als Bildunterschriften unter den Stills.

Zur Person

Yassine Zaaitar ist marokkanisch-arabischer Künstler, politischer Aktivist und werdender Bürger von Österreich. 2014 erhielt er das »kültü gemma!«-Stipendiat der Stadt Wien für migrantische Kulturproduzent_innen. Kontakt: yassine.zaaitar@gmail.com

aufenthaltsraum war ein Zusammenschluss von einigen Personen, die sich über die Wiener Flüchtlingsproteste (die 2012 begonnen hatten) kennen gelernt hatten. Ziel dieses Zusammenschlusses war es, eigenes Filmmaterial zu produzieren, das die üblichen, oft einförmigen Bilder und Erzählungen über Migration und Asyl mit Gegenbildern und Gegenerzählungen konfrontiert. Im Zeitraum von mehreren Monaten ist neben dem Interviewfilm *Enfin j'avais quitté le bled* auch der 30-sekündige Spot *Je reste./Ich bleibe.* entstanden, der von der Fahrt ins Ungewisse, von Risiko und Stress handelt und sich auf YouTube unter dem folgenden Link findet: https://www.youtube.de/watch?y=2RnCg_7CUHY

Et du coup tout le monde il est penché sur les empreints.

Ils continuent encore à zéro pour vivre mal.

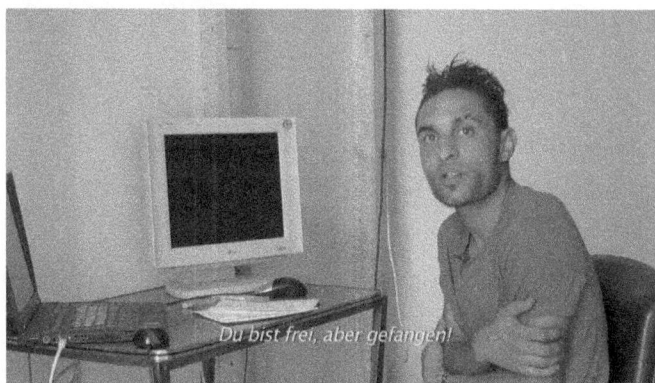

Tu es libre, mais tu es prisonnière. Tu es prisonnier.

Les conditions c'est quoi? Nous voulons travailler ici! Nous voulons rester ici!

Loghtna hiya loghtna ou khassna n9awiwha.

Praxis aus Theorie – Theorie aus Praxis
Kommentar zum Text von David Zimmermann

Christoph Müller

Der Beitrag von David Zimmermann beinhaltet nicht nur eine tiefgreifende Analyse der Verflechtungen von Migration und Trauma und eine sich daraus ergebende Perspektive für die pädagogische Arbeit mit jungen Flüchtlingen, sondern auch einige Anknüpfungspunkte zum grundlegenden Verhältnis von Theorie und Praxis.

Schon bei der Bezugnahme auf das Konzept der Sequentiellen Traumatisierung (vgl. Keilson, 2005; Becker, 2014) wird klar, dass es keineswegs das falsche Handeln Einzelner ist, welches das Problem ausmacht, sondern das große Ganze: Die Bedingungen hierzulande sind keinesfalls so angelegt, dass traumatisierten Flüchtlingen bei ihrer Ankunft in Deutschland tatkräftig auf allen Ebenen bestmöglich geholfen wird, sondern sie sind strukturell so eingerichtet, dass sie selbst Teil des traumatisierenden Prozesses sind. Die Brutalität, die damit einhergeht, dass flüchtende Menschen an der Einreise gehindert werden, eingesperrt oder direkt wieder abgeschoben werden und die sich darin äußert, dass diejenigen, die es trotz dessen nach Deutschland geschafft haben, unter Unterbringungen »mit extrem eingeschränkter Privatsphäre«, unter »angstauslösenden, teils demütigenden« Befragungen und Behandlungen, unter ständiger oft jahrelang anhaltender Angst vor Abschiebung und unter großen Hürden zur gesellschaftlichen Teilhabe zu leiden haben, hat System. Diese systematisch rassistischen Praktiken werden politisch nur im großen Zusammenhang von Staat, Nation und Kapital verständlich und veränderbar. Egal wie gut eine pädagogische Praxis ist, kann sie die jungen Flüchtlinge vor diesen systematischen Bedingungen nicht bewahren. Wem das in der pädagogischen Arbeit nicht bewusst ist, für den scheinen Überforderungsgefühle sowie Gefühle der Hilflosigkeit unausweichlich.

Damit soll aber nicht dafür plädiert werden, sich auf verbal radikale Kritik zurückzuziehen: Auch wenn gute Pädagogik an dem Gesamtzusammenhang nichts ändern kann, kann sie den individuell Betroffenen die in dem traumatisierenden Prozess dringend benötigten positiven Beziehungserfahrungen ermöglichen.

Um eine solche positive Erfahrung und die dafür notwendige Beziehungsarbeit zu gestalten, bedarf es der Theorie, konkret der Kenntnis von Übertragungs- und Gegenübertragungsmechanismen und der Fähigkeit diese zu reflektieren. Ohne diese theoretische Perspektive laufen pädagogische Professionelle Gefahr, auf das unbewusste In-Szene-Setzen der belastenden Erfahrungen durch die Kinder und Jugendlichen lediglich affektiv zu reagieren und dadurch möglicherweise eine weitere Sequenz der traumatisierenden Erfahrungen zu bilden.

Werden die unbewussten Prozesse in der pädagogischen Interaktion aber reflektiert, können sie vom potenziell traumatisierenden Hindernis zum besten Instrument der Gestaltung der pädagogischen Beziehung werden – gelingen kann dies im Sinne der Weiterentwicklung der Tiefenhermeneutik zum »szenischen Verstehen und fördernden Dialog«, wie es von Aloys Leber entworfen und von Evelyn Heinemann für die Arbeit in Schulen beschrieben wurde (vgl. Leber, 1988; Heinemann, 2003).

Der durch eine solche Reflexion des unbewussten Geschehens in der pädagogischen Praxis gewonnene Zugang zum inneren Erleben der Kinder und Jugendlichen kann dann wieder für wissenschaftliche Forschung bedeutsame Erkenntnisse über die Folgen des Gesellschaftlichen im Subjekt bringen.

An diese Erkenntnisse ist nicht mit quantitativen Methoden heranzukommen, doch auch qualitative Methoden stehen vor dem Problem, dass sich das innere Erleben erst in längerfristigen Beziehungen einigermaßen entschlüsseln lässt – ganz abgesehen davon, dass es nicht im Sinne der Betroffenen sein kann, wenn mal eben ein_e Forscher_in vorbeikommt und versucht, die traumatischen Erfahrungen aufzudecken.

Zimmermanns Ansatz, über die Befragung der pädagogischen Professionellen und die Beobachtung ihrer Arbeit auf das innere Erleben der jungen Flüchtlinge zu kommen, bietet eine überzeugende Alternative zum Königsweg, dass der oder die Forschende selbst pädagogisch tätig ist.

Es gilt also, auf politischer Ebene gesellschaftliche Strukturen zu analysieren und zu kritisieren, die Menschen systematisch in diese Lage bringen und gleichzeitig konkret in der pädagogischen Arbeit mit jungen Flüchtlingen einzelnen Individuen positive Beziehungserfahrungen zu ermöglichen. Damit das gelingen kann, braucht es eine wissenschaftliche Theorie, welche die Grenzen der Pädagogik aufzeigt und das Instrumentarium bereitstellt, das unbewusste Geschehen in der pädagogischen Beziehung zu verstehen. Die so gewonnen Erkenntnisse können dann wieder die wissenschaftliche Theoriebildung bereichern. So bilden Theorie und Praxis keine Gegensätze, sondern bedingen sich gegenseitig.

Literatur

Becker, D. (2014). *Die Erfindung des Traumas. Verflochtene Geschichten.* Gießen: Psychosozial-Verlag.

Heinemann, E (2003). Szenisches Verstehen und fördernder Dialog. In E. Heinemann, U. Rauchfleisch & T. Grüttner (Hrsg.), *Gewalttätige Kinder. Psychoanalyse und Pädagogik in Schule, Heim und Therapie* (S. 70–89). Düsseldorf u. a.: Patmos [Walter].

Keilson, H. (2005). *Sequentielle Traumatisierung bei Kindern. Untersuchung zum Schicksal jüdischer Kriegswaisen.* Gießen: Psychosozial-Verlag.

Leber, A. (1988). Zur Begründung eines fördernden Dialogs in der psychoanalytischen Heilpädagogik. In G. Iben (Hrsg.), *Das Dialogische in der Heilpädagogik* (S. 41–61). Mainz: Matthias Grünewald Verlag.

Der Autor

Christoph Müller, B. A., studiert Sozialwissenschaften (Sozialpsychologie, Soziologie, Politische Wissenschaft), Sonderpädagogik (Fachrichtungen: Emotionale, soziale Entwicklung und Lernen) und Deutsch an der Leibniz Universität Hannover.
Kontakt: christophz.mueller@gmail.com

Wie Politik traumatische Prozesse verstärkt: Das Anti-Roma-Gesetz als Beispiel
Kommentar zum Beitrag von David Zimmermann
Wolfram Stender

Politik ist ein dreckiges Geschäft. Wer dies für das Ressentiment eines Politikverdrossenen hält, wird durch die aktuelle Verschärfung des Asylrechts in Deutschland eines Besseren belehrt. Um eine Mehrheit für ihr »Gesetz zur Einstufung weiterer Staaten als sichere Herkunftsstaaten« zu bekommen, verknüpft die schwarz-rote Regierungskoalition die Durchsetzung der beschleunigten Abschiebung von AsylbewerberInnen aus Serbien, Mazedonien und Bosnien-Herzegowina – zu 90 Prozent sind dies Roma – mit einer Erleichterung des Arbeitsmarktzugangs für andere AsylbewerberInnen. Und schon bekommt sie das Gesetz nicht nur durch den Bundestag, sondern auch durch den rot-grün dominierten Bundesrat. So geschehen im Herbst des letzten Jahres. Weder Menschenrechte noch die Erinnerung an den Völkermord an Sinti und Roma spielen in dieser Politik irgendeine Rolle. Ja, schlimmer noch: Fast zeitgleich zur feierlichen Einweihung der aus Bundesmitteln finanzierten zentralen Gedenkstätte für die im Nationalsozialismus ermordeten Sinti und Roma wird die vereinfachte Abschiebung von Roma vorbereitet und dann auch beschlossen. Kann man sich ein besseres Beispiel für die Wirkungslosigkeit staatlich geförderter Erinnerungskultur denken?

Nicht historisch-politische Verantwortung, sondern eine trübe Melange aus ökonomischem Kalkül und Anti-Roma-Ressentiment liegt dem erfolgreichen Versuch zugrunde, qua Gesetz geflüchtete Menschen gegeneinander auszuspielen. Wäre es anders, hätte sich die Bundesregierung nicht einfach über die von der EU-Kommission und dem US-Außenministerium vorgelegten Berichte zur Lage der Roma in den Westbalkanstaaten hinwegsetzen können. Eindeutig geht aus diesen hervor, dass Roma dort nicht sicher leben können. Sie unterliegen einer massiven Diskriminierung auf dem Arbeits- und Wohnungsmarkt, im Bildungssystem wie auch in der Gesundheits- und Sozialversorgung und sind – ohne jeden Schutz durch die staatlichen Sicherheitsbehörden – immer wieder Zielscheibe von antiziganistischen Gewaltattacken. Es kann kein Zweifel daran bestehen, dass es sich hier um eine Situation der sozialen Exklusion handelt, die für die Betroffenen extreme psychosoziale Belastungen nach sich zieht. Und ebenso klar ist, dass die Migration südosteuropäischer Roma erzwungen ist. Dass unter ihnen auch viele schwer traumatisierte Menschen sind, ist wahrscheinlich.

Rassistische Ausgrenzung aber reicht für deutsche Behörden als Fluchtgrund nicht aus, wirklich »schutzbedürftig« ist nur, so betont der Innenminister in seiner Rechtfertigung des Gesetzes im Bundestag, wer aus einem Kriegsgebiet kommt. Diese Politik der Nicht-Anerkennung von Gewalterfahrungen jenseits von Kriegsgebieten kritisiert auch David Zimmermann in seinem Aufsatz. »Aktuell erfahren etwa Roma aus Südosteuropa«, so schreibt er, »Reaktionen, die vielfach von Desinteresse bis zu offener Feindseligkeit reichen. Zweifelsohne aber trägt ihre Migration regelhaft und sequenzübergreifend Kennzeichen von Zwang.« Zweifellos ist dies so, und es ließe sich deshalb auch für geflüchtete Roma ein »Rahmenmodell« Sequentieller Traumatisierung entwickeln. Allerdings wäre dann zu fragen, welcher besonderen Art der von Zimmermann sogenannte »sequenzübergreifende Zwang« ist. Es ist ja auf den ersten Blick ein erstaunliches Phänomen, dass in der aufgeregten Debatte über die Zuwanderung von Roma die antiziganistischen Zustände, denen diese in ihren Herkunftsländern ausgesetzt sind, fast nie Thema sind. Und noch seltener wird über die antiziganistischen Verhältnisse gesprochen, die die zwangsmigrierten Roma in dem Aufnahmeland vorfinden. Man kommt diesem bemerkenswerten Sachverhalt näher, wenn der politisch-psychologische Kontext berücksichtigt wird, in dem das neue Gesetz zur Abschiebung von Roma möglich ist.

»Sequenzübergreifend« ist der Antiziganismus, aber er ist nicht in jeder Sequenz gleich. Roma fliehen aus Situationen großer Not und offener antiziganistischer Gewalt. Sie kommen in Situationen bescheidenster materieller Sicherheit und breiter antiziganistischer Ablehnung. In Serbien, Bosnien und Mazedonien verfolgt, sind sie in Deutschland unerwünscht, werden als eine Bedrohung für Wohlstand und Sicherheit, als »Scheinasylanten« oder – wie es der CSU-Politiker und ehemalige Innenminister Friedrich denunziatorisch für Roma aus Südosteuropa insgesamt formulierte – »Sozialtouristen« dargestellt. Zimmermann zitiert den Satz eines geflüchteten Jugendlichen: »Was ich erlebt habe, kann sowieso niemand verstehen.« Mir gegenüber hat ein aus Serbien geflohener, jugendlicher Rom diesen Satz so formuliert: »Was ich erlebt habe, *will* sowieso niemand verstehen.« Empathieverweigerung ist Teil des aktuellen Antiziganismus in Deutschland, und dieser ist Teil des »sequenzübergreifenden Zwangs«, dem migrierte Roma ausgesetzt sind. Gesellschaftsspezifische ideologische Syndrome, zu denen der Antiziganismus gehört, vergiften die ohnehin belastende Erfahrungswelt der Exilierten bis in die unmittelbaren Beziehungsmuster hinein. Sie müssen deshalb Teil der von Zimmermann geforderten Reflexion in der pädagogischen Arbeit mit traumatisierten Kindern und Jugendlichen sein, die dadurch notwendig politisch und gesellschaftskritisch wird.

Tatsächlich unterscheidet sich die Geschichte des Antiziganismus in Deutschland nach 1945 deutlich von der des Antisemitismus. Während die spezifische Form des sekundären Antisemitismus auf die paradoxe Gleichzeitigkeit von öffentlicher Tabuisierung und versteckter Reproduktion antisemitischer Stereotype zurückzuführen war, gab es diesen Formwandel beim Antiziganismus nicht. Der postnationalsozialistische Antiziganismus hatte zwar nicht mehr die Form staatlicher Verfolgung, gleichwohl trat er nach wie vor völlig offen hervor und knüpfte – auch in staatlichen Behörden – bruchlos an die rassistischen Deutungsmuster aus der NS-Zeit an. Bekannt ist das skandalöse BGH-Grundsatzurteil von 1956 zur Ablehnung von Entschädigungsansprüchen. Die NS-Verfolgungsmaßnahmen vor 1943 seien, so die Richter des Bundesgerichtshofes, nicht rassistisch, sondern kriminalpräventiv motiviert gewesen. Ein allmählicher Wandel dieses von Scham- und Schuldgefühlen gänzlich unberührten Bewusstseins setzte erst zu Beginn der 80er Jahre durch den couragierten Kampf der Überlebenden des Porajmos und deren Kinder ein. Es gehört zu den beschämendsten Kapiteln der deutschen Nachkriegsgeschichte, dass die Anerkennung des Genozids an den Sinti und Roma durch die Bürgerrechtsbewegung gegen den erbitterten Widerstand aus Politik und Wissenschaft erkämpft werden musste.

An der ungebrochenen Virulenz antiziganistischer Stereotype im Alltagsbewusstsein hat dies wenig geändert. Noch immer stehen Roma und Sinti in der völkischen Pyramide alltagsrassistischer Weltwahrnehmung ganz unten. Gleichgültigkeit und Ablehnung kennzeichnet die Haltung großer Teile der deutschen Bevölkerung ihnen gegenüber. Aber die Form des Antiziganismus hat sich seit den 90er Jahren verändert. Der antiziganistische Hass macht sich heute an den aus Südosteuropa kommenden Roma fest, die als Projektionsfläche diffuser Bedrohungsängste fungieren. Der aktuelle Antiziganismus ist im Kern ein Anti-Roma-Rassismus. Für die Situation, die die geflüchteten Roma in ihrem Ankunftsland vorfinden, ist er bestimmend. Zu

Recht weist Zimmermann darauf hin, dass ohne Keilsons Neuformulierung der Traumatheorie das ganze Ausmaß dieses besonderen *man-made disasters* gar nicht zu erfassen wäre. Eindrücklich hat Keilson auf die Relevanz der dritten Sequenz im Traumatisierungsgeschehen hingewiesen: die Zeit nach der Flucht, die Zeit im Exil. Hier besteht die Chance, die Traumatisierungskette zu durchbrechen, aber auch die Gefahr, den traumatischen Prozess zu verstärken. Auf welche Seite dieser Alternative das Anti-Roma-Gesetz gehört, ist eindeutig.

Der Autor

Wolfram Stender, Dr. phil., ist Professor für Soziologie an der Hochschule Hannover. Seine Forschungsschwerpunkte sind Antisemitismus- und Rassismusforschung, Gesellschaftstheorie sowie Sozialarbeitswissenschaft. Kontakt: Wolfram.Stender@hs-hannover.de

Verstummten eine Sprache geben
ZwangsmigrantInnen in der Schule – Wissen, Willkommen, Worte

Ulrike Ding

Im Schulalltag treffen wir immer häufiger auf Kinder und Jugendliche, die von Zwangsmigration betroffen sind. In Gegenden, in denen besonders viele Flüchtlinge aufgenommen werden, rufen aufgeregte Schulleitungen im Sonderpädagogischen Beratungs- und Förderzentrum an und erhoffen sich Unterstützung und Beratung im Umgang mit den traumatisierten jungen Menschen. Sie sind verpflichtet, die jungen Menschen in den Schulen aufzunehmen, wollen dies auch gewissenhaft tun, fühlen sich aber häufig überfordert. Denn sie werden nicht nur mit den Sprachbarrieren, sondern vor allem auch mit massiv traumatisierten Beziehungsmustern konfrontiert. Deshalb ist es außerordentlich gut und wichtig, dass sich Sozialwissenschaft und Pädagogik mit dem Thema der Zwangsmigration von jungen Menschen auseinandersetzen. Bereits in dem kurzen Abriss über die Forschungsansätze zum Thema Zwangsmigration und Traumapädagogik in der Schule von David Zimmermann wird deutlich, wie komplex, außerordentlich vielschichtig und umfassend dieser Bereich der Pädagogik ist.

Wissen entwickeln braucht Zeit

Wir werden mit Themen konfrontiert, die selbst geschulte Fachkolleginnen und -kollegen häufig überfordern. Doch täglich lassen sich Lehrerinnen und Lehrer auf die Kinder ein. Hier kann ich David Zimmermann nur zustimmen, wenn er schreibt, dass aufwändige, konzeptionell überladene Angebote für den alltäglichen schulischen Kontext eher kontraproduktiv sind. Sie sind langwierig und betreffen nur bestimmte Teilbereiche. Der Schulalltag zeigt, dass es vor allem darum gehen muss, LehrerInnen in wichtigen, sie verunsichernden Bereichen zu unterstützen. Ihnen sollte der Druck genommen werden, den jungen Menschen zügig und umfassend Inhalte der Schulcurricula beibringen zu müssen. Die Annahme, die Jugendlichen schnell an unsere Gesellschaft anpassen zu müssen, birgt die Gefahr alle Seiten zu überfordern. Den Kindern und Jugendlichen muss Zeit gegeben werden, ihr Tempo des Ankommens selbst mit zu bestimmen. Der Wunsch nach Anpassung ist bei den Kindern vorhanden. Doch die Unsicherheit, in der sie oft seit langer Zeit leben und immer noch feststecken, prägt ihr Dasein. Sich konzentriert geregelt auf Lerninhalte einzulassen fällt ihnen schwer. Stress wird verursacht, der Lernblockaden fördert.

Allen beteiligten Menschen Zeit geben, sich mit den Themen Flucht und Gewalterfahrung zu befassen, kann helfen. PädagogInnen sollten sich die Zeit nehmen und sie bekommen, sich mit ihren eigenen Gedanken und Gefühlen auseinanderzusetzen. Welche Erfahrungen habe ich, welche Erfahrungen sind mir aus meiner Familiengeschichte bekannt. Wie werden Gewaltthemen und Fluchtthemen in meinem Umkreis besprochen. Wird darüber überhaupt gesprochen? Welchen Auftrag habe ich als Lehrerin und wo sind meine Grenzen? Hier braucht es eine Gesprächskultur zwischen den professionellen Fachkräften. Erst dann kann es gelingen, nicht nur zu reagieren, sondern auch Konzepte zu überlegen, wie das betroffene Kind, die überforderten Jugendlichen unterstützt werden können. Wenn ich mich mit meiner eigenen Geschichte befasse, wenn ich selbst über Auswirkungen von Traumatisierung sprechen kann, kann ich von den Kindern inszenierte Übertragungen erkennen, meine Gegenreaktionen erkennen und dann in professionell sinnvolles agieren kommen. Auch dafür braucht es Zeit.

Traumatisierte Kinder und Jugendliche haben bereits früh Überlebensstrategien entwickelt, ohne die sie den langen Weg der Flucht gar nicht hätten bewältigen können. Diese Strategien sind fest in ihnen verankert. Es fällt ihnen schwer, sich von diesen zu lösen und neue Handlungsstrategien aufzubauen. Auch hierfür braucht es Verständnis und Ruhe. Es ist sicherlich hilfreich, wenn die Jugendlichen möglichst viel Normalität erleben. Dies können sie im Schulalltag unter Gleichaltrigen. Sonderprogramme zum Erlernen der Sprache sollten in den Schulen integriert sein. Die Programme sollten nicht nur die von Zwangsmigration Betroffenen versorgen. Vielmehr sollten die Gelder in Beratung der Lehrkräfte, in Programme für alle in der Schule tätigen Menschen fließen. Denn nur wenn ein umfassendes Verständnis für die Situation aller am Integrationsprozess beteiligten Menschen entwickelt wird und wenn eine Sprache für das Unfassbare gefunden wird, kann für die Jugendlichen ein sicherer Ort entstehen.

Willkommen sein – der so weit als möglich sichere Ort Schule

Der sichere Ort Schule steht für »Du bist jeden Tag willkommen und immer erwünscht«, »Ich halte Dich – wir halten die Situation aus«, »Du hast Zeit und kannst zur Ruhe kommen« mindestens während der Schulzeit und »Wir finden eine Sprache für das Geschehene.«

Eine Sprache finden heißt auch, im Unterricht Themen wie Flucht und Gewalt anzusprechen. Möglichkeiten zu finden, sich über Erfahrungen auszutauschen und Fragen stellen zu können. Wird Flucht und Migration als normales Thema im Unterricht mit eingebracht, verliert es an Bedrohlichkeit. Die Neugierde wird geweckt und es wird erlebt, dass darüber gesprochen werden kann. Ich kann aus dem Alltag bestätigen, dass das Thema bei den Jugendlichen auf Interesse stößt. Nehmen wir Mohamad. Er war seit einigen Jahren auf der Flucht. Er hatte bereits in einigen Ländern Europas gelebt und kam nun als zwar freundlicher aber fast verstummter Junge in unsere Schule. Seine LehrerInnen waren sehr verunsichert, weil sie nicht einschätzen konnten, wie viel Mohamad versteht, was er braucht und welche Fähigkeiten er hat. Täglich wurde er von den Erwachsenen freundlich begrüßt. Es wurde kurz angemerkt, wenn er mal einen Tag gefehlt hatte. Ihm wurde deutlich gemacht, dass er vermisst wurde und wir uns jeden Tag freuen, wenn er kommt. In seiner achten Klasse flossen die Themen Flucht, Gewalt, Krieg und die Folgen in verschieden Varianten in den Unterricht mit ein, im Geschichtsunterricht, beim freien Schreiben von Texten, in Sport und im Kreativunterricht. Andere einfach umzusetzende traumapädagogisch sinnvolle Übungen flossen ab sofort bewusst in den Unterricht ein. Nach einigen Wochen begann Mohamad zu sprechen. Erst ein leises »Guten Morgen«, dann konnte er Fragen beantworten. Die MitschülerInnen erfuhren, dass er mittlerweile vier Sprachen verstehen und zum Teil fließend sprechen konnte. Mohamad wurde in die Klassengemeinschaft aufgenommen und konnte aus seiner Isolation heraustreten. Das LehrerInnenteam äußerte später, die Auseinandersetzung mit dem Schüler und dem Thema Asyl – Migration habe ihnen viele neue Erkenntnisse gebracht. Doch vor allem auch die Bereitschaft, sich mit den Grenzen schulischen und persönlichen Handelns, den Übertragungsprozessen und unseren Gegenreaktionen auseinanderzusetzen, habe dem Team viel mehr Sicherheit auch den anderen SchülerInnen gegenüber gegeben. Es erforderte von den Lehrkräften auch den Willen, sich auf die Themen einzulassen, sich mit sich selbst zu befassen und Zeit für zusätzliche professionelle Unterstützung wie kollegiale Beratung und Supervision einzubringen. Doch diese Zeit habe sich gelohnt.

Worte finden – Selbstreflexion in der Schule

Deshalb noch einmal meine deutliche Zustimmung zum Ansatz von Zimmermann. Bereit gestellte Gelder sollten in die professionelle Unterstützung der täglich mit den Themen konfrontiert werdenden Menschen fließen. Supervision und Kollegiale Beratung, Fachanleitungen und Fachgruppensitzungen an Schulen sind dringend erforderlich, um traumatisierte pädagogische Beziehungen entschlüsseln zu können. Supervision sollte genauso selbstverständlich zum Lehrberuf an Schulen gehören, wie es im sozialpädagogischen Bereich seit Jahren selbstverständlich verlangt und finanziert wird. An unserer Schule nutzt das Team regelmäßige Teamgespräche zur theoretischen Auseinandersetzung mit Traumatisierung, Traumabearbeitung, Übertragungen und Gegenreaktion, Bindung sowie den Möglichkeiten der praktischen Umsetzung einer Traumapädagogik. Doch der Blick von außen auf die traumatisierenden Beziehungsprozesse fehlt häufig. Bereits in der Ausbildung müssen Methoden der Selbstreflexion gelehrt und zu selbstverständlichem professionellem Handeln des Lehrerberufs werden. Dann wird die Aufnahme der erschütterten Jugendlichen und Kinder einfacher. Wenn wir Worte finden, wird die allseitige Überforderung minimiert. Ein pädagogisch sinnvolles Handeln und Lernen mit den zwangsmigrierten Jugendlichen wird möglich.

Die Autorin

Ulrike Ding, Jg. 1961, ist Diplom Sonder- und Heilpädagogin, Förderschullehrerin, Leiterin einer Förderschule und eines Beratungs- und Förderzentrums mit den Schwerpunkten Lernen, sozial-emotionale Entwicklung und

Sprache. Zudem ist sie Fachberaterin für Erziehungshilfe für den Main-Kinzig-Kreis. Seit 1978 arbeitet sie mit traumatisierten Mädchen und Jungen sowie Erwachsenen in verschiedenen Arbeitsfeldern der Jugendhilfe und Schule und ist Referentin im Zentrum für Traumapädagogik Hanau. Kontakt: ufding@gmx.de

Kommen und Bleiben
Ein Projekt Berliner Flüchtlinge und der Kunsthochschule Berlin-Weißensee

Kommen und Bleiben versteht sich als Verbund interessierter und engagierter Kunststudent_innen der Kunsthochschule Berlin-Weißensee und Menschen mit Fluchterfahrung. Als Gruppe haben wir keine dezidierte Agenda – dazu sind die Erfahrungen in der Arbeit mit Geflüchteten zu unterschiedlich, oft eben nicht ausreichend, um einen gemeinsamen Arbeitsschwerpunkt oder eine programmatische Ausrichtung festzulegen. Vielmehr ist es der Versuch unter dem Dach dieser Initiative verschiedene Handlungsräume innerhalb und außerhalb der Hochschule zu öffnen.

Entsprechend der im Text von David Zimmermann angesprochenen »Sequentiellen Traumatisierung«, setzen *Kommen und Bleiben* wohl am ehesten am vierten Punkt an – einem Entgegentreten der Nicht-Veränderung und gesellschaftlichen Exklusion, wenngleich eben nicht mit pädagogischer Expertise oder einem pädagogischen Konzept. Der Kontakt mit Menschen mit Fluchterfahrung ist für uns unmittelbarer, d. h. ohne eine – wie im Text beschrieben – für die pädagogische Arbeit erforderliche Distanz – man könnte auch spotten: ein »naiverer« Zugang. Dies erlaubt uns aber vor allem erst mal Fehler machen zu können – Fehler, was die Herangehensweise der Zusammenarbeit und auch der Reflektion der eigenen Arbeit bzw. Haltung angeht – um aus diesen zu lernen. Die Hochschule bietet hierbei einen besonderen Raum. Sie ist als staatliche Einrichtung zwar an Gesetze und Vorgaben gebunden und muss sich in ihrem »Output« zugunsten der staatlichen Subventionierung andauernd legitimieren – aber als Kunsthochschule hat sie bzw. die Lehrenden und Studierenden noch selbst die Definitionsmacht über das, was »Kunst« ist und was in diesem Rahmen geschieht. Kunst kann gleichermaßen Forschung und Praxis sein – wir sind in der Lage mithilfe künstlerischer Interventionen und Ausdrucksmöglichkeiten potenzielle Freiräume zu kreieren, in denen wir Arbeit mit Flüchtlingen möglich machen können. Wir können gängige Lehrmethoden hinterfragen und Alternativen entwickeln, Kritik verbalisieren und visualisieren. Und wir können rechtliche Grauzonen ausloten, z. B. was die Bezahlung von Flüchtlingen angeht, die Kurse an der Hochschule geben (und dem deutschen Asylgesetz entsprechend drei Jahre lang keine adäquat bezahlte Arbeit ausüben dürfen). Hier können und müssen wir nach Konzepten suchen und vor allem ausprobieren – die Kunst als trojanisches Pferd, um diese Belange in den gesellschaftlichen Raum zu transportieren.

Ein Ziel ist, diese Arbeit längerfristig, d. h. auch unabhängig von den jetzigen Aktivist_innen, innerhalb der Hochschule zu installieren, um auch zukünftige Student_innen zu sozialen und politischen Handeln zu motivieren und für Menschen mit Fluchterfahrung einen vertrauenswürdigen Raum zu schaffen, der über den »Projektcharakter« hinausgeht. *Kommen und Bleiben* wünschen sich einen nachhaltigen Austausch zwischen der Kunsthochschule und Menschen, die diesen Ort erst mal als »Nicht-Student_innen« betreten. Ideen wie die der *Silent University* (vgl. thesilentuniversity.org) sind Formate, die sich hier diskutieren und umsetzen lassen. Im Rahmen der Veranstaltung »Seegewohnheiten«, die von uns initiiert wurde, kommen (migrantische) Künstler_innen, Handwerker_innen und Kreative an die Hochschule und halten Lectures oder Workshops vor und mit Studierenden. *Kommen und Bleiben* fungiert dabei in einer Art Mittlerposition, d. h. wir verstehen uns als *allies* (Beverly Tatum). Wir wollen hierarchische Verhältnisse zwischen uns und Geflüchteten abbauen, einen Kontakt auf Augenhöhe entwickeln. Es geht um *Empowerment* als Praxisphilosophie. Die Geflüchteten agieren als selbstständig Handelnde, als Wissende und Wissensvermittelnde. Inwiefern dieser (partielle) Selbstermächtigungsprozess dabei hilft, persönliche Traumata verarbeiten zu können, ist für uns nicht ersichtlich. Wir haben sehr schöne Erfahrungen in der bisherigen Zusammenarbeit gemacht, die Charaktervielfalt der Beteiligten sowie unsere mangelnde »pädagogische Distanz« erlauben uns dabei kaum allgemeingültige Schlüsse zu ziehen. Auch ist zu kritisieren, dass sich diese Form der Zusammenarbeit und des Austauschs vor allem auf Geflüchtete mit künstlerisch-handwerklichen Fähigkeiten oder Interessen stützt, also einen Großteil wiederum ausschließt. Es ist eine gemeinsame Aufgabe, hier offenere Partizipationskonzepte zu entwickeln. Migration ist eine gesamtgesellschaftliche Herausforderung, vor allem für die Geflüchteten, aber auch für die Mehrheitsgesellschaft, deren Blicke oft von kolonialen Denkmustern, Ressentiments und Ängsten geprägt sind.

Kommen und Bleiben ist eine offene Gruppe von Studierenden der Kunsthochschule Weißensee, von Flüchtlingen und Interessierten. Wir treffen uns

(im Semester) immer montags um 11.30 Uhr in der Mensa um gemeinsame
Vorhaben zu planen und zu diskutieren.
Weitere Informationen unter: www.kommenundbleiben.de
Kontakt: mail@kommenundbleiben.de

Migration, Trauma und Schule
Kommentar zum Beitrag von David Zimmermann

Elisabeth Rohr

In seinem Beitrag beschäftigt sich David Zimmermann mit einem Thema,
das, wie er betont, bislang weitestgehend in der deutschsprachigen Forschung zu Migration und Flucht vernachlässigt wurde. Es geht dabei um
Kinder und Jugendliche, die aus unterschiedlichen Gründen ihre Heimat
verlassen mussten und entweder als unbegleitete, minderjährige Flüchtlinge
oder als Teil eines größeren Familienverbandes nach Deutschland gelangen.
In seinen Ausführungen fokussiert Zimmermann jedoch weniger die allgemein schwierige Lage dieser Kinder und Jugendliche, vielmehr konzentriert
er sich vor allem auf deren schulische Situation und den hier vorfindlichen
pädagogischen Kontext. Diesen Zusammenhang von Migration/Flucht und
Schule in den Vordergrund zu rücken und einer intensiven und fundierten
Untersuchung zu unterziehen, das ist das große Verdienst dieser Arbeit.

Zwar existiert bereits eine Vielfalt an Publikationen zum Thema »unbegleitete, minderjährige Flüchtlinge« (Angenendt, 2002; Balluseck, von,
2003; Fürstenau & Niedrig, 2008; Parusel, 2009) und eine ganze Reihe
von Studien haben sich mit der sogenannten »mitgenommenen Generation«
russlanddeutscher Auswanderer (Schmitt-Rodermund, 1997; DJI, 2002) beschäftigt, gleichwohl wird in diesen Fällen die in dem Beitrag von David
Zimmermann prominent in den Vordergrund gestellte Verbindung von Migration, Flucht und pädagogischem Kontext wenn überhaupt, dann nur
randständig hergestellt. Dies aber ist zweifelsohne die herausragende Bedeutung, die der Arbeit von David Zimmermann beizumessen ist. Denn
Jugendliche stehen zwangsläufig in einem schulischen Kontext aufgrund der
in Deutschland geltenden Schulpflicht. Das heißt, Schulen werden mehr als
jede andere pädagogische Einrichtung unmittelbar mit den psychosozialen
Folgen der geflüchteten oder migrierten Jugendlichen konfrontiert, da diese
in aller Regel kein Deutsch können und besonderer Förderung bedürfen und
darum selten in der Lage sind, dem regulären Unterricht zu folgen, sodass
hier zusätzliche psychosoziale Betreuungsmöglichkeiten herangezogen wer-

den müssen. Schule ist also einerseits – mehr als jeder andere institutionelle Zusammenhang – der Ort, an dem sich die Problematiken dieser Kinder und Jugendlichen zeigen und sich die psychosozialen Schwierigkeiten manifestieren und andererseits inhaltlich und fachlich am wenigsten auf diese Zielgruppe von Schülern vorbereitet ist.

Aus theoretischer Perspektive ist darüber hinaus hervorzuheben, dass die Arbeit den vielfach in den medizinischen Fachdiskursen um PTSD fast in Vergessenheit geratenen Ansatz von Keilson zur Sequentiellen Traumatisierung nicht nur aufgreift und rezipiert, sondern es auch versteht, am Forschungsmaterial selbst dessen Aktualität überzeugend aufzuzeigen. Und damit nicht genug: Auch methodisch gelingt die Erkenntnisgewinnung vor allem über den von Alfred Lorenzer entwickelten, im Text allerdings nur mit Verweis auf Königs vorgestellten tiefenhermeneutischen Zugang, der es erlaubt das Interaktions- und Kommunikationsgeschehen zwischen Forschungsgruppe und Forschungsobjekten in der Schule fassbar und verstehbar zu machen und die Erkenntnisse dann auch in den traumaspezifischen Forschungskontext einzuordnen.

Die Arbeit zeigt also vier in den sozialpsychologischen Debatten zu Migration und Flucht eher zu randständigen Themen degradierte Zusammenhänge auf:

➤ die Hinwendung zu Kindern und Jugendlichen, die in Deutschland als Migranten und/oder Flüchtlinge Aufenthalt gefunden haben und sich in schulischen Einrichtungen befinden;

➤ zu verdeutlichen, dass Trauma nicht an der Schultüre Halt macht, sondern alle pädagogischen Interaktionen und Kommunikationen prägt und weder die Unterrichtsgestaltung noch die Lehre und damit auch die Lehrkräfte nicht ausspart;

➤ mit einem theoretisch, wie sich zeigen lässt, aktuellen, aber in der PTSD dominierten medizinisch-psychologischen traumatherapeutischen Debatte vergessenen Ansatz der Sequentiellen Traumatisierung zu arbeiten und damit andere und vor allem neue Verstehenszugänge, die auch pädagogisch nutzbar gemacht werden können, sichtbar werden zu lassen;

➤ auf ein methodologisch gerade für sozialpsychologische Forschungen relevantes Verfahren wie das der Tiefenhermeneutischen Interpretation zurückzugreifen, das die subjektive Verwobenheit von Lehrkraft und Schüler in ihrer interaktiven, pädagogischen Beziehungsrelevanz verdeutlicht und damit Schichten eines Verstehens zu eröffnen, die ansonsten verborgen bleiben würden.

Jenseits dieser bemerkenswerten Vorzüge gibt es jedoch auch einige kritische Einwände. Diese beziehen sich zum einen auf die hier prominent eingeführte Definition von Zwangsmigration und zum anderen auf das Feuerwerk eines Methodenmixes.

Seit Jahren wird in den Veröffentlichungen des UNHCR (2000), im World Migration Report (2000), von Wissenschaftlern wie Nuscheler (1995) und selbst im Sechsten Familienbericht des Ministeriums für Familie, Senioren, Frauen und Jugend (2000) deutlich gemacht, dass Migration als der metatheoretische Überbegriff für alle Formen von Wanderungsbewegungen zu gebrauchen und eine Unterscheidung zwischen freiwilliger und erzwungener Wanderung kaum mehr möglich ist (vgl. Rohr, 2002).

»Die Gruppe der Flüchtlinge und Asylsuchenden selbst umschloss nicht nur individuell politisch Verfolgte im immer enger werdenden Sinne europäischer Asylrechtsdefinitionen, sondern auch Kriegs- und Bürgerkriegsflüchtlinge sowie Zuwanderer aus ökonomischen und ökologischen Krisenzonen« (Sechster Familienbericht, 2000, S. 30).

Mit dem von Zimmermann gebrauchten Begriff der »Zwangsmigration« wird deshalb offensichtlich versucht den Begriff zu dramatisieren. Das aber ist überflüssig und außerdem redundant, da der Begriff der »Migration« auch den Zwang und selbst den ökonomischen Zwang, der zur Migration motiviert hat, einschließt. Statt den Begriff selbst zu dramatisieren, wäre es m. E. sinnvoller gewesen, die unterschiedlichen Migrationsursachen der untersuchten Schülerinnen und Schüler darzustellen. Denn dies hätte die schulischen Schwierigkeiten kontextualisiert und einem weitergehenden Verständnis erschlossen.

Das Feuerwerk von Methoden, das hier entfaltet wird, verstehe ich als eine Defensive angesichts der theoretischen wie methodologischen Orientierungen, die jeweils aus dem Mainstream der migratorischen Debatten herausragen und von daher besonders abgesichert werden sollen. Die Vielfalt ist jedoch letztendlich verwirrend: Keilsons' Ansatz wird an dem Fallbeispiel eines Jugendlichen verdeutlicht, der aber mit den späteren Erläuterungen zum schulischen Kontext gar nichts mehr zu tun hat. Hier aber wird auf Sekundärliteratur rekurriert, die als Basis aller weiteren Ausführungen dient, wobei letztendlich und relativ überraschend das Erleben einer Lehrerin plötzlich den wesentlichen Fokus für alle weitergehenden Untersuchungen bietet. Auch wenn alles spannend und interessant ist, so ist es am Ende des Guten zu viel! Auch nach zweimaligem Lesen erschließen sich einige methodische Mäander nicht. Ich hätte gerne mehr über Ibrahim erfahren (ohne auf den Hinweis rekurrieren zu müssen und den entsprechenden Artikel zu lesen) oder aber mehr über die Schülerinnen und Schüler gewusst, auf die die Lehrerin mit dem im Titel angeführten Zitat »Geprügelte Hunde reagieren so« verwiesen hat. Ich halte zwar die Ergebnisse und Erkenntnisse durchaus für relevant und auch interessant, aber mir haben die Interaktionspartner der Lehrerin gefehlt, hier blieb eine Lücke, eine Leerstelle, die eventuell darauf verweist, dass das Trauma der Kinder im schulischen Kontext keine Sprache und keinen Raum, allenfalls indirekt in Metaphern einen verstörenden Ausdruck findet.

Literatur

Angenendt, S. (2002). *Kinder auf der Flucht. Minderjährige Flüchtlinge in Deutschland.* Im Auftrag des Deutschen Komitees für Unicef. Opladen: Leske + Budrich.

Balluseck, H. von (2003). *Minderjährige Flüchtlinge. Sozialisationsbedingungen, Akkulturationsstrategien und Unterstützungssysteme.* Opladen: Leske + Budrich.

Deutsches Jugendinstitut (2002). Die mitgenommene Generation: Aussiedlerjugendliche. Eine pädagogische Herausforderung für die Kriminalitätsprävention. Arbeitsstelle Kinder- und Jugendkriminalitätsprävention (Hrsg.). München.

Fürstenau, S. & Niedrig, H. (2009). Jugend in transnationalen Räumen Bildungslaufbahnen von Migrantenjugendlichen mit unterschiedlichem Rechtsstatus. T. Geisen & C. Riegek (Hrsg.), *Jugend, Partizipation und Migration. Orientierungen im Kontext von Integration und Ausgrenzung* (S. 239–259). Wiesbaden: VS Verlag.

Gavranidou, M., Niemiec, B., Magg, B. & Rosner, R. (2008). Traumatische Erfahrungen, aktuelle Lebensbedingungen im Exil und psychische Belastung junger Flüchtlinge. In *Kindheit und Entwicklung*, 17(4), 224–231.

International Organization for Migration (Hrsg.). (2000). World Migration Report.

Nuscheler, F. (1995). *Internationale Migration. Flucht und Asyl.* Opladen: Leske + Budrich.

Parusel, B. (2009). Unbegleitete minderjährige Migranten in Deutschland. Bundesamt für Migration und Flüchtlinge.

Rohr, E. & Jansen, M.M. (Hrsg.). (2002). *Grenzgängerinnen. Frauen auf der Flucht, im Exil und in der Migration.* Gießen: Psychosozial-Verlag.

Schmitt-Rodermund, E. (1997). *Akkulturation Differentielle Akkulturation und Entwicklung. Eine Studie unter jungen Aussiedlern.* Weinheim: Beltz.

Sechster Familienbericht des Ministeriums für Familie, Senioren, Frauen und Jugend (2000). Familien ausländischer Herkunft in Deutschland. Leistungen – Belastungen – Herausforderungen. Berlin: Deutscher Bundestag.

UNHCR (Hrsg.). (2000). Zur Lage der Flüchtlinge in der Welt. UNHCR-Report 2000/2001. 50 Jahre humanitärer Einsatz. Vereinte Nationen.

Die Autorin

Elisabeth Rohr, Prof. Dr. phil., ist Professorin für Interkulturelle Erziehung am Fachbereich Erziehungswissenschaften der Philipps-Universität

Marburg und als Gruppenanalytikerin und Supervisorin in nationalen und internationalen Arbeitsfeldern tätig. Sie engagiert sich zurzeit in einem gruppenanalytischen Projekt in Palästina und in Guatemala und war im Auftrag der International Association of Group Psychotherapy and Group Prozesses (IAGP) in Südafrika auf Vortragsreise. 2014 hielt sie in London die Foulkes-Lecture der Group Analytic Society International.
Kontakt: erohr@staff.uni-marburg.de

Das Unbewusste als unsicherer Ort
Kommentar zum Beitrag von David Zimmermann

Achim Würker

Die Vorgabe der HerausgeberInnen, Zimmermanns Aufsatz zu kommentieren, gewährt einen Spielraum, den ich im Folgenden dazu nutzen werde, meine Assoziationen und Irritationen bei der Lektüre darzustellen und zu reflektieren. Es folgen also keine Rezension, keine disziplinierte Argumentation und schon gar kein (trauma-)theoretisches Koreferat, sondern eher lockere Anmerkungen, mit dem Risiko, eigene Missverständnisse zu offenbaren oder Missverständnisse zu erzeugen.

Zimmermann signalisiert mit seinem Zitattitel »Geprügelte Hunde reagieren so« von vornherein eine szenische Annäherung an sein Thema, die mit seiner Einleitung, die neben einem engagierten Nachweis der Relevanz der Migrationsproblematik ein Plädoyer für die subjektive Erforschung der damit verknüpften pädagogischen Herausforderungen enthält, harmoniert: »Individuelles Leid kann sinnhaft nur über subjektzentrierte Analysen [...] verstanden werden«. Und nachdem er das Konzept der »Sequentiellen Traumatisierung« als taugliches Rahmenmodell zum Verständnis traumatischer Migrationserfahrungen von Kindern und Jugendlichen dargestellt und am Beispiel eines zwölfjährigen Jungen erläutert hat, bekräftigt er in seinen methodischen und forschungsstrategischen Überlegungen die Notwendigkeit des subjektiven Zugangs, weist auf den Unterschied von manifesten und latenten Sinndimensionen von Erleben und Verhalten hin und betont die Relevanz tiefenhermeneutischer Methodenaspekte im Kontext von qualitativer Traumaforschung, wie er sie zu praktizieren beansprucht.

Hat mich schon der ansprechende Titel für den Aufsatz eingenommen, so kann ich Zimmermanns Überlegungen bis hierher gut folgen, freue mich über den tiefenhermeneutischen Methodenhintergrund, den er formuliert, weil dieser meine eigene Arbeit prägt. Es mag aber dieser Vorliebe für

Tiefenhermeneutik bzw. szenisches Verstehen geschuldet sein, dass ich im Folgenden registriere, dass die damit verknüpften Ansprüche nur begrenzt eingelöst werden. Jedenfalls beginnen mich im Folgenden die Ausführungen da und dort zu befremden, was zum Beispiel Zimmermanns methodische Erläuterung betrifft, Forscherinnen und Forscher seien »Subjekte des Analyseprozesses, da sie das Textmaterial auf sich wirken lassen«. Meiner Auffassung nach gehört es nämlich zur wirkungsanalytischen Qualität tiefenhermeneutischer Forschung, in Anlehnung an das Paradigma psychoanalytischer Hermeneutik den Forscher nicht einseitig als »Subjekt des Analyseprozesses« zu positionieren, sondern gleichzeitig als Analyseobjekt. Da Zimmermann ganz in diesem Sinne kurz darauf die Notwendigkeit der »Reflexion eigener Emotionen« betont, könnte mein Einwand lediglich eine missverständlich verkürzende Formulierung betreffen. Ich verfolge also weiter, wie im Folgenden die Selbstreflexivität im Verstehensprozess Bedeutung gewinnt.

Bevor Zimmermann tatsächlich eine Falldarstellung liefert, beschreibt er sein aktuelles Forschungsprojekt, und hier irritiert mich die Entscheidung, Interviews nicht mit jungen Migrantinnen und Migranten zur Materialgrundlage zu wählen, sondern Interviews mit ihren Lehrkräften. Die Begründung mit einer »höheren emotionalen Reife zu Symbolisierungsleistungen der latenten Emotionen« leuchtet mir nicht ein, denn umgekehrt könnte auch deren Hang zu Rationalisierungen und gut funktionierender Abwehr als Gegenargument angeführt werden. Zimmermann selbst bezeichnet die Materialerhebung als »Umweg« und fügt in seinen Satz ein abwertendes »nur« ein: »Dies bedeutet auch, dass die kindliche bzw. jugendliche Seite des Erlebens *nur* über einen Umweg mittels Rekonstruktion seitens der Professionellen erschlossen wird.« (Hervorhebung, A.W.). Das unterstützt meine Irritation insofern, als es bei einem Umweg der besonders überzeugenden Begründung bedarf, ihn statt des direkten Weges zu gehen.

Bedeutsam wird mir dieser »Umweg« als ein »Ausweichen« – vor dem unmittelbaren Kontakt mit den Kindern und Jugendlichen – durch die Fortsetzung methodischer Erläuterungen: Nachdem das Tavistock-Modell als weitere methodische Orientierung für das eigene Projekt in Anspruch genommen und der komplexe Zusammenhang von Interview-, Protokoll- und Supervisionsarrangements dargestellt ist, betont Zimmermann: »Somit konnte ein sicherer Ort auch in der Forschungsgruppe bereit gestellt werden.« Dieser Satz erhellt mir nicht nur die Entscheidung zugunsten der Professionellen als InterviewpartnerInnen – die ForscherInnen bleiben am sicheren Ort der Kommunikation mit Angehörigen der Pädagogencommunity[1] –, sondern erscheint mir auch bedeutsam, um irritierende Details der folgenden Fallschilderung zu verstehen:

➤ Dass der »sichere Ort« nicht durch Berücksichtigung problematischer, konfliktartiger Aspekte im Interview infrage gestellt wird, zeigt z.B. sich in den geschilderten Irritationen der Interviewerin: sie hat das Gefühl, zu wenig nachgefragt zu haben, und bemerkt nachträglich, dass ihr Gegenüber nur selten Ich-Sätze formuliert hat sowie dass prekäre Ereignisse im Interview übergangen worden waren. Offenbar scheute sie die Verunsicherung der Gesprächspartnerin während des Interviews, die Destabilisierung des sicheren gemeinsamen Ortes.

➤ Als Tendenz zum »sicherer Ort« kann auch verstanden werden, dass die Zitate die Einigung der Interviewpartner auf eine diagnostisch-abstrakte Sprache erkennen lassen. Die Lehrkraft benutzt eine distanzierte Sprache, wie ich sie von Lerngruppenbeschreibungen im Kontext von Unterrichtsentwürfen her kenne, und die Interviewerin fördert den Hang zur Verallgemeinerung anschließend mit der Frage nach einer summarischen Klassifizierung: »Welche Art von Beziehung könnte er verinnerlicht haben?« Daraufhin schlüpft die Interviewte endgültig in die Rolle der fachlichen Diagnostikerin: »Gewaltbeziehung. Also Gewalt und Unterwerfung. Genau so.« Nichts mehr ist übrig von der szenischen Qualität des Vergleiches mit dem geprügelten Hund, keine Auslotung der subjektiven Bedeutung dieses Bildes erfolgt, keine Frage danach, welche Assoziationen da mitschwingen und welche Erlebnisse sich eventuell damit verknüpfen. Um es zuzuspitzen: es wird nicht darüber gesprochen, ob der vorgestellte Hund klein oder groß ist, langes Fell hat oder kurzhaarig ist, ob er Mitleid weckt oder die Unsicherheit, er könne in Panik vielleicht doch zubeißen. Ein vermeintlich sicherer Ort ist erreicht, die Gewissheit des »Genau so«.

➤ Selbst wenn, wie in den nächsten Zitaten, subjektives Erleben thematisiert wird, so bleiben die Gefühlsdarstellungen abstrakt, verknüpfen sich nicht mit konkreten Szenen und können dann entsprechend direkt von Zimmermann als »traumaassoziierte Emotionen« eingeordnet werden. Mich dagegen beschäftigt, dass die Lehrerin von »Ohnmachtsanfällen« spricht, wenn sie erläutert, wie sie »als politischer Mensch« auf die Situation ihrer Schüler reagiert. Ich erwarte spontan den Ausdruck »Ohnmachtsgefühle«, und ich frage mich, was es mit dieser Dramatisierung hin zu einem »Anfallgeschehen« auf sich hat, eine Unsicherheit, die im Aufsatz keine Rolle spielt.

➤ Dass unter der Tendenz, einen »sicheren Ort« zu wahren, die szenisch-bildhafte Entfaltung des Materials leidet, wird im Folgenden dadurch deutlich, dass Zimmermann zwar ausdrücklich eine Entschlüsselung traumatischer Beziehungsmuster »aus der Analyse der szenischen Informationen« ankündigt, dann jedoch nur blasse, wenig szenische und eher begrifflich-abstrakte Beschreibungen der Lehrerin als Anknüpfungspunkte zitiert, um sie unmittelbar noch allgemeiner einzuordnen. Zum Beispiel spricht die Lehrerin von ihren Schwierigkeiten mit Formen von Traumatisierung, »die maskiert sind« und erläutert dies mit der Begründung, dass »diese Schüler dann so perfekt sind, also die haben auch genau die richtige [...] Menge an Fehlverhalten, um unauffällig zu sein«. Da offenbar das Material keine Möglichkeit bietet, auszuloten, was denn unter der »Menge an Fehlverhalten« zu verstehen ist, worin denn die Maskierung besteht bzw. welche Vorstellungen beides in der Lehrkraft auslöst, begnügt sich Zimmermann damit festzustellen, dass es sich um ein »für die Lehrerin selbst nicht recht symbolisierbares Gegenübertragungsgefühl«[2] handele, und benennt wiederum traumaassoziierte Aspekte: eine »innere Einsamkeit« und »Nicht-Bezogenheit zu positiven inneren Repräsentanzen« sowie die »Fremdheit zwischen der Pädagogin als Vertreterin der Mehrheitsgesellschaft und dem jungen Flüchtling«. Dies löst für mich nicht überzeugend ein, was Zimmermann als Schlussfolgerung formuliert: »die szenischen Informationen sind somit auch Ausdruck eines sehr aktuellen Aspekts Sequentieller Traumatisierung«. Eher verrät sich mir abermals die Attraktivität der theoretischen Einordnung als Indiz der Suche nach dem sicheren Ort.

Eine letzte Anmerkung soll der zitierten Schilderung einer Unterrichtssituation gelten, weil ich im Unterschied zu Zimmermann hier eine eher für Unterrichtssituationen typische Interaktionsfigur zu erkennen meine, nicht eine, die der Besonderheit der Interaktion zwischen Lehrkraft und durch Migration traumatisierten Kindern bzw. Jugendlichen zuzurechnen ist. Die Schilderung enthält die Darstellung zweier Szenen mit ähnlicher Struktur: Auslöser ist jeweils Unruhe in der Klasse. Es folgt die Reaktion der Lehrkraft mit dem Erfolg, dass wieder Ruhe einkehrt. Insofern erlebe ich die Szenen als Disziplinierung. Das wird aber durch die verbale Mitteilung der Lehrkraft überhaupt nicht abgedeckt: Sie nämlich formuliert jeweils fragend Hilfsangebote: »Ist alles in Ordnung?« und »Habt ihr Probleme?«. Wenn in der Schilderung dann davon gesprochen wird, dass die Lehrerin »helfend« durch die Klasse geht, so liegt mir nahe, auch hier nicht nur den Impuls zu helfen am Werke zu sehen, sondern den der Kontrolle und Disziplinierung, zumal die Bitte an den Schüler nach vorne zu kommen, offenkundig seiner Ruhigstellung dient: Er soll daran gehindert werden, »weiterhin schlimme Wörter zu sagen«. Die Reaktion der Schüler zeigt, dass diese die Fragen gar nicht ernst nehmen, denn sie wiegeln beides Mal ab (»Ja, ja nur meine Tasche«, »Nee, alles geklärt«). Um es zuzuspitzen: Sie scheinen intuitiv begriffen zu haben, dass es nicht um Probleme geht, die sie haben, sondern solche der Lehrkraft, die um ihrer eigenen Sicherheit willen die Disziplin der Schüler benötigt. Im Appell an den Schüler, der sich nach vorne setzen musste, deutet sich, so meine Assoziation, abermals das eigene (Sicherheits-)Bedürfnis an, der fehlende Respekt wird nicht nur – selbstlos – für die Mitschülerin eingeklagt, sondern auch für sich selbst als die Normgeberin.

Die als Hilfestellung getarnte Disziplinierung[3], die im Dienste letztlich der Abwehr der eigenen Angst steht, nicht mehr »Herr der Lage« zu sein, habe ich oft bei Unterrichtshospitationen erlebt und kenne sie als Verhaltenstendenz bei mir selbst, weshalb ich sie einerseits nicht in derart engem Zusammenhang mit der Traumaproblematik deuten würde, wie Zimmermann es tut. Andererseits harmoniert mein Verständnis der Szene frappierend mit der beschriebenen Verwirrung der Forschergruppe, die sich zunächst durch die verbalen Äußerungen der Lehrkraft leiten lässt und zugleich skeptisch bleibt. Und sie harmoniert mit Zimmermanns Hinweisen auf die vielfältigen Spannungen zwischen pädagogischem Anspruch und Gefühlsambivalenzen, wie er sie treffend mit Bernfeld hervorhebt.

Womit erneut jene zwiespältige Reaktion zu Tage tritt, die meine Lektüre von Zimmermanns Aufsatz insgesamt prägt:

➤ Einerseits finde ich sein dokumentiertes Projekt ebenso wie seine Forderungen nach pädagogischer Reflexion relevant und sympathisch, andererseits kann ich die Logik seiner Argumentation nicht immer nachvollziehen, assoziiere, dass forschungspragmatische Bedingungen Inkonsistenzen provoziert haben, die nicht eingestanden oder angemessen reflektiert werden.

➤ Einerseits begeistert mich die Wertschätzung szenischen Materials und des subjektiven Analysezugangs, andererseits enttäuscht es mich, wie ungenügend dieser subjektive Zugang dokumentiert wird, ja wie immer wieder theoretisierende Deutungen und Kommentierungen überborden und die Ansätze szenischer Entfaltung blockieren. Und ich frage mich, ob sich da nicht ein Problem zeigt, das bereits den Forschungsgang bestimmt hat.

➤ Einerseits bin ich geneigt, meine Enttäuschung als unausweichliche Folge des eng bemessenen Raumes in einem Aufsatz und der Schwierigkeit einer konkreten Darstellung subjektiv-sinnlicher Auseinandersetzung mit szenischem Material zu werten, andererseits sehe ich Spielräume und Gewichtungsalternativen auch bei limitierter Zeichenzahlvorgabe durch die HerausgeberInnen. Derart knapp, wie im vorliegenden Aufsatz, hätte die Darstellung von Fallarbeit nicht ausfallen müssen.

Abschließend möchte ich das dem Aufsatz entnommene Leitmotiv, das teilweise meine Überlegungen strukturiert hat, noch einmal in einem prinzipiellen Sinne aufgreifen: Mir ist bei der Lektüre von Zimmermanns Aufsatz erneut deutlich geworden, wie wichtig es ist, die methodische Qualität szenischen Verstehens ernst zu nehmen und ihr in Forschung und Darstellung Raum zur Entfaltung zu geben, was heißt: immer wieder den »sicheren Ort« theoretischer Diskurse aufzugeben und sich vom konkreten Material berühren und verunsichern zu lassen (und dies dann auch in Publikationen zu dokumentieren). Nicht umsonst ist »Irritation« einer der zentralen Begriffe psychoanalytisch-tiefenhermeneutischen Arbeitens, denn er verweist darauf, worum es letztlich geht: um's Unbewusste. Und das Unbewusste ist ein zutiefst unsicherer Ort.

Anmerkungen

1   Im thematisierten Interview spricht die Interviewerin von ihrem Gegenüber denn auch als Kollegin, sodass sogar die Vertrautheit kollegialer Arbeitsbeziehungen vorauszusetzen ist.

2   Zu fragen ist, ob nicht der Begriff der Gegenübertragung hier problematisch ist, weil schwerlich auszuloten ist, ob es sich nicht auch um schlichte Übertragungen oder gar Projektionen handelt, weshalb es vielleicht sinnvoller wäre, etwas vorsichtiger von »szenischer Anteilnahme« oder »szenischer Verstrickung« zu sprechen.

3   Mein Verständnis verweist auf eine extreme Spannung zu dem von der Lehrerin formulierten Anspruch: »Sie [die Schülerinnen und Schüler, A. W.] müssen nachvollziehen können, warum ich was, wie mache.«

Der Autor

Achim Würker, Dr. Dr., beruflich schaffender Studiendirektor und frei schaffender Wissenschaftler, bekennender Lorenzerianer mit den Forschungs- und Publikationsschwerpunkten tiefenhermeneutische Literaturinterpretation, szenisches Kulturverstehen und psychoanalytische Pädagogik. Wichtige Publikationen: *Das Verhängnis der Wünsche. Unbewusste Lebensentwürfe in Erzählungen E. T. A. Hoffmanns.* Würzburg: Königshausen und Neumann; *Lehrerbildung und Szenisches Verstehen. Professionalisierung durch psychoanalytisch orientierte Selbstreflexion.* Baltmannsweiler: Schneider. Kontakt: wuerker@achimwuerker.de

Reagieren geprügelte Hunde so?
Anmerkungen zum Beitrag von David Zimmermann

David Becker

David Zimmermann berichtet in seinem Artikel über ein aus zwei Gründen außerordentlich interessantes Forschungsprojekt, welches er gemeinsam mit anderen an der Leibniz-Universität Hannover durchgeführt hat:

Zum einen wird hier versucht, Traumaforschung einmal nicht als klinische Forschung, als Untersuchung einer psychischen Störung durchzuführen, sondern als Beziehungsforschung im pädagogischen Alltag, wobei das Problem eben nicht in einem Individuum, sprich, dem Flüchtling verortet wird, sondern zwischen im institutionellen Kontext handelnden Personen, d. h. zwischen LehrerInnen und SchülerInnen. Die leitende Forschungsfrage heißt dementsprechend: »Wie reinszenieren sich traumatische Erfahrungs- und Erlebnismuster in der pädagogischen Interaktion sowie in institutionalisierten Handlungsabläufen?«

Zum anderen ist das vorgestellte Projekt aber auch methodologisch interessant, weil ein kompliziertes, sich mehrfach überkreuzendes Verfahren gewählt wurde, um einen Zugang zur Beziehungswirklichkeit der beteiligten Personen zu finden. Es wurden themenzentrierte Interviews (Schorn, 2000) mit Lehrkräften geführt, die in niedersächsischen Sprachlernklassen mit jugendlichen Flüchtlingen arbeiten. Des Weiteren wurden Unterrichtssituationen beobachtet, und zwar unter Bezugnahme auf das »Tavistock-Modell« (Lazar, 2000). Schließlich wurden sowohl die Interviews als auch die Beobachtungen tiefenhermeneutisch reflektiert, das heißt ganz spezifisch die Übertragungs- und Gegenübertragungsreaktionen der Forschenden dokumentiert und analysiert.

Als theoretischer Bezugsrahmen diente den ForscherInnen die Theorie der Sequentiellen Traumatisierung (Keilson, 2005; Becker, 2014), die allerdings noch spezifisch auf die Situation jugendlicher ZwangsmigrantInnen ausdefiniert wurde. In der ersten Sequenz (vor der Zwangsmigration) werden Trennungs- und Verlusterfahrungen der Jugendlichen und das Entstehen von Ambivalenzgefühlen gegenüber der Familie hervorgehoben. In der zweiten Sequenz (auf der Flucht) wird die Erfahrung von Abhängigkeit und Ohnmacht betont. In der dritten Sequenz (die Anfangszeit am Ankunftsort) geht es um die überwältigende Überforderung durch die vielen zu klärenden Probleme. Die spezielle Situation unbegleiteter minderjähriger Flüchtlinge, deren Alter zwangsgeschätzt wird, wird erwähnt. In der vierten Sequenz (Chronifizierung der Vorläufigkeit) stehen die »Nichtveränderungen« und die große Zukunftsunsicherheit im Vordergrund, wobei die Institution Schule für die Jugendlichen ganz zentral wird. Des Weiteren wird noch eine fünfte Sequenz (bedrohliche Rückkehr) definiert, die Bezug nimmt auf wiederkehrende Abschiebedrohungen, wie sie Familien im laufenden Asylverfahren oder im Status der Duldung erfahren. Schließlich wird die sechste Sequenz erwähnt (aus Flüchtlingen werden MigrantInnen), die beschrieben wird als die Möglichkeit, das Leben jetzt mehr selbst zu gestalten, wobei es wichtig scheint, die persönliche Lebens- und Leidensgeschichte in einen zwischenmenschlichen Diskurs einbringen zu können und schnelle Forderungen nach weitgehender Assimilation als kontraproduktiv gewertet werden.

Es ist nicht einfach, einen solch komplexen Forschungsprozess für einen Artikel zusammenzufassen und dabei sowohl ein differenziertes Bild des Forschungsansatzes als auch der Forschungsergebnisse zu zeichnen. Zimmermann gelingt es unzweifelhaft, die LeserInnen nicht nur neugierig zu machen, sondern auch schlüssig darzulegen, weshalb eine solch vielschichtige Herangehensweise notwendig ist. Allerdings werden zum Teil die Inhalte doch so komprimiert dargestellt, dass man als Leser vielleicht eine Information falsch oder ungerecht beurteilt. Die hier folgenden Kommentare sind also mit diesem Vorbehalt zu versehen:

Beim theoretischen Rahmen ist mir die fünfte Sequenz unklar geblieben. Geht der Autor hier davon aus, dass dies eine wiederkehrende Sequenz ist, immer dann, wenn die Flüchtlinge mit Abschiebung bedroht werden? Oder sind ganz spezifisch die gemeint, die tatsächlich ausgewiesen werden? Geht es hier also um eine spezielle Bedrohungssituation, die immer wieder auftaucht, oder ist es eine mögliche späte Sequenz, die vor allem diejenigen betrifft, die tatsächlich ausgewiesen werden?

Unklar bleibt auch, ob die Jugendlichen in den untersuchten Klassen sich in der dritten oder vierten Sequenz befinden und inwiefern dies für die Untersuchungsbefunde relevant ist. Mit anderen Worten: Der Artikel führt den Leser sehr überzeugend in eine nicht-pathologisierende Traumabegrifflichkeit ein, macht auch kreativ die speziellen Themen von Kindern und Jugendlichen deutlich, kommt aber dann auf die Thematik nicht mehr zurück. Dabei würde man als Leser gerne wissen, ob z. B. das Verhalten »des geprügelten Hundes« spezifisch zu einer Sequenz gehört oder ganz unabhängig davon auftaucht.

Verfolgt man dann in der konkreten Fallanalyse den Forschungsprozess und die herausgearbeiteten Ergebnisse, so entdeckt man viel Überzeugendes. Es bleiben aber auch viele Fragen. Die doppelte Herangehensweise hat einerseits etwas sehr Gewinnendes. Tatsächlich tauchen die Jugendlichen in den Erzählungen der Lehrkräfte wirklich auf und dies wird spannend ergänzt durch die Beobachtungen im Unterricht. Auch die Vermutung, dass abgespaltene oder (noch) nicht symbolisierbare Inhalte eigentlich nur in der Gegenübertragung der Forschenden deutlich werden können, ist sicher richtig. Auf der anderen Seite aber fragt man sich zwischendurch, ob die Tiefenhermeneutik nicht vielleicht ein bisschen zu weit getrieben wurde. Hätte es sich nicht eventuell gelohnt, die wirklichen Inhalte des Unterrichts genauer anzugucken? Ist es wirklich sinnvoll, in einer Klassen-/Gruppensituation vor allem auf die Beziehung Lehrer – Schüler zu gucken und nicht die Gesamtgruppensituation wirklich zu berücksichtigen? Schließlich geht es hier ja um Spracherwerb, also um das essenziellste Mittel des Umgangs mit der traumatischen Situation. Als Leser hat mich überzeugt, dass die Forschung deutlich bestätigt, dass die Unterrichtssituation Bestandteil einer traumatischen Situation ist. Sowohl LehrerInnen als auch SchülerInnen arbeiten in dieser Matrix. Aber ist es deshalb richtig, von »traumatisierten pädagogischen Beziehungen« zu sprechen? Es scheint plausibler Beziehungsrealitäten anzunehmen, die zwar das Trauma spiegeln, es des Weiteren auch aushandeln und gestalten, aber deshalb selbst noch nicht unbedingt als »traumatisiert« qualifiziert werden müssen.

Bei den beiden Themenfeldern, die im Sinne von Forschungsergebnissen entwickelt werden, wird zunächst auf spannende Art und Weise der Bezug zwischen Erfahrungen von Gewalt und Unterwerfung, der gelebten Realität von Fremdheit, dem pädagogischen Ich-Ideal der Lehrkräfte und der Fantasien der Forschenden erläutert. Obwohl – wie gesagt – man hier gerne noch mehr über den tatsächlichen Unterricht erfahren, man gerne vertieft über die angedeutete Problematik lernen würde, wird die Entwicklung des Forschungsprozesses hier gut deutlich. Als zweites wird dann das Themenfeld »Grenzüberschreitung« entwickelt. Hier scheint die Argumentation zu kurz, weil es um mehrere Dinge gleichzeitig geht, die man gerne etwas ausdifferenzierter betrachten würde. Zum einen geht es wohl um die Rolle von »Gut« und »Böse«, also um Spaltungsprozesse und projektive Vorgänge, wie sie gerade im Zusammenhang mit Traumata dauernd eine Rolle spielen und sicherlich auch die Lehrer-Schüler-Beziehung mitcharakterisieren können. Eine etwas andere Thematik scheinen die beschriebenen Grenzüberschreitungen zu sein, wie sie etwa in Bezug auf das Verhältnis Traumtherapeut – Lehrerin – Schüler erwähnt werden. Sicherlich hängen beide Dimensionen miteinander zusammen, aber als Leser würde man sich wünschen, das noch ein bisschen genauer erläutert zu bekommen. Schließlich würde auch an dieser Stelle ein Bezug auf den realen Unterrichtsinhalt interessant sein, nicht zuletzt deshalb, weil Sprache lernen immer auch bedeutet, nicht nur eine Grenze zu überschreiten, sondern auch selbst bessere Grenzen setzen zu können. Interessieren würde hier also nicht nur, wo und wann Grenzüberschreitungen der Lehrerin stattfinden, sondern auch wie die Schüler ihrerseits damit wieder umgehen. Ist die wechselseitige Kommunikation von Grenzüberschreitungen geprägt? Grenzen sich die Schüler eher ab und die Lehrerin eher nicht? Welche Rolle spielen Kontakt und Kontaktlosigkeit auf beiden Seiten? Wie hängt dies alles wiederum zusammen mit dem Problem des Spracherwerbs von Flüchtlingen?

Die hier kurz angerissenen Ideen und Reaktionen auf den Artikel von David Zimmermann verdeutlichen, wie sehr der Text zum Nachdenken anregt. Ganz wesentlich scheint mir, dass hier sehr deutlich gemacht wird, wie groß der Forschungsbedarf im traumapädagogischen Bereich ist. Es ist in diesem Sinne zu wünschen, dass diese Arbeit vielfältige Nachahmungen, Erweiterungen und Vertiefungen erfährt.

Literatur

Becker, D. (2014). *Die Erfindung des Traumas, Verflochtene Geschichten.* Gießen: Psychosozial-Verlag (Neuaufl. der 2. Aufl. von 2006).

Keilson, H. (2005). *Sequentielle Traumatisierung bei Kindern. Deskriptiv-klinische und quantifizierend-statische follow-up Untersuchung zum Schicksal der jüdischen Kriegswaisen in den Niederlanden.* Gießen: Psychosozial-Verlag (unveränd. Neudruck der Ausgabe von 1979, Enke Verlag).

Lazar, R. A. (2000). Erforschen und Erfahren: Teilnehmende Säuglingsbeobachtung. »Empathietraining« oder empirische Forschungsmethode. *Analytische Kinder- und Jungendlichen-Psychotherapie, 31*(108), 399–417.

Schorn, A. (2000). Das »themenzentrierte Interview«. Ein Verfahren zur Entschlüsselung manifester und latenter Aspekte subjektiver Wirklichkeit. *Forum Qualitative Sozialforschung.* http:/www.qualitative-research.net/index.php/fqs/article/view/1092/2393 (08.02.2015).

Der Autor

David Becker, Prof. Dr., lehrt Psychologie an der Sigmund Freud Privat-Universität Berlin und leitet das Büro für Psychosoziale Prozesse (OPSI) an der Internationalen Akademie Berlin (INA) gGmbH. Er begleitet und berät psychosoziale Projekte in Kriegs- und Krisengebieten, zurzeit insbesondere in Palästina und im Libanon. Er ist Autor des Buches *Die Erfindung des Traumas – Verflochtene Geschichten.* Gießen: Psychosozial-Verlag, 2014. Kontakt: david.becker@sfu-berlin.de

Kommentare

Wenn Reflexionsräume fehlen
Kommentar zu David Zimmermann: »Geprügelte Hunde reagieren so«

Nele Reuleaux

Mein erster Eindruck des Textes von Zimmermann bezieht sich auf den Titel des Textes. Es machte mich neugierig, wie wohl mit dem Zitat in der Überschrift »Geprügelte Hunde reagieren so« umgegangen wird, wie es im Text gedeutet wird. Das Zitat erinnerte mich assoziativ an Sprachanalysen zur Thematik der »Schwierigkeit, nicht rassistisch zu sein« (Kalpaka). Durch diese Assoziation angeregt, hatte ich spontan die Idee, es müsse sich vornehmlich um die Haltung und um die Einstellungen der Pädagogen selbst handeln und stieß beim Querlesen auf einen Satz am Ende des Textes, den ich als einen zentralen Satz des Textes betrachte: »Die Grundlage eines sicheren Orts aber bilden die Reflexionsprozesse bei den Professionellen selbst«. Mit großem Interesse habe ich den Text daraufhin gelesen und bin von dem hohen Engagement, der differenzierten Herangehensweise wie auch der Einfühlungsbereitschaft der Akteure und der Analyse Zimmermanns sehr beeindruckt. Mittlerweile selbst weit entfernt von der pädagogischen Arbeit, wurde mir (wieder) bewusst, dass es innerhalb der Pädagogik eine lange psychoanalytisch orientierte Tradition gibt und zudem erfreulicher Weise die Traumapädagogik mittlerweile Eingang in die Profession gefunden hat. Es wäre sehr wünschenswert, wenn diese gehaltvolle Konzeptualisierung des Forschungsprojektes mit dem Anspruch tiefenhermeneutischen Verstehens weite Kreise zieht. Aus der Perspektive einer analytischen Kinder- und Jugendpsychotherapeutin bleibt es dennoch unverständlich, dass der dringend erforderliche Zugang zu psychotherapeutischen Angeboten für diese Gruppe zwangsmigrierter Kinder und Jugendliche, die wie im Text explizit herausgestellt, unter Sequentiellen Traumatisierungen leiden, in keinem Satz Erwähnung findet. Zwei Punkte haben mich nun besonders beschäftigt. Zum einen der Umgang mit dem Übertragungs- und Gegenübertragungsgeschehen, der im Kontext der analytischen Psychotherapie eine zentrale Rolle spielt, im pädagogischen Kontext, und zum anderen die postulierte Gefahr einer »Pathologisierung« sozialer Katastrophenerfahrungen.

Die Arbeit mit und an dem, was mit den Begriffen der Übertragung und Gegenübertragung benannt ist, ist im therapeutischem Kontext einem langwierigen Prozess unterworfen und erfordert eine umfassende Ausbildung, die vor allem auch eine umfangreiche Lehranalyse erfordert. Diese nicht zu unterschätzende Arbeit an der eigenen Wahrnehmung, an den eigenen »blinden Flecken«, eigenen familiären Verstrickungen in nicht selten transgenerativ bedingte Gewalterfahrungen und damit Täterschaft, die Konfrontationen mit eigenen negativen Affekten, hat u. a. das sehr wichtige Ziel, die Psychodynamik der Patienten von der eigenen trennen zu können, zumindest weitestgehend, wie auch auf einer anderen Ebene, das unbewusste intersubjektive Geschehen zu erfassen. Worauf ich hinaus will: Die Übernahme von analytischen Konzepten in die pädagogische Arbeit ist in sehr vielen Bereichen überaus notwendig und überfällig. Nur, wird den Professionellen in ihrer Ausbildung genügend Raum zur Selbstreflexion zur Verfügung gestellt? Sollen sie nicht Unmögliches leisten, wenn sie aufgefordert sind, genau zu erfassen und wahrzunehmen, was in den Kindern, den Jugendlichen vorgeht und gleichzeitig einen anderen Auftrag, den der Wissensvermittlung, zu erfüllen? Mir wurde bewusst, dass es bei den Berührungspunkten zwischen der Pädagogik und der Psychoanalyse in der therapeutischen Praxis um Schnittstellen, um Übergänge, also um Grenzbereiche geht und damit immer auch um Grenzüberschreitungen und Grenzverletzungen. Es stellt sich die Frage, was zu einer traumapädagogischen Qualifikation gehört? Wo wäre ein »sicherer Ort« für professionell begleitete Selbstreflexion? Im Fokus der sehr schwierigen Dynamik steht das von Zimmermann so benannte »interpersonale Abwehrgeschehen gegenüber emotionaler Reflexion«. Die Ablehnung der Selbstreflexion führt zu jenen Widersprüchen, die die Grenzüberschreitungen mitbedingt. Die Kernfrage wird schließlich in der Auswertung von Zimmermann formuliert: dem Bedürfnis der Professionellen nach einem harmonischen Miteinander steht die traumabedingte Spaltung in nur gute und nur böse Menschen gegenüber. Gefragt wird nach der Reinszenierung in der Klasse und folgerichtig nach dem Verbleib des »Bösen«. Diese sogenannten »bösen«, unaushaltbaren Emotionen werden ins Unbewusste verbannt und das somit verleugnete Bedürfnis nach größtmöglicher Distanz vermittelt sich im unbewussten Sprachgebrauch von den »Geprügelten Hunden«. Zimmermann erschließt zwar die Feinstruktur der Abwehr des Unbewussten der Professionellen, ihre eigene Bedürftigkeit nach Anerkennung und erkennt darin die »interpersonell und institutionell verankerte Abwehr«, aber die Analyse dieser Sprachfigur bleibt erstaunlicher Weise aus. Geht es im analytischen therapeutischen Prozess darum, sich als Gegenübertragungsobjekt verwenden zu lassen, stellt Zimmermann selbst kritisch die Frage, ob hier nicht die Schüler vielmehr verwendet werden, um jene eigenen unbewussten Bedürfnisse nach Abschottung angesichts der von Menschen verursachten Traumata zu befriedigen. Was aber steht dem sich-Einlassen auf die Kinder und Jugendlichen mit diesem Ausmaß von Sequentiellen Traumatisierungen im Weg? In einem anderen, sehr lesenwerten Aufsatz von Zimmermann, »Die Beziehungen nutzen« (2002), wird deutlicher, dass die Verleugnung der Tatsache, dass sich »traumatische Erfahrungen immer auch in den aktuellen Beziehungen widerspiegeln« dazu führt, dass Verstehenszugänge blockiert bleiben. »Die Nutzung szenischer Informationen bei schweren traumatischen Belastungen stellt im pädagogischen Kontext eine noch selten genutzte Möglichkeit dar«, schreibt Zimmermann (ebd.) und weist im Kontext des aktuellen Projekts zurecht darauf hin, dass es die Professionellen selbst sind, die sich in Reflexionsprozesse begeben müssen, um angemessene Unterstützungsangebote entwickeln zu können. Denn auch das szenische Verstehen setzt die Schulung der eigenen Wahrnehmung voraus. Dass es bereits an Supervision für die Fachkräfte fehlt, setzt Zimmermann allerdings nur in Klammern. Er benennt »starke Ambivalenzen von Nähe und (diffusen) Fremdheitserleben, hohe Ich-Ideale bei Lernenden sowie Schwierigkeiten, Grenzen der pädagogischen Beziehungen einzuhalten« als »Auswirkungen jener sozialen Bedingungen« (Sequenzen der Traumatisierung 3–6). Dass diese aber auch damit zusammenhängen können, dass eben jene Räume der Selbsterfahrung den Professionellen fehlen, bleibt hier unbedacht. Verstehenszugänge können sich besonders dann öffnen, wenn auf einer anderen Ebene eigene Erfahrungen von Übertragungs- und Gegenübertragungsgeschehen nicht nur gemacht, sondern im Kontext einer Gruppe gemacht und auch reflektiert werden können. Hier wären externe Angebote gruppenanalytisch geleiteter Selbsterfahrung im Rahmen der pädagogischen Ausbildung dringend erforderlich. Die Gruppenanalyse bietet hier ein breites Spektrum an Erfahrungs- und Erkenntnismöglichkeiten um sich Fragen wie den folgenden zuzuwenden: Was für reale und fantasierte Gruppen existieren im eigenen Erleben? Wo geht es um die unbewusste Dynamik von Ausstoßung und Anziehung in Gruppen, wo um Gefühle der Zugehörigkeit wie um Fremdheit und Vertrautheit? Wie fühlen sich der Verlust und die Wiedergewinnung von Subjektivität in der Gruppe an? Sprachlosigkeit, Hemmung und Angst in der Gruppe zu erfahren, erweitert die eigene Einfühlungsfähigkeit und die Wahrnehmung der eigenen biografischen Erfahrung verändert sich durch die Perspektive der Anderen und vieles mehr. Zudem verbindet »die Gruppenanalyse [...] das individuell Psychische mit dem Sozialen – insbesondere in den unbewussten Dimensionen. Sie verknüpft die [...] Bedürfnispole im Sinne eines Sowohl-als-auch und versucht die Figur des Entweder-Oder zu überwinden« (Hearst, 2009, S. 35). Zum Lernen interkultureller Kompetenz sei angemerkt, dass es nicht möglich ist, den Anderen zu verstehen, »wenn wir dem Absolutheitsanspruch unserer

Tradition, unserer Sprachspiele und Lebensformen erlegen sind« (Shaked, 1997, S. 157). Daher sind wir ebenfalls aufgerufen, uns auch dem Nicht-Verstehen, dem »Ungewissheitsprinzip« (negative Capability, nach Keats) auszusetzen.

Um deutlich zu machen, dass die Selbstreflexion als Voraussetzung für die Einfühlung in Andere kein einfaches Vorhaben ist, sei an dieser Stelle eine Definition der Empathie von Bolognini gewählt, die die Anstrengung und hohe Anforderung deutlich macht:

> »Die wahre Einfühlung ist ein Zustand bewussten und vorbewussten Kontakts, den Getrenntheit, Komplexität und Artikuliertheit auszeichnen; sie beinhaltet ein weites Wahrnehmungsspektrum, in dem alle emotionalen Farbtöne vertreten sind, von den hellsten bis zu den dunkelsten; und sie zeichnet sich vor allem durch einen zunehmenden, zusammen erlebten und tiefen Kontakt mit der Objektkomplementarität, dem Abwehr-Ich und den abgespaltenen Teilen des anderen sowie mit der egosyntonischen Subjektivität aus« (Bolognini, 2012, S. 162).

In Zimmermanns Text wird deutlich, dass eine solche Einfühlung nicht geleistet werden kann. Der Eindruck des Beispiels der Lehrerin, die groß-mütterlich anmutet, verweist deutlich auf diesen Konflikt: Die Lehrerein steht zwischen den Stühlen, soll Lehrerein sein und gleichzeitig die Psychodynamik des Kindes erfassen und sich empathisch zeigen, mit allem, was ihr entgegen gebracht wird, was schon einer Therapeutin nicht immer und schon gar nicht innerhalb eines kurzen Zeitraumes gelingt. Die Schwierigkeit einer vorschnellen Interdisziplinarität wird deutlich, wenn die Professionellen sich aufgefordert fühlen, immer nur gut und verständnisvoll zu sein, wo doch zugleich Begrenzung und Klarheit eingefordert wird. Winnicott fasst das Bedürfnis eines an Mangel leidenden Kindes nach einem sich permanent erweiterndem haltenden Rahmen wie folgt zusammen:

> »[Es ist] die Suche nach etwas in der Umwelt, das verloren gegangen ist, nach einer menschlichen Haltung, die so zuverlässig ist, dass es die Freiheit gewinnt, sich zu bewegen und zu handeln und Erregung zuzulassen. Besonders um dieser zweiten Tendenz willen provoziert das Kind absolut eindeutige Reaktionen der Umwelt, so, als suche es nach einem sich ständig erweiternden Rahmen, einem Kreis, dessen ursprüngliche Form die Arme der Mutter oder der Körper der Mutter war. Man kann eine Reihe erkennen: der Körper der Mutter, die Arme der Mutter, die elterliche Beziehung, das Elternhaus, die Familie [...] die

Schule, der Wohnort [...] schließlich das Land mit seinen Gesetzen« (Winnicott, 2008, S. 202).

Der andere Punkt, der mich zum Widerspruch angeregt hat, betrifft die unklare Verwendung des Begriffes der Pathologisierung. Unumstößlich ist die Erkenntnis Zimmermanns in diesem Kontext, dass individuelles Leid »nur über subjektzentrierte Analyse unter Einbeziehung der aktuellen Beziehungen und der sie umgebenden größeren sozialen Situation verstanden werden« kann. Aber dass dieser geforderte umfassende Verstehensprozess einer »Pathologisierung von sozialen Katastrophenerfahrungen entgegen« wirke, ist fragwürdig. Der Begriff der Pathologisierung wird häufig verwendet um zu sagen, dass psychische Störungen unterstellt werden wo keine sind oder, sind diese unabweisbar, dessen soziale Dimension verleugnet wird. Die negative Konnotation des Begriffes des Pathologischen (freilich historisch bedingt) führt ja gerade nicht zu einer höheren Anerkennung der heute vornehmlich mit dem Begriff der Störungen benannten Reaktionen auf Beeinträchtigung der körperlichen und psychischen Entwicklung und Gesundheit. Sinvoller erscheint es mir deshalb auch von Psychopathologien anstelle von Pathologien zu sprechen, wenn es um psychische Beeinträchtigungen oder Störungen geht. Die Wahrnehmung mannigfaltiger Psychopathologien auch im nichtklinischen Kontext, oder psychopathologischer Nuancen im alltäglichen Miteinander, wäre weniger verstellt, wenn die Angst vor der Möglichkeit der Versehrtheit des Psychischen ebenfalls kommunizierbarer wäre. Die Kinder und Jugendlichen, von denen in Zimmermanns Text die Rede ist, zeigen Symptome in denen sich die Traumata ihren Weg an die Oberfläche bahnen; Die Symptombildung ist eine Fähigkeit. Nicht umsonst spricht Mentzos von der Funktion der Dysfunktionalität psychischer Störungen (Mentzos, 2009) und längst geht es im klinischen Kontext um ein Verständnis der »Psychodynamisierung der Diagnosen« (ebd., S. 13), wie auch um die Vernachlässigung der psychogenetischen, psychodynamischen und psychosozialen Dimension »so dass die Beschreibung und Analyse von Konflikten, Traumata und der zu ihrer Bewältigung mobilisierten Abwehrmechanismen zu kurz kommen« (ebd., S. 22). Dennoch, »die psychoanalytisch inspirierte Psychodynamik verhält sich teilweise kontrapunktisch, aber nicht gegensätzlich zu der deskriptiven Psychopathologie der modernen Klassifikationen« (ebd.). Kritisch gegenüber der fremden Profession zu sein, ohne zu polarisieren, scheint schwer zu fallen. Dort, wo es im Text um die Einbeziehung von TraumatherapeutInnen geht, fehlt ebenfalls die positive Hervorhebung dieser notwendigen Kooperation. Natürlich kann und wird diese gut genutzt. Im Text wird diese Beziehung als wenig förderlich dargestellt: Der Traumatherapeut sei zwar wichtig, aber die Kommunikation zwischen ihm berge doch eher Gefahren als dass sie nützlich sei. An dieser Stelle wäre es mehr als sinnvoll gewesen, die Kluft zwischen den Professionen zu mindern anstatt sie zu vergrößern. Bevor es zu einem Gespräch zwischen Lehrerin und Therapeut kommt, muss es eine Entbindung von der Schweigepflicht geben, die freilich nicht bedeutet, dass der Therapeut inhaltlich aus der Therapie berichtet. In der Textpassage wird gut deutlich, dass es an Reflexionsräumen für die Lehrkraft fehlt und dadurch die Gespräche mit dem Therapeuten genutzt aber auch strapaziert werden.

Der UNICEF-Geschäftsführer Christian Schneider, der sich im Zusammenhang mit der problematischen Situation von Flüchtlingen aus Krisengebieten, die in Deutschland aufgenommen worden sind, für die Kinderrechte stark macht, fordert dringend für diese auch den Zugang zu Psychotherapie. Der vorauseilenden Klage fehlender Sprachkompetenz ist dabei in zwei Richtungen zu begegnen: Die nach wie vor selektive Wahrnehmung und die daraus hervorgehende Beurteilung von Stärken und Schwächen von GrundschülerInnen mit Migrationshintergrund (wiederum ein Zeichen fehlender Selbstreflexion im Rahmen der LehrerInnenausbildung) führt immer noch dazu, dass weniger junge Menschen, deren Muttersprache nicht Deutsch ist, studieren. Und das heißt auch, dass weniger Menschen mit Fremdsprachenkompetenz Psychologie studieren oder verwandte Fächer, die den Zugang zu einer psychotherapeutischen Ausbildung ermöglichen. Das andere sehr gravierende Problem ist, dass es immer noch keine reguläre individuelle Einzel-Sprachförderung für die über fünf Jahre alten Kinder gibt. Noch immer ist diese Förderung überwiegend auf den Schulbeginn begrenzt und wird später ausschließlich kompensiert durch die therapeutische Unterstützung mit Ergotherapie. Von beiden Seiten könnten also die Bedingungen für den Zugang zu angemessener Psychotherapie hergestellt werden. Nur wenn auf allen gesellschaftlichen Ebenen den Auswirkungen von Gewalterfahrungen und Ausgrenzung Rechnung getragen wird, kann der Radikalisierung von jungen Menschen entgegengewirkt werden. Der Satz »nicht alle Opfer werden Täter, aber alle Täter waren Opfer« trifft wohl auf Jugendliche in aller Regel zu.

Das Zitat aus dem Titel bleibt unkommentiert, es wird keiner Analyse unterzogen. Dabei geht es immer auch um den unbewussten Gebrauch der Distanz erzeugenden Sprache. Die subtilen Untertöne und unbewussten Einstellungen und Ängste der Angehörigen der Mehrheitsgesellschaft gegenüber Minderheiten werden gerade hier deutlich. Die Assoziierung von traumatisierten Kinder und Jugendlichen mit Hunden lässt aufhorchen, weil sie der Erzeugung von Fremdheit dient und damit die Einfühlung in den Anderen wie in sich selbst behindert.

Literatur

Bolognini, S. (2012). *Die psychoanalytische Einfühlung.* Gießen: Psychosozial-Verlag.

Hearst, L. (2009). Das kreative Potenzial der Gruppenanalyse. In R. Maschwitz u. a. (Hrsg.), *Die Kunst der Mehrstimmigkeit. Gruppenanalyse als Modell für die Zivilisierung von Konflikten* (S. 47–52). Gießen: Psychosozial-Verlag.

Mentzos, S. (2009). *Lehrbuch der Psychodynamik. Die Funktion der Dysfunktionalität psychischer Störungen.*Göttingen: Vandenhoeck & Ruprecht.

Shaked, J. (1997). Am Beispiel der iranischen Kultur. Eine psychoanalytische Auseinandersetzung mit dem »Fremden«. In M. Ardjomandi u. a. (Hrsg.), *Jahrbuch für Gruppenanalyse und ihre Anwendung* (Bd. 3, S. 148–158). Heidelberg: Mattes.

Winnicott, D. W. (2008). *Von der Kinderheilkunde zur Psychoanalyse.* Gießen: Psychosozial-Verlag.

Zimmermann, D. (2012). Die Beziehung nutzen. Verstehen und Handeln in der schulischen Arbeit mit jungen traumatisierten Flüchtlingen. *Trauma & Gewalt, 6*(4), 306–317.

Die Autorin

Nele Reuleaux, Dr. phil, ist Gruppenanalytikerin (SGAZ) und Mitarbeiterin der Psychologisch-Therapeutischen Beratung für Studierende der Leibniz-Universität Hannover. Seit 2008 befindet sie sich in Ausbildung zur analytischen Kinder- und Jugendpsychotherapeutin am Winnicott-Institut Hannover. Bis 2010 lehrte sie an der Hochschule für angewandte Wissenschaft und Kunst Hildesheim (HAWK).

Kontakt: nele.reuleaux@t-online.de

Sex and Babies
Ein Zwischenruf

Julia König

»Lena Dunham describes sexually abusing her little sister« titelte die rechts-konservative Internetplattform *TruthRevolt* zum Erscheinen von Dunhams Memoir *Not that Kind of Girl. A young woman tells you what she's »learned«*. In dasselbe Horn trompetete Kevin D. Williamson: Seiner in der *National Review* ausgebreiteten Meinung nach blieben die angeblichen sexuellen Übergriffe der Macherin der HBO Serie *Girls* auf ihre kleine Schwester nur deswegen ungeahndet, weil es sich bei Dunham um eine privilegierte Tochter liberaler New Yorker Künstler_innen handelte. Stein des Anstoßes waren einige Passagen in Dunhams Memoiren, in welchen sie sich als seltsames Kind entwirft und Szenen ihrer Beziehung zur sechs Jahre jüngeren Schwester Grace beschreibt. In einer der als anstößig rezi-pierten Szenen illustriert Dunham ihre Neugier als Siebenjährige für die Geschlechtsorgane ihrer Mutter, ihre eigenen und die ihrer damals einjähri-gen Schwester an einer kleinen Anekdote: Nachdem die siebenjährige Lena von ihrer Mutter erfragte, dass alle weiblichen Wesen schon von Geburt an einen Uterus mit Eiern hätten, aus denen Babies werden könnten, fällt Lenas Blick auf ihre einjährige Schwester Grace; die Siebenjährige setzt ihr neues Wissen sogleich in Beziehung: »›Does her vagina look like mine?‹ ›I guess so,‹ my mother said. ›Just smaller.‹« (Dunham, 2014, S. 120) Den Fragen folgen bald praktische Erkundungen:

> »One day, as I sat in our driveway in Long Island playing with blocks and buckets, my curiosity got the best of me. Grace was sitting up, babbling and smiling, and I leaned down between her legs and carefully spread open her vagina. She didn't resist, and when I saw what was inside I shrieked.
>
> My mother came running. ›Mama, Mama! Grace has something in there!‹
>
> My mother didn't bother asking why I had opened Grace's vagina. This was within the spectrum of things that I did. She just got on her knees and looked for herself. It quickly became apparent that Grace had stuffed six or seven pebbles in there. My mother removed them patiently while Grace cack-led, thrilled that her prank had been such a success« (ebd., S. 121).

Auch wenn es scheint, dass Dunham diese Szene zum Beleg ihrer Eigen-willigkeit als Kind und gleichzeitig der Liberalität ihrer Mutter einführt – sonst hätte sie den Akzent »this was within the spectrum of things that I did« womöglich anders gesetzt – liest sich die Episode geradezu wie eine Illustration zur *Zweiten Abhandlung zur Sexualtheorie*, in der Freud 1905 allgemein feststellte, dass die Bedrohung der Existenzbedingungen in der Form einer erfahrenen oder vermuteten Ankunft eines neuen Kindes sowie »die Furcht vor dem mit diesem Ereignis verbundenen Verlust an Fürsorge und Liebe [...] das Kind nachdenklich und scharfsinnig« (Freud, 1905, S. 95) machen. Der hier gerade auch praktisch in Aktion tretende »Wiß- oder Forschertrieb« (ebd.) entspräche, so Freud, seinem Tun nach »einerseits einer sublimierten Weise der Bemächtigung, andererseits arbeitet er mit der Energie der Schaulust« (ebd.).

Gleichwohl ist es nicht zuletzt vor dem Hintergrund von Dunhams linksliberaler Verortung und ihres Engagements für den freien Zugang zu Abtreibung im Rahmen der *Planned Parenthood Federation* wenig verwunderlich, dass Lenas infantile Sexualforschung keinen Anklang findet bei ihren Angreifer_innen. Unzweifelhaft gehe es hier um Missbrauch: Es gäbe, so Williamson, »no non-horrific interpretation of this episode« (Williamson, 2014). Irrwitzigerweise, wenn auch leider nicht zum ersten oder einzigen Mal, bekamen die Ultrarechten hier Schützenhilfe durch feministische Aktivist_innen wie der *Guerilla Feminism* Gründerin Lachrista Greco, die wenige Tage später auf ihrer Internetplattform zu dem Verhalten der Siebenjährigen in besagter Szene verkündete »It's NOT NORMAL. It's NOT OKAY.« Rasant in Schwung kommt die Attacke von Greco, als sie Dunhams selbstbewusste Exposition der Kindheitsanekdote als Ausdruck von *White Privilege* markiert: »I am not here for my fellow white people to defend other white people and their heinous predatory actions.« Dieser Vorwurf – Dunham werde von weißen Feministinnen nur deswegen verteidigt, weil diese identitär verblödet über den stets bei anderen identifizierten Feind in den eigenen Reihen hinwegsähen – wird auch von Virginia Duke auf *Flounce* dargelegt; den Impuls hierfür gab Mikki Kendall, Autorin des Hashtags *#SolidarityIsForWhiteWomen* mit ihrem Tweet »The gap between the attitudes that let R. Kelly prosper & the ones that excuse Dunham is incredibly thin. Nonexistent to be honest.« Die Reaktionen beziehen sich hier auch auf eine zweite Szene aus Dunhams Memoiren, in denen die ältere Schwester um die Liebe ihrer sechs Jahre jüngeren Schwester wirbt:

> »As she [her sister Grace, Anm. d.A.] grew, I took to bribing her time and affection: one dollar in quarters if I could do her makeup like a ›motorcycle chick.‹ Three pieces of candy if I could kiss her on the lips for five seconds. Whatever she wanted to watch on TV if she would just ›relax on me‹. Basically, anything a sexual predator might do to woo a small suburban girl, I

was trying. Maybe, I thought, she would be more willing to accept kisses if I wore the face mask my grandmother had for when she did her dialysis. (The answer was no.) What I really wanted, beyond affection, was to feel that she needed me, that she was helpless without her big sister leading her through the world. I took a perverse pleasure in delivering bad news to her–the death of our grandfather, a fire across the street–hoping that her fear would drive her into my arms, would make her trust me« (Dunham, 2014, S. 150).

Der Begriff des »sexual predator« funktionierte in der Debatte als isolierter Reiz – nicht anders ist Kendalls Vergleich der siebenjährigen Dunham mit dem nicht nur für seine Musik, sondern auch für seine sexuellen Beziehungen zu minderjährigen Teenagern bekannten R. Kelly zu verstehen (vgl. dazu Hopper, 2013). Auffällig ist an der Diskussion, die sich trotz Dunhams Unterbrechung ihrer Lese-Reise bald als Sturm im Wasserglas herausstellte, wie die im Buch geschilderten Szenen kurzfristig zu einer saftigen Vorlage für eine Diskussion über Privilegien – *White Privilege* oder »Pathetic Privilege« (Williamson, 2014) – wurden, wobei der Inhalt der Szenen auf ein Aufmerksamkeit garantierendes Skandalon reduziert wurde. Es geht mir hier nicht darum zu bestreiten, dass Lena Dunham selbstverständlich als weiße Tochter einer wohlhabenden New Yorker Künstler_innenfamilie sowohl ökonomisch wie auch durch ihr Weißsein privilegiert ist. Bemerkenswert scheint mir jedoch die Rezeption der Szene, in der kindliche sexuelle Aktivität, Schaulust und Bemächtigung geradezu drakonisch mit sexueller Gewalt identifiziert wird. Bezeichnend an diesem Umgang mit der Szene ist hier Folgendes: Die inhaltliche Bedeutungsebene der Szene wird in der Diskussion gänzlich ignoriert – es wird nicht zu rekonstruieren versucht, was die siebenjährige Lena von ihrer kleinen Schwester wollte. Es wird nicht gefragt, welche kindlichen Interessen sich in der Szene erkennen lassen, und in was für ein Interaktionsgefüge die Szenen eingelassen sind. Die Schablone »sexual predator« wird über Lenas infantile Sexualforschung gelegt, welche damit eindeutig einzuordnen ist: nämlich in die Sphäre sexueller Gewalt. Die Handlungen der Siebenjährigen werden denen Erwachsener unterschiedslos gleichgemacht. Eine Gleichsetzung findet darüber noch auf einer weiteren Ebene statt: Wenn eine erklärte linksliberale, übrigens nicht allein weiße, sondern auch jüdische Feministin im Grunde genauso schlimm ist wie ein erwachsener Mann (R. Kelly), der sexuelle Beziehungen zu minderjährigen Mädchen pflegt, werden sexuelle Übergriffe und Gewalt massiv relativiert. Abgesehen davon, dass es den Angreifer_innen vermutlich auch darum geht, speziell Dunhams Sprecherinnenposition als Aktivistin gegen sexuelle Gewalt gegen Frauen zu delegitimieren, verharmlosen die Angreifer_innen die sexuelle Gewalt, die seit einigen Monaten in den USA größere öffentliche Aufmerksamkeit bekommt – etwa durch das Projekt *Mattress Performance/ Carry that Weight* der Visual Arts Studentin Emma Sulkowicz an der Columbia University, die sich entschloss, so lange ihre Matratze mit sich über den Campus zu schleppen, wie ihr Kommilitone und Vergewaltiger trotz ihrer Anzeige noch das gleiche College besuchte (vgl. Frost, Guthrie & Cunnane, 2014). Dunham wird somit in unmittelbare Nähe zu Personen wie Roman Polanski, Woody Allen, Klaus Kinski oder Bill Cosby gerückt, an deren sexuellen Übergriffen in den vergangenen Jahrzehnten strukturelle, vergeschlechtlichte Gewalt problematisiert wurde. Diese Verharmlosung sexueller Gewalt verkleidet sich demnach perfiderweise als besondere Sensibilität gegenüber sexuellen Gewaltverhältnissen.

Wie unterschiedlich auch die Agenda der rechten und linken Kritiker_innen in diesem Fall ist, so ist ihnen doch gemein, dass sie die medial leicht in Aufmerksamkeit zu übersetzende Irritation über kindliche Sexualität nutzen, um ihrer eigenen Agenda zu folgen. Dabei ist es einigermaßen irrelevant, ob diese Dynamik intendiert oder ihnen überhaupt bewusst ist. Ich halte es aber für bedeutsam und auch typisch in diesem Konflikt, dass die Abstraktion von ihrem spezifischen Gegenstand, der kindlichen Sexualität als *Bedeutungsinhalt* der Erzählung Dunhams, diese Erzählung für die Austragung von Problemen prädestiniert, die damit tatsächlich nichts zu tun haben. Dies ist als strukturelles Problem der Asymmetrie des Generationenverhältnisses zu begreifen: Der Gegenstand kindlicher Lust irritiert *strukturell* so sehr das erwachsene Sexualitätsverständnis, dass diese Irritation besonders gut produktiv gemacht werden kann für den abstrahierenden Transport dieser Irritation auf andere Konfliktlagen. Zu verstehen ist die strukturelle Irritation als Ergebnis der qualitativen Differenz des Erlebens kindlicher und erwachsener Sexualität – wenn auch die kindliche, genuin polymorph-perverse Sexualität im Verlaufe der Biografie lediglich überschrieben und in bestimmte Richtungen vereindeutigt wird. Holger Eich sucht das Konzept der Freud'schen Zweizeitigkeit der Sexualentwicklung verständlich zu machen, indem er von einem »Gesamtkomplex Sexualität« (Eich, 2005, S. 170) als einem lebensgeschichtlich angeeigneten Assoziations- und Erfahrungskomplex von Erwachsenen spricht. Dieser sei bei Kindern allenfalls assoziativ, nicht aber kausal miteinander verknüpft. Die Verkennung dieser Differenz produziert erwachsene Wahrnehmungen lustvoller Selbstbetätigung von Kindern, die diverse Dimensionen ihres Körpers erfahren und lustbringende Situationen durch wiederholte Manipulation herstellen, als vage Bedrohung. Bedrohlich wirkt hier wohl die vage Erinnerung an die eigene kindliche Sexualität: Gerade als unbewusst gewordener Kern des sexuellen Erlebens enthält die »Kindlichkeit der erwachsenen Sexualität« (Safouan, 1997, S. 154) das Potenzial zur nachträglich wirksamen Verstörung.

Obwohl die Vorwürfe gegen Dunham in der deutschen Presse wie auch in großen Teilen der US-amerikanischen Medien abgesichert durch Statements von Sexualpädagog_innen, Therapeut_innen oder Sexualforscher_innen eher amüsiert bis kopfschüttelnd als Angriffe rechter Spinner zur Kenntnis genommen wurden, ist die Dynamik des Reizobjekts *kindliche Sexualität* der deutschen Öffentlichkeit sehr vertraut. Was vom deutschen Feuilleton bei den US-amerikanischen Nachbar_innen mit großer Lust als »antifeministisch« (*Die Welt*) erkannt und als »absurd« (*Die Süddeutsche*) oder »abstrus« (*Der Stern*) identifiziert wird, ereignet sich direkt vor der Haustür in ganz anderer Besetzung: Denn um entdramatisierende und differenzierende Positionen von Sexualpädagog_innen tobt seit dem Frühjahr 2014 ein erbitterter Kampf. Christian Webers Verunglimpfung der *Sexualpädagogik der Vielfalt* in dem für die Debatte initialen Kommentar in der *Süddeutschen Zeitung* als »fahrlässige Pseudo-Aufklärung« klingt im Hinblick auf die darauf folgende Debatte noch geradezu freundlich. Das hämische Zitieren ohne auch nur einen einzigen Blick in die Einleitung des Bandes zu werfen und sich zu bemühen, die pädagogische Intention der Materialsammlung nachzuvollziehen, hat hier in erster Linie eine Funktion: die um komplizierte Konstellationen – von kindlicher Neugier über gesellschaftliche Normierungen des Sexuellen bis zu den Schwierigkeiten des Sprechens mit Kindern und Jugendlichen über ihr sexuelles Halbwissen – wissende Sexualpädagogik in direkter Nähe zur sexuellen Gewalt gegen Kinder zu platzieren. In diesem Geiste marschiert die sich selbst als Initiative *Besorgter Eltern* charakterisierende Allianz ressentimentverliebter Streiter für den Mythos von der permanent gefährdeten, asexuellen Unschuld der Kinder in den letzten Monaten durch die ein oder andere bundesdeutsche Großstadt und versorgt blondbezopfte Kinder großzügig mit Schildern und Parolen wie: »Ich brauche Liebe, keinen Sex!« Dabei fordern sie inbrünstig: »Lasst die Kinder Kinder sein!« »Keine Zwangssexualisierung«, »Finger weg von unseren Kindern!«, und wissen ganz genau Bescheid: »Aufklärung mit sieben – das ist übertrieben!« und »obligatorische Sexualerziehung öffnet Pädophilen die Tür!« Dass die Materialsammlung auf der Grundlage der Berufserfahrungen von Sexualpädagog_innen basiert, die für den Band eben gerade nicht obligatorisch zu begreifende pädagogische *Angebote* sammelten, die sich aus konkreten Fragen von Kindern und Jugendlichen ergeben haben (vgl. Tuider,

Müller & Timmermanns, 2012, S. 7; S. 234), interessiert die geifernden, selbsterklärten ›Kinderschützer‹ freilich nicht die Bohne. Die eine der drei Herausgeber_innen, Elisabeth Tuider, wurde in der Folge des Aufruhrs mit Mord- und Vergewaltigungsdrohungen verfolgt, was Teil einer beängstigenden aktuellen Entwicklung zu sein scheint, willkürlich über Personen herzufallen, die öffentlich die heterosexuelle Geschlechterordnung infrage stellen.

Ohne diesem Wahnsinn zu viel Bedeutung beizumessen, muss aber festgestellt werden, dass es hier auch die Irritation über kindliche Sexualität und (früh)pubertäre Neugier ist, die sich in der Empörung der *besorgten Eltern* so gut mobilisieren lässt. Dass sich Kinder von alleine für sexuelle Themen interessierten könnten, von denen ihr Leben schließlich von Anfang an durchzogen ist, wird als absurd verworfen – hier kann offensichtlich auch die noch so verständlich formulierte Erläuterung in die *Sexualpädagogik der Vielfalt* nicht helfen, dass die Methoden auf der Grundlage von Kinderfragen entwickelt wurden, und dass die Aufklärung immer solchen konkreten Fragen folgen soll, anstatt sie irgendwelchen Kinder curricular unter die Nase zu reiben. Auf dieser Basis kann die Irritation über die kindliche Sexualität erfolgreich auf ein anderes Konfliktfeld übertragen werden. Die zunächst lediglich naiv klingende Forderung von »Liebe statt Sex« hilft über den Export der Irritation schablonenhaft das im Grunde LGBT*feindliche Anliegen artikulieren, die lieben Kinderlein bloß nicht mit dieser ›perversen Sexualpraxis‹ zu konfrontieren.

Notwendig sind angesichts solcher Verhältnisse Sexualtheorien, die über ein hohes Differenzierungsvermögen verfügen – und zwar sowohl bezüglich Interventionen in sexualpolitische Diskurse wie auch hinsichtlich der pädagogischen Praxis. Eignen sich Diskursanalysen Foucault'scher Prägung hervorragend dafür, die Produktivmachung des Sexuellen bis in leiblich wie institutionell sedimentierte Manifestationen hinein in seiner Diskurshaftigkeit deutlich zu machen, stoßen sie jedoch erkenntnistheoretisch an eine Grenze, wenn es um die Vermittlung der analysierten Praktiken mit konkreten Bedeutungsgehalten sexuellen Erlebens geht. Diese Grenze seines Sexualitätsbegriffs führt Foucault selbst in einer Diskussion der französischen Strafrechtsreform vor: Hier beharrt er darauf, dass die Sexualität niemals »in den Geltungsbereich eines wie auch immer beschaffenen Gesetzes gehört« (Faye et al., 1979, S. 80), und folgert daraus, dass an Vergewaltigungen lediglich die physische Gewalt bestraft werden könne. Diese Auffassung klingt nach in der heute üblichen Rede von ›sexualisierter Gewalt‹ anstelle von ›sexueller Gewalt‹ – als bediene sich die Gewalt lediglich der Sexualität als einem Medium, das prinzipiell austauschbar wäre (vgl. kritisch dazu: Pohl 2004, S. 508–516). Foucault erläutert dazu schlicht: »Man muß sagen, daß es nichts mehr und nichts anderes ist als ein Angriff: ob Faust ins Gesicht oder Penis ins Geschlecht, das macht keinen Unterschied« (Faye, et al., 1979, S. 80). Wenngleich dieses Problem weiterer Untersuchung bedarf, zeichnet sich hier ein Problem bezüglich der Verschränkung von Praktiken und Bedeutungen, von Diskurs und Inhalten sexuellen Erlebens ab. Das oben diskutierte Problem, dass der Inhalt (kindlichen) sexuellen Erlebens in den sexualpolitischen Diskursen gerade dort aus dem Blick gerät, wo die Anerkennung qualitativer Unterschiede besonders wichtig wäre, kann aus einer psychoanalytisch-sozialpsychologischen Perspektive, wie ich sie in den Ausführungen oben vorgeschlagen habe, theoretisch genauer in den Blick genommen werden.

Für die (sexual)pädagogische Praxis ist es angesichts der aktuellen sexualpolitisch aufgeheizten Situation unabdingbar, dass es erstens eine differenzierte Sprache geben muss, in welcher Sexuelles wie auch Sexualität als etwas Lustvolles *mit* Kindern besprochen, und auch im pädagogischen Diskurs *über* Kinder in Worte gefasst werden kann. Erst wenn das sexuelle Moment kindlichen (Er)Lebens anerkannt wird, müssen sexuelle Äußerungen von Kindern nicht sofort als Indikatoren von Gefahr interpretiert werden. Eben diese Differenziertheit in der Wahrnehmung sexueller Äußerungen von Kindern ist nun aber die Bedingung der Erkenntnis von denjenigen kindlichen (sexuellen) Äußerungen, die von sexueller Gewalt zeugen. In der pädagogischen Praxis plädiere ich somit zweitens dafür, dass in pädagogischen Institutionen Raum geschaffen werden muss, um (sexuell) irritierende Szenen zu analysieren; und zu den Ermöglichungsbedingungen solcher Räume gehört wiederum eine sexuell sensible Sprache. Dies jedoch scheint mir die einzige Möglichkeit, sexuelle Gewalterfahrungen von Kindern von ihrer sexuellen Bedürftigkeit, Verletzlichkeit und der kindlichen sexuellen Neugier und Äußerungen kindlicher Lust zu unterscheiden.

Literatur

Albers Ben Chamo, S. (2014). Lena Dunham wehrt sich gegen Missbrauchsvorwurf. http://www.stern.de/lifestyle/leute/girls-star-lena-dunham-wird-opfer-von-schmutzkampagne-2150873.html (14.02.2014)

Bradford, T. (2014). Lena Dunham describes sexually abusing her little sister. »... anything a sexual predator might do to woo a small suburban girl I was trying.« http://www.truthrevolt.org/news/lena-dunham-describes-sexually-abusing-her-toddler-sister (14.02.2015).

Duke, V. (2014). Lena Dunham and White Feminism: This is Why We Can't Have Nice Things. http://theflounce.com/lena-dunham-white-feminism-cant-nice-things/ (14.02.2015)

Dunham, L. (2014). *Not that Kind of Girl. A young woman tells you what she's »learned«.* New York: Random House.

Eich, H. (2005). Es geht kein Weg zurück. Wie der Diskurs über sexuellen Missbrauch zur Verdrängung der kindlichen Sexualität beiträgt. In B. Burian-Langegger (Hrsg.), *Doktorspiele. Die Sexualität des Kindes* (S. 167–192). Wien: Picus.

Faye, J.P., Foucault, M., Cooper, D., Zecca, M. & Faye, M.-O. (1979). Einsperrung, Psychiatrie, Gefängnis. Ein Gespräch zwischen Jean Pierre Faye, Michel Foucault, David Cooper, Marine Zecca und Marie-Odile Faye. In Cooper, D., Foucault, M., Marquis de Sade u.a., *Der eingekreiste Wahnsinn.* Frankfurt a.M.: Suhrkamp.

Freud, S. (1905). Drei Abhandlungen zur Sexualtheorie. In ders., *GW V* (S. 27—145).

Frost, S., Guthrie, B. & Cunnane, M. (2014). Emma Sulkowicz, CC'15, to mix performance art, sexual assault protest. http://columbiaspectator.com/multimedia/2014/09/02/emma-sulkowicz-cc-15-mix-performance-art-sexual-assault-protest (14.02.2015)

Hopper, J. (2013). Read the »Stomach-Churning« Sexual Assault Accusations Against R. Kelly in Full. http://blogs.villagevoice.com/music/2013/12/read_the_stomac.php (14.02.2015)

Pohl, R. (2004). *Feindbild Frau. Männliche Sexualität, Gewalt und die Abwehr des Weiblichen.* Hannover: Offizin-Verlag.

Rothhaas, J. (2014). Finger weg da. Missbrauchsvorwürfe gegen Lena Dunham. http://www.sueddeutsche.de/panorama/missbrauchsvorwuerfe-gegen-lena-dunham-finger-weg-da-1.2206535 (14.02.2014)

Safouan, M. (1997). *Die Übertragung und das Begehren des Analytikers* (Aus dem Französischen übers. und hrsg. von Gerd Schnedermann), Würzburg: Königshausen und Neumann.

Tuider, E., Müller, M. & Timermanns, S. (2012). *Sexualpädagogik der Vielfalt. Praxismethoden zu Identitäten, Beziehungen, Körper und Prävention für Schule und Jugendarbeit.* Weinheim, Beltz Juventa.

Waak, A. (2014). Die konservative Blogosphäre schlägt zurück. http://www.welt.de/kultur/article134073182/Die-konservative-Blogosphaere-schlaegt-zurueck.html (14.02.2014)

Weber, C. (2014). Was sie noch nie über Sex wissen wollten. *Süddeutsche Zeitung,* Donnerstag, den 24.04.2014, S. 9.

Williamson, K.D. (2014). Pathetic Privilege. http://www.nationalreview.com/article/391348/pathetic-privilege-kevin-d-williamson/page/0/1 (14.02.2015).

Die Autorin

Julia König, Dr. des., ist wissenschaftliche Mitarbeiterin am Institut für Sozialpädagogik und Erwachsenenbildung der Goethe-Universität Frankfurt und promoviertem mit einer historisch systematischen Studie über das Verhältnis von Kindheit, Sexualität und kindliche Sexualität. Aktuell arbeitet sie an einer empirischen Studie über kindliche Sexualität. Zusammen mit Sabine Seichter ist sie Herausgeberin von Menschenrechte. Demokratie. Geschichte. Transdisziplinäre Herausforderungen an die Pädagogik. Weinheim: Beltz, 2013.

Kontakt: j.koenig@em.uni-frankfurt.de

Unfreie Assoziationen
Mythos und Alltag

Simon E. Arnold und Tom D. Uhlig

Der verkehrte Held

Es bleibt heutzutage wirklich wenig Zeit einen klaren Gedanken zu fassen. Umso heftiger überfallen einen manchmal diejenigen Momente, durch äußerlich aufgezwungenes Warten beispielsweise, in denen man ganz unschuldig den Blick schweifen lässt. Von Bahnsteig zu Bahnsteig etwa. Wie das Bahnfahren zum Ausgangspunkt von Erkenntnis zu machen ist, erfuhr man schon bei Kracauer sehr gut.[1] Neulich also, auf den Zug wartend.

»Mut ist da hin zu gehen, wo andere fliehen.« So wirbt das christliche Hilfswerk Misereor seit einiger Zeit in den Bahnhofshallen für seine Unterstützungsarbeit in Afrika. Dass man aber eher *vor* etwas flieht, als *von* etwas, bleibt unbeleuchtet. Diese sprachliche Unebenheit zeigt eigentlich schon an, dass die konkreten gesellschaftlichen Verhältnisse vergessen sind. Da hatte Henryk M. Broder ausnahmsweise mal Recht, der die Misereor-Kampagne mit dem Kommentar versah, sie werbe wohl für Urlaub in Krisengebieten. Mit Nervenkitzelgarantie, möchte man hinzufügen. Interrail in Europa war gestern, *work and travel* in Afrika ist das neue Credo ganzer Schuljahrgänge.

Was heute alles als mutig und heldenhaft firmiert, mag man sich gar nicht vorstellen. Hingehen und standhaft bleiben sei das Bewundernswerte – egal wie, wann oder wo. Das mache unsere Heldinnen und Helden »vor Ort« aus. Interessant wird es, sich dies zum Anlass zu nehmen, um sich ein wenig in der jahrtausendealten Geschichte des Heldentums umzublicken. Man wird nicht umhin können einige Grundrisse zu erkennen, auf denen diese neuen Gedankengebäude nur schwer ihren Halt finden.

Odysseus, der Listenreiche diente seit jeher als Beispiel eines mustergültigen Helden. Für Horkheimer und Adorno erwies er sich als das Urbild des bürgerlichen Individuums (vgl. Horkheimer & Adorno, 1969). Was man von Odysseus lernen kann, ist doch, dass er zwar dem Tod ins Auge sehend seine Abenteuer durchstand, aber schlau genug war, nicht immer den offenen Kampf, sondern zeitweise das Weite zu suchen. Er wurde zum Helden nicht durch den vermeintlich heldenhaften Tod, sondern durch seine Negation des Todes, sein Entwischen, sein Überleben und sein Erzählenkönnen. Er war der »wissende Überlebende«. Unter widrigen Verhältnissen ist nicht der Kampf, sondern die Flucht der letzte Akt des Individuums. Wer die Bahnabteile kennt, versteht das auf Anhieb.

Wo wir schon mal bei den falschen HeldInnen sind: Dass etwas an der Welt nicht stimmt, merkt man immer wieder an so einfachen Wahrheiten, wie der, dass es doch durchaus seltsam ist, wie Leute als heldenhaft gefeiert – sogar als Heilige verehrt werden, die nichts weiter getan haben, als Andere möglichst grauenhaft abzuschlachten. Setzen wir noch eins drauf: Es liegt dem schalen Witz, dass auch ein Attentäter, den Spruch auf den Lippen tragen könnte, den sich Misereor auf die Fahnen schreibt, vielleicht ein Funken Wahrheit zu Grunde, dem es gilt auf die Spur zu kommen. Denn der Märtyrer ist der neue Held. Zumindest für zu viele.

Der Märtyrer kommt zwar etymologisch aus dem Griechischen, beschreibt darin den Zeugen und rückt ihn damit in die Nähe von Odysseus. Ideologisch macht der Begriff sich auf den Weg zu sich selbst aber erst im Christentum. Dort wurde dieser als Blutzeuge für diejenigen gebräuchlich, die ihr Bekenntnis – im Nacheifern des Gottessohns – nicht durch das bloße Wort, sondern durch ihren Tod leisteten. Wo wir wieder bei Misereor wären. Während allerdings das Martyrium in der Bereitschaft bestand, das eigene Leben zu opfern, um dem Glauben die Treue zu halten, war die Gewalt quasi externalisiert. Man gab sich ihr hin. So wenig das einzelne Leben im Christentum auch wert war, so reichte doch dessen Aufgabe als Ausweis von Frömmigkeit.

Ach ja, aber was ist nun mit dem Attentat? Die Syrien-HeimkehrerInnen haben ja eigentlich auch nur *work and travel* gemacht. Und wollen jetzt zu Hause die Welt verändern. Ok, genug. Der Schahid hat im Islam eine ähnliche Bedeutungsverschiebung vollzogen wie der Märtyrer. Er war von Beginn an aber weniger ein passiver, sich ergebender Gläubiger, als ein gefallener Kämpfer. Als Schlachtfeldmärtyrer kommt der Begriff so schließlich ganz bei sich an, er zeigt sich heute im Attentat. Dass bestimmte Postmoderne das *suicide bombing* als neues *queer* feiern, ist mehr der Ausdruck ihrer eigenen Todessehnsucht als eine vernünftige Genealogie.[2] Mit ihrer Geschichte wirken die Märtyrer ziemlich gesellschaftsfähig und ein Platz in der Ruhmeshalle der Gotteskrieger ist ihnen auch sicher.

Gut, vielleicht etwas vorschnell. Attentat und Martyrium fallen natürlich nicht in eins. Beim Attentat reicht der eigene Tod nicht, die Tötung schafft den Mehrwert. Der Glaube treibt an, die Ehre führt in den Tod, ihr Ruhm ist die Leichenzahl. Der eigene Tod wird dabei nicht billigend in Kauf genommen, von Anstrengungen ihm zu trotzen ganz zu schweigen, der Tod des falschen Helden ist die Bedingung seiner Existenz. Er ist mit ihm in Liebe verbunden. Freud verglich die Selbstaufopferung einmal mit der

Verliebtheit, und beschrieb wie, als deren Vorbedingung, das Ich durch das Objekt aufgezehrt werde. In dieser Liebesverblendung werde man reuelos zum Verbrecher, so Freud (1921). Der Märtyrer ist die leere Patronenhülse; von seinem Ich ist nicht mehr übrig als sein Tod.

Solche Gedanken macht man sich, wenn man auf den Zug wartet? Zum Glück ist das ja ein absehbares Unterfangen. Gut, ein Letztes noch, was man von Odysseus nach der Blendung des Einäugigen lernen kann: Seinen Namen – *je suis Charlie* – sollte man erst ganz am Ende nennen.

Simon E. Arnold

Der neue Houellebecq

In den Schaufenstern und Auslagen der Bahnhofsbuchhandlungen hat der neue Houellebecq »Unterwerfung« sein Habitat neben FOCUS und SPIEGEL gefunden. Seine räumliche Trennung von anderer Belletristik weist die stöbernden, zielstrebigen, gehetzten oder gelangweilten Reisenden darauf hin, dass es sich hierbei nicht *nur* um einen Roman, sondern um eine Nachricht handelt, die zur Kenntnis nehmen muss, wer politisch auf der Höhe sein will. Das Buch ist ein Indizienbeweis im Prozess gegen die Attentäter von Paris. Aufschluss soll es geben über die Motivation des Massakers und über eine etwaige Teilschuld der westlichen Welt. Hat der Autor das Verbrechen leichtsinnig provoziert? Beschwor er nicht geradezu den Kulturkampf herauf, von dem in seinen Büchern unablässig die Rede ist? Oder ist sein hässlicher, in Mitleidenschaft gezogener Körper, der just vor dem Ereignis das irische Exil aufgab und nach Paris zurückkehrte, ein Signum des Kampfes aufgeklärter Werte und künstlerischer Freiheit gegen eine totalitäre Ideologie? Der Fatwa- und Steuerflüchtige also ein Märtyrer der freien Welt? *Je suis Houellebecq?*

Die buchgewordene Nachricht wird einer scharfen Lektüre unterzogen, gerecht gegen den Autor, gerecht gegen seine Ankläger und vor allem gerecht mit sich selbst. Zu diesem Zwecke muss zunächst die Unschuldsvermutung gegenüber dem Autor suspendiert werden. Da Gefahr im Verzug ist, gilt die Beweislastumkehr. Außerdem soll der Prozess, den zu führen man sich vorgenommen hat, offen im Ausgang sein, unvoreingenommen vom eigenen Standpunkt, der den Blick trüben könnten. Hart will man vorgehen, auch gegen den eigenen sogenannten Kulturkreis, weshalb es nur redlich ist, zunächst eine ihm fremde Position einzunehmen. Gibt es eine Mitschuld, so werde man sie schonungslos entlarven.

Alsbald müssen die beflissenen Leser dann urteilen, dass der Autor unschuldig ist. Wusste man doch spätestens seit dem Deutsch-Leistungskurs und nicht erst seit dem Proseminar in Komparatistik um die Differenz zwischen Erzählenden und Erzähltem: Das im Roman Gesagte ist dem Autoren nicht zu Lasten zu legen. Was auch immer man zu finden hoffte, es war nicht da. Der Horror von Paris bleibt unerklärt, der Wahnsinn der Mörder im Dunkeln. Dem Skandal entkleidet, bleibt vom einstmaligen corpus delicti in Massenauflage nicht mehr viel. Bereits werden erste literaturkritische Stimmen laut, die dem Buch bescheinigen, einfach *nur* depressiv zu sein. Das traurige Machwerk eines traurigen Autors sei ungeeignet, das Tagesgeschehen zu kommentieren, zudem übervoll kulturpessimistischer, sozialchauvinistischer und patriarchaler Vorstellungen. *Etwas über den Islam* hingegen, finde man nur wenig darin. Stattdessen Wehmut nach einer zurecht untergegangenen Gesellschaftsform, nach der Einfachheit der *Unterwerfung der Frau unter den Manne und des Mannes unter Gott.*

Mit dem Zeitkern der Nachricht zerfällt die Bedeutung des Romans. Der Zerfall seines Mehrwerts – dem, was ihn mehr wert sein lässt als einen Roman, seine Skandalträchtigkeit – reißt ihn mit, bis er auf nichts mehr verweisen kann, außer auf seine Antiquiertheit. Es ist das ihm beschiedene Schicksal, nicht mehr gleichauf mit der Literatur behandelt zu werden, neben welcher er in Millionen Haushalten noch seinen Platz finden darf. Einmal in Gesellschaft der Nachrichtenmagazine gewesen, ist er dieser nicht mehr zu entreißen. Selbst wenn dort bereits das nächste Massaker diskutiert wird, darf er, außer in einigen Abschlussarbeiten Literaturstudierender, keine Lesenden mehr finden. Die einmalige Gleichzeitigkeit mit dem Tagesgeschehen – gab es sie überhaupt? – macht ihn zu einem Roman, den man nicht mehr lesen kann.

Wird die Nachricht abgekratzt, kratzt der ganze Inhalt ab, und der Rest wird so irrelevant wie dieser Text es wird.

Tom D. Uhlig

Anmerkungen

1   Das kann man z. B. in seiner schönen Angestellten-Studie nachlesen, in der er das Gespräch während einer Bahnfahrt zum Ausgangspunkt macht (Kracauer, 1930, S. 10ff.).

2   Hier soll die falsche theoretische Vereinnahmung der *queer*-Bewegung, die in sich ein Moment der Lebensbejahung bewahrte, kritisiert werden. Vgl. z. B. Puar 2007.

Literatur

Freud, S. (1921). *Massenpsychologie und Ich-Analyse*. Wien: Internationaler Psychoanalytischer Verlag.

Horkheimer, M. & Adorno, T.W. (1969). *Dialektik der Aufklärung. Philosophische Fragmente*. Frankfurt a.M.: Fischer.

Kracauer, S. (1930). *Die Angestellten. Aus dem neuesten Deutschland*. Frankfurt a.M.: Frankfurter Societäts-Druckerei.

Puar, J.K. (2007). *Terrorist Assemblages: Homonationalism in Queer Times*. Durham: Duke Press.

Die Autoren

Simon E. Arnold, Jg. 1986, studierte Psychologie, Philosophie, Literaturwissenschaft und Kunstgeschichte in Konstanz, Paris und Beer Sheva. Er war in verschiedenen politischen Zusammenhängen aktiv. Derzeit wohnt er in Frankfurt am Main und arbeitet am Sigmund-Freud-Institut an seiner Diplomarbeit über die Geschichte der Brandstiftung.
Kontakt: simon.arnold@gmx.net

Tom D. Uhlig studiert in Frankfurt und ist Mitbegründer des *AK kritische Psychologie Frankfurt*, Mitglied der *Gesellschaft für psychoanalytische Sozialpsychologie* und der *Forschungswerkstatt Tiefenhermeneutik*. Derzeit arbeitet er an der Herausgabe der Sammelbände *Die Unberechenbarkeit des Subjekts. Beiträge zum Verhältnis kritischer Psychologien und qualitativer Forschung* (Argument Verlag) und *Elemente des Antisemitismus* (Arbeitstitel, VS Verlag).
Kontakt: tom.d.uhlig@gmail.com

Rezension

Sonja Buckel (2013). »Welcome to Europe« – Die Grenzen des europäischen Migrationsrechts. Juridische Auseinandersetzungen um das »Staatsprojekt Europa«. Bielefeld: transcript.

Während über den Bau eines Grenzzauns an der ungarischen Grenze zu Serbien versucht wird, auf sich kontinuierlich verändernde Reiserouten von Illegalisierten zu reagieren, berät die EU-Kommission über Visaerleichterungen für Menschen mit peruanischen und georgischen Pässen. Während in der Bundesrepublik Deutschland zum einen Debatten über die Verhinderung von »Armutszuwanderung« geführt werden, wird die Aufenthaltserleichterung für junge Migrant*innen in Ausbildung diskutiert. Gleichzeitig stellen aktivistische Netzwerke von Refugees und Unterstützer*innen immer wieder grundsätzlich das Denken in nationalstaatlichen Containern infrage. Die Parallelität solcher Prozesse ist es, die Sonja Buckel mit »Welcome to Europe« zu verorten vermag, wenn sie schreibt: »Die Freiheit, die das Grenzregime über die Kontrolle, Filterung und Festsetzung der Nicht-Bevölkerung konstituiert, ist die Bewegungsfreiheit der europäischen Bevölkerung« (S. 47).

Sie betrachtet die europäische Staatswerdung anhand juridischer Kämpfe um Hegemonie im Bereich der Europäisierung der Migrationspolitik. Durch die Konstruktion von Territorium und staatsbürgerlichen Rechten steht dieses Politikfeld für Buckel beispielgebend für die Dynamiken des Staatsprojekts Europa. Um ihre Perspektive zu vertreten, wählt Buckel zwei Fallstudien – die Entstehung transnationaler sozialer Rechte für Unionsbürger*innen sowie die Verrechtlichung der Seegrenzen. Diese Prozesse zusammendenkend, vertritt Buckel die These, dass der Prozess des *Re-Bordering* die Aufrüstung der Außengrenzen mit der Schaffung einer barrierefreien Mobilität im Inneren kombiniert (S. 14). Das geschaffene Innen ist dabei für die privilegierte Gruppe von Unionsbürger*innen geprägt von Sicherheit, Freiheit und Recht und grenzt sich ab von einem Außen der Unsicherheit, Immobilität und Entrechtung (S. 59).

Die Professorin für Politische Theorie an der Universität Kassel bestätigt die Vereinbarkeit materialistischer Staatstheorie mit Foucaults Governmentalitätsanalyse, um mit letzterer Regierungspraktiken auf der Ebene von Migrationskontrollpolitiken zu verdeutlichen (S. 44). Wie Rechtsprechung ist auch Wissensproduktion für die Autorin verwoben in Kämpfe um

Hegemonie, weswegen sie die Diskursanalyse ihrer Fallstudien um hegemonietheoretische Überlegungen erweitert.

Nachdem Buckel im ersten Teil des Buches theoretische Reflexionen über Hegemonie, Recht und Staat zusammenbringt, stellt sie die Herausbildung einer europäischen Migrationskontrolle und das sich darin manifestierende »neoliberale Sicherheitsdispositiv des Migrationsmanagements« (S. 53) dar. Weiterhin erläutert sie ihre empirische Herangehensweise und skizziert die zwei Fallstudien, deren Analysen abschließend zusammengeführt werden.

Die Autorin versteht Staat als soziales Verhältnis gesellschaftlicher Kräfte, in dessen Apparate sich Akteure gemäß ihrer Ressourcen einschreiben. Basierend auf Gramscis Verständnis von Hegemonie führt Buckel den Begriff des Hegemonieprojekts ein und zeigt damit die Bündelung von Strategien verschiedener Akteure gleicher Rationalitäten auf, deren Ziel darin besteht, ihre Partikularinteressen in Allgemeininteressen zu transformieren. Fünf verschiedene Hegemonieprojekte finden sich laut Buckel aktuell in der Auseinandersetzung um die Gestaltung der Europäischen Integration – das neoliberale, das proeuropäische und national-soziale, das konservative und linksliberal-alternative (dazu ausführlicher: Forschungsgruppe »Staatsprojekt Europa«, 2014).

Im zweiten Teil widmet sich Buckel besonders dem Außen, welches durch den nach Innen konstituierten »Raum der Freiheit, der Sicherheit und des Rechts« (S. 49) entsteht. Die »imperiale Lebensweise« Europas, welche sich durch hegemoniale Produktions-, Konsum- und Verteilungsweisen kennzeichnet, kann aus Buckels Perspektive über eine strikte Migrationskontrolle aufrecht erhalten werden (S. 52). Im Kontext aktueller globaler Arbeitsteilung, in welcher sich postkoloniale Kontinuitäten materieller und repräsentativer Ausbeutung manifestieren, versteht die Autorin Migrationskontrolle als notwendige Verschleierung der Verwobenheit von Nord und Süd.

Buckel identifiziert eine gegenwärtige Regierungspraxis, welche das Bekämpfen illegalisierter Migration mit der Durchlässigkeit der Grenzen für ökonomisch nützliche Migrant*innen kombiniert (S. 55). Die sich darin widerspiegelnde Rationalität des neoliberalen Hegemonieprojekts öffnet Arbeitsmärkte für sogenannte Hochqualifizierte und nutzt gleichzeitig die Prekarität Illegalisierter aus.

An ihre theoretische Auseinandersetzung anschließend, diskutiert die Autorin die beiden Fallstudien. In der ersten ist die Begründung der Unionsbürger*innenschaft der Ausgangspunkt. Während soziale Rechte zunächst nur im Kontext von Freizügigkeit im Binnenmarkt verhandelt wurden, wurde die Bindung von sozialen Rechten an Erwerbstätigkeit nach 1992 schrittweise bis zur Implementierung der Richtlinien für Freizügigkeit und Unionsbürger*innenschaft 2004 aufgebrochen (S. 90ff.). Der Ansatz der Autorin ist hier, die Genealogie des Rechtsdiskurses durch die Analyse einschlägiger Urteile nachzuvollziehen und dabei Brüche und Zugeständnisse von Akteur*innen und Bedeutungsverschiebungen von Rechtsfiguren als zentrale Dynamiken des Kampfes um Hegemonie im Rechtssystem aufzuzeigen. Der Effekt der Verhandlungen war aus Buckels Sicht die Entstehung der hegemonialen Idee einer europäisch-sozialen Union mit einer uneingeschränkt mobilen Bevölkerung (S. 166f.).

Im Kontrast dazu wird die zweite Fallstudie zur Konstruktion der Außengrenzen im Süden Europas gesetzt. Um den Kontext der Studie zu verdeutlichen, zieht Buckel die wegweisende spanische Umsetzung des Migrationsmanagements als Beispiel heran. Hier wird deutlich, wie (potenzielle) Migrant*innen von ihrer Einreise in den Schengen-Raum bzw. unter asymmetrischer Einbeziehung afrikanischer Staaten bereits von ihrer Ausreise aus den jeweiligen Territorien abgehalten werden.

Für die Fallstudie verwendet Buckel zwei zentrale Fälle – *Marine I* und *Hirsi vs. Italy*. Im Fall von *Marine I*, einem der bekanntesten Skandale in der europäischen Migrationskontrollpolitik, vermochte sich die spanische Regierung vor den Verwaltungsgerichten mit ihrer Interpretation der Hergänge als humanitäre Operation durchsetzen. Erst mit der Prüfung der exterritorialen Geltung der UN-Antifolterkonvention vor dem UN-Ausschuss gegen Folter und der Unterstützung proeuropäisch-sozialer und linksliberal-alternativer Akteure konnten sich diskursive Verschiebungen ergeben.

Da Spaniens Vorgehen wegbereitend war, betrachtet Buckel in der zweiten Fallstudie den Prozess *Hirsi vs. Italy*, in der eine publik gewordene italienische Push-Back-Operation zum Gegenstand der Anklage gegen Italien wurde (vgl. dazu Pichl und Vester im vorliegenden Heft). Dass der Europäische Gerichtshof für Menschenrechte in diesem Fall den Schutz vor rechtsfreien Räumen stärkte, manifestiert für Buckel eine wesentliche diskursive Veränderung (S. 327).

Insgesamt entsteht ein europäisches Staatsapparate-Ensemble im Bereich der Migrationskontrolle unter asymmetrischer Einbindung nord- und westafrikanischer staatlicher Akteure. Die Fallstudien zeigen die Suchprozesse nach einem kohärenten europäischen Staatsprojekt in einem wesentlichen Element – Zugehörigkeit – über die Schaffung einer europäischen sozialen Union für Unionsbürger*innen bei gleichzeitiger Konstruktion einer ausgeschlossenen Nicht-Bevölkerung.

Das Buch kann als wichtiger Beitrag zur kritischen Untersuchung hegemonialer Auseinandersetzungen im Bereich des Rechts betrachtet werden.

Buckels transdisziplinäre Herangehensweise vereint überzeugend materialistische Staatstheorie, Foucaults Gouvernementalitätsanalyse sowie eine hegemonietheoretisch inspirierte Diskursanalyse des Rechts. Insofern kann Buckels Werk inspirierend für weitere empirische Untersuchungen zu Kämpfen um Hegemonie wirken.

Im Kontext des Untersuchungsgegenstandes – die Herausbildung europäischer Staatlichkeit – ist das Nicht-Einbeziehen migrantischer Perspektiven seitens der Autorin nachvollziehbar. Zwar sind Rechtsfiguren veränderbar, aber von Illegalisierung Betroffene nicht in der Position, sich als rechtliche Subjekte gegen diskriminierende Rechtspraktiken wehren zu können. Weniger nachvollziehbar ist, dass Buckel nicht beleuchtet, dass es über unterschiedliche Rechte hinaus weitere Differenzlinien gibt, anhand derer zu analysieren wäre, welche Akteur*innen tatsächlich die »imperiale Lebensweise Europas« (S. 175) reproduzieren und verstetigen und welche davon ausgeschlossen sind.

Als Zielsetzung der Autorin lässt sich die Idee ausmachen, den Staatsbildungsprozess Europas darzulegen und den »genuin politischen Charakter von Recht« (S. 13) aufzuzeigen, um der Depolitisierung von juristischen Kämpfen, insbesondere im Bereich der Migrationspolitik, bestimmt entgegen zu treten.

»Welcome to Europe« ermöglicht dem Lesepublikum einen detaillierten Einblick in den Stand aktueller juridischer Debatten im Bereich europäischer Migrationspolitik. Darüber hinaus schafft es die Autorin anschaulich darzustellen, inwieweit der Zugang zu Rechten in Europa begrenzt ist und damit imperiale Kontinuitäten legitimiert werden. Wenn aktuell in der Bundesrepublik Deutschland wieder einmal durch beinahe alle parteipolitischen Lager hinweg diskutiert wird, an welcher gesetzlichen Schraube gedreht werden muss, um nur die für den Arbeitsmarkt verwertbaren Migrant*innen mit einem sicheren Aufenthaltsstatus zu versorgen ohne *die Anderen* zum Missbrauch zu verleiten, zeigt sich die Brisanz der wissenschaftlichen Analyse. Hier vermag die Lektüre, den Blick auf die Entstehung dieses Paradigmas zu schärfen und damit aufzuzeigen, dass die Debatten um Migration und Flucht auch unter anderen Vorzeichen geführt werden können und werden.

Josephine Brämer

Literatur

Forschungsgruppe »Staatsprojekt Europa« (2014). *Kämpfe um Migrationspolitik. Theorie, Methoden und Analysen kritischer Europaforschung.* Bielefeld: transcript.

Ein Bericht des Organisationsteams der GfpS

Was bisher geschah …

Die *Gesellschaft für psychoanalytische Sozialpsychologie (GfpS)* wurde im Frühjahr 2013 im Rahmen eines Vernetzungstreffens gegründet, zu dem verschiedene, im Bereich der psychoanalytisch orientierten Sozialwissenschaft verortete Arbeitskreise eingeladen hatten. Drei Ziele werden mit dieser Organisierung angestrebt: Erstens soll die *Gesellschaft* alle in diesem Feld Arbeitenden miteinander vernetzen und ein Raum für Diskussionen und auch Grundlagendebatten schaffen, zweitens soll wissenschaftspolitisch die psychoanalytische Sozialpsychologie gestärkt und ihre Erkenntnisse in der Öffentlichkeit sichtbarer gemacht werden, drittens soll über die GfpS auch ein Austausch und eine Vernetzung mit anderen kritischen Wissenschaftler_innen, aber auch Interessierten aus der psychosozialen, pädagogischen oder politischen Praxis angestrebt werden.

Auf der ersten Jahrestagung im Dezember 2013 wurde beschlossen, die *Gesellschaft für psychoanalytische Sozialpsychologie* als gemeinnützigen Verein anzumelden, um die Möglichkeit zu haben, z. B. über den Verein Forschungsanträge einzureichen, oder auch nur, um als rechtliche Institution ein Konto führen zu können. Mit der Vereinsgründung wurde die Organisationsgruppe der Tagung (Erica Augello, Markus Brunner, Jan Lohl, Katharina Meyer und Marco Roock) betraut. Auf der Tagung wurde auch eine Homepage (www.psasoz.org) vorgestellt, um deren Erstellung sich eine eigene Gruppe (Christine Kirchhoff, Jan Lohl, Marco Roock, Sebastian Winter und Julian Möhring) gekümmert hatte, und es wurde beschlossen, dass sich innerhalb der GfpS Arbeitsgemeinschaften (AGs) bilden oder schon bestehende Gruppen als AG eintragen können sollen, die eigenständig arbeiten, aber jederzeit auf den Jahrestagungen Workshops anbieten können und auf der Homepage sichtbar werden sollen. Dass jedes Jahr eine solche Jahrestagung stattfinden soll, auf der in möglichst offenen Formaten Diskussionen stattfinden können und eine Mitgliederversammlung abgehalten wird, wurde ebenfalls beschlossen. Mit der Organisation der zweiten Jahrestagung wurde eine dritte Gruppe (Lutz Eichler, Christine Kirchhof, Maja Köhnlein, Julia König, Marian Kratz, Chris Schwarz und Tom D. Uhlig) betraut.

Diese fand vom 5. und 6. Dezember 2014 in Frankfurt am Main statt. Im Rahmen der statt der Mitgliederversammlung veranstalteten Organisationssitzung wurde über die Fortschritte bei der Vereinsgründung, aber auch über sonstige Aktivitäten der GfpS berichtet und vieles diskutiert. Im Folgenden werden die Berichte, Diskussionen und Beschlüsse zusammengefasst.

Zu Struktur und Organisation des Vereins

Die Anmeldung des Vereins dauerte länger als erwartet. Das Organisationsteam stellte im Frühjahr 2014 auf dem Forum der Homepage einen Entwurf zur Vereinssatzung zur Diskussion, überarbeitete diesen danach noch einmal und schickte im Juli 2014 alle Unterlagen zum Registergericht Frankfurt, um den Verein in das Vereinsregister eintragen zu lassen. Nach langem Hin und Her mit einerseits Finanzamt, das den Nachweis über die Gemeinnützigkeit ausstellen musste und dafür noch eine Änderung der Satzung verlangte, und andererseits dem Registergericht, erhielten wir erst Mitte Februar 2015 den Bescheid, dass der Verein nun eingetragen sei.

Aufgrund dieser Verzögerungen wurde auf der Tagung beschlossen, die Vorstandswahlen bis zur ersten regulären Mitgliederversammlung zu vertagen und das bisherige Organisationsteam als Interimsvorstand bestätigt. Dieses wurde damit beauftragt, an den folgenden Aufgaben zu arbeiten: Abschluss der Vereinsgründung; Aufnahme und Bearbeitung von Mitgliedschaftsanträgen; Aufnahme von Anmeldungen von Arbeitsgruppen; Gründung und Verwaltung eines Vereinskontos; Erstellen einer Geschäftsordnung, die wieder im Forum zur Diskussion gestellt und auf der nächsten Mitgliederversammlung zur Abstimmung gebracht werden soll; schließlich die Vorbereitung der Vorstandswahlen auf der nächsten Mitgliederversammlung.

Beschlossen wurde, diese erste offizielle Mitgliederversammlung des bis dahin sicher registrierten Vereins nicht erst im Rahmen der nächsten Jahrestagung im Dezember, sondern schon im Sommer, nämlich am 18. Juli 2015 in Frankfurt am Main stattfinden zu lassen. Dieser Punkt wurde kontrovers diskutiert, weil das für Nicht-Frankfurter_innen heißt, dass sie extra zur Mitgliederversammlung anreisen müssen, aber eine Abstimmung bestätigte den Antrag auf die Vorverlegung. Auf dieser außerordentlichen Mitgliederversammlung soll über die Geschäftsordnung abgestimmt, der Vorstand gewählt und auch noch einmal über den Namen des Vereins gesprochen werden. Um der Benachteiligung der Nicht-Frankfurter_innen entgegenzuwirken, wurde angeregt, für die Mitgliederversammlung eine Strategie zu überlegen, wie auch Nicht-Anwesende in Entscheidungsfindungen eingebunden werden können. Um technische Vorschläge dazu wird gebeten. Nach der außerordentlichen Sitzung sollen die Mitgliederversammlungen jeweils im Rahmen der Jahrestagungen stattfinden und vom Vorstand organisiert werden. Angeregt wurde im Rahmen dieser Diskussion auch, erstens über eine Datenbank nachzudenken, in der Mitglieder ihre Forschungsprojekte vorstellen können, zweitens über die Einrichtung eines Kolloquiums, in dem eigene Projekten präsentiert und diskutiert werden.

Seit der Verein behördlich eingetragen ist, gibt es für alle Interessierten die Möglichkeit, sich als Mitglied bei der GfpS anzumelden. Die Mitgliedsbeiträge betragen pro Jahr 100 Euro für Vollangestellte, 45 Euro für Teilzeitangestellte und 20 Euro für Studierende und Arbeitslose, wobei natürlich Fördermitgliedsbeiträge immer willkommen sind. In den Mitgliedsbeiträgen inkludiert ist ein Jahresabonnement der Zeitschrift *Freie Assoziation*. Aus den Einnahmen finanziert werden in erster Linie die Abos der *Freien Assoziation*, etwaige Kosten der außerordentlichen Mitgliederversammlung und die laufenden Ausgaben des Vereins (Homepage, Vereinsanmeldungs- und Kontogebühren, …). Mehreinnahmen sollen je nach Möglichkeit und Bedarf in die nächste Tagung fließen.

In der GfpS ist es möglich, Arbeitsgruppen anzumelden. Voraussetzung ist ein formloser, von mindestens drei Mitgliedern unterstützter Antrag, der zusammen mit einer kurzen Selbstdarstellung über Thema und Angaben darüber, wie die Gruppe arbeiten will, und einer Ansprechpartner_in inkl. E-Mail-Adresse an info@psasoz.org eingereicht wird. Als AGs anmelden können sich sowohl schon bestehende wie neue Gruppen und sowohl offene wie geschlossene Gruppen, sie sollen aber ihre Arbeitsweise in der Selbstbeschreibung offenlegen. Gewünscht ist, dass sich die Gruppen möglichst mindestens einmal jährlich an einem realen oder virtuellen Ort treffen.

Diese Angaben der AGs werden auf der Homepage der GfpS veröffentlicht, die mittlerweile als Gerüst zur Verfügung steht und nun inhaltlich gefüllt werden muss. Die Homepage-Gruppe (Julian Möhring, Christine Kirchhoff, Katharina Meyer, Matthias Monecke, Marco Roock, Marc Schwietring und Sebastian Winter) wird die Seite mit Links, Veranstaltungs- und Publikationshinweisen füllen und einen regelmäßigen Newsletter konzipieren, den Interessierte unter http://www.psasoz.org/newsletter-page bestellen können.

Freie Assoziation

Die GfpS wurde im Frühjahr 2014 vom Psychosozial-Verlag angefragt, ob sie die Herausgeber_innenschaft für die Zeitschrift *Freie Assoziation* übernehmen wolle. Daran gebunden war seitens des Verlages die Bedingung, dass an die Mitgliedschaft in der GfpS ein Abonnement geknüpft wird. Eine Abstimmung im Forum der Homepage ergab, dass eine Mehrheit der daran beteiligten Personen einer Übernahme der Zeitschrift durch ein Herausgeber_innenteam aus der GfpS zustimmte, ebenso dem Vorschlag, das Herausgeber_innenteam für die Herausgabe der Hefte 1 und 2/2015 aus der Organisations-, der Homepage- und der Tagungsgruppe zu bilden.

Damit verbunden war die Erhöhung der ursprünglich vereinbarten GfpS-Mitgliedsbeiträge, die es ermöglicht – in einem Umverteilungsmodus – für jedes Mitglied ein Abonnement zu finanzieren. Das Herausgeber_innenteam (Markus Brunner, Rolf Haubl (aus dem scheidenden Herausgeberteam), Christine Kirchhoff, Julia König, Jan Lohl, Tom D. Uhlig und Sebastian Winter) hat deshalb im Spätsommer 2014 einen Vertrag mit dem Psychosozial-Verlag über die Herausgabe von zwei Ausgaben der Zeitschrift im Jahr 2015 unterzeichnet, und auf der Jahrestagung im Dezember wurde beschlossen, die zukünftig zweimal jährlich erscheinende Zeitschrift auch künftig als Zeitschrift der GfpS zu nutzen.

Das Herausgeber_innenteam stellte das neue dezidierte Debattenformat der Zeitschrift und die angedachten Themen vor, woraufhin angeregt wurde, dass jährlich ein Heft thematisch mit dem Thema der Jahrestagung korrespondieren solle – und zwar nicht als Nach- sondern als Vorbereitung: Das entsprechende Themenheft soll also vor der Tagung erscheinen. Zum Thema der nächsten Jahrestagung, das um »(neue) Grenzen/Widerstände« kreisen wird, wird es in diesem Jahr sogar zwei assoziierte Themenhefte der *Freien Assoziation* geben: Das eine zu den europäischen Außengrenzen halten Sie in den Händen, das 2. Heft im Jahr 2015 wird sich den überall zu verzeichnenden aktuellen reaktionären »Widerstandsbewegungen« gegen (verzerrt wahrgenommene) gesellschaftliche Entwicklungen widmen.

Jahrestagung 2015

Zur Organisation der nächsten Jahrestagung, die am 11. und 12. Dezember 2015 wieder in Frankfurt am Main stattfinden wird, hat sich eine neue Vorbereitungsgruppe gebildet, die aus folgenden Personen besteht: Phillip Berg, Sonja Breker, Lutz Eichler, Marian Kratz, Mathias Monice, Tom D. Uhlig und Anna Zimmermann. In der Diskussion wurden folgende Vorschläge für als Tagungsthemen vorgebracht: Flüchtlingspolitik und moderner Rassismus; Erstarken der Rechten; Neue Grenzen und Grenzverschiebungen; Kindheit heute (organisierte Kindheit); Widerständige Subjekte; Hochschule als kritische Plattform der Psychoanalyse?; Reproduktionstechnologie; Verschwörungstheorien; Drogenpolitik; die Bedeutung des Helfens bzw. Helfender zu sein; Religion und deren Bedeutung für Weltpolitik und Gesellschaftsentwicklung. Beschlossen wurde schließlich, das das Themenfeld »(neue) Grenzen/Widerstände« zum Überthema der Tagung zu machen. Das neue Tagungsteam ist für die formale Strukturierung und die konkrete Umsetzung des Themas zuständig.

Wer gerne über die weiteren Entwicklungen informiert werden will, kann sich gerne auf der Homepage www.psasoz.org in den Newsletter einschreiben.

Markus Brunner*
im Namen des Organisationsteams der GfpS (Erica Augello, Markus Brunner, Jan Lohl, Katharina Meyer und Marco Roock)

(* Vita und Kontakt siehe Impressum)

Bericht der zweiten Jahrestagung der Gesellschaft für psychoanalytische Sozialpsychologie

Die zweite Jahrestagung der *Gesellschaft für psychoanalytische Sozialpsychologie* (GfpS) fand am 5. und 6. Dezember 2014 im Studierendenhaus der Goethe-Universität Frankfurt statt. In fünf Workshops sowie einer *keynote* von Vera King diskutierten die Teilnehmenden verschiedene Facetten des Tagungsthemas »Generativität in der Krise«. Auf der Mitgliederversammlung wurde die Organisationsstruktur der noch sehr jungen Gesellschaft weiter konkretisiert und ihre institutionelle Etablierung vorangetrieben (vgl. dazu den Bericht »Neues aus der Gesellschaft für psychoanalytische Sozialpsychologie« in diesem Heft).

Das Tagungsthema reflektiert Wahrnehmungen und Diskussionen aus der Gründungsgeschichte der GfpS:

Die Gründungsidee zu dieser Gesellschaft folgte auf die langjährige Beobachtung und Erfahrung, dass psychoanalytische Sozialpsychologie als akademische Disziplin über die letzten drei bis vier Jahrzehnte an den Universitäten zunehmend marginalisiert wurde. Für die jüngere Generation psychoanalytischer Sozialpsycholog_innen bedeutet dies, dass sie ihren Forschungsinteressen nur über den Umweg anderer Fachrichtungen nachgehen können. Studierende der Sozialwissenschaften wie der Psychologie kommen an den meisten deutschsprachigen Universitäten vornehmlich in außercurricularen Veranstaltungen und Texten mit der psychoanalytisch orientierter Sozialpsychologie in Kontakt.

Diese pessimistische Sicht ist in zweierlei Hinsicht einzuschränken: *Erstens* muss der idealisierenden Blick zurück relativiert werden. Schließlich ist es in den vergangenen Jahrzehnten, in denen mehr Professuren mit psychoanalytischen Sozialpsycholog_innen besetzt waren, auch nicht so gewesen, als sei die psychoanalytische Sozialpsychologie institutionell so geschätzt und deswegen gefördert worden. Auch diese institutionellen Verankerungen waren das Ergebnis anhaltender Kämpfe, wenngleich der Blick auf diese Zustände vor der Folie aktueller Verhältnisse dazu tendiert, die Vergangenheit zu verklären.

Zweitens hat die Entinstitutionalisierung – und dies zeigt nicht zuletzt das große Interesse an der neuen Gesellschaft – nicht dazu geführt hat, dass sich keine jüngeren Generationen von kritischen, psychoanalytisch-sozialpsychologisch interessierten Sozialwissenschaftler_innen und Psycholog_innen herausgebildet hätten. Dies zeigt sich nicht nur in den vielen studentischen Initiativen, die in den letzten Jahren ins Leben gerufen wurden, sondern auch darin, dass Studierende zeitgleich zum ersten Treffen Anfang des Jahres 2013, auf welchem die Gründung der Gesellschaft beschlossen wurde, die immer noch leerstehenden Räumlichkeiten des in Renovierung begriffenen Sigmund-Freud-Instituts in der Frankfurter Myliusstraße besetzten. Im Zuge der Besetzung, die als Reaktion auf die Abschaffung autonomer Zentren seitens Universität und Stadt erfolgte, entstand eine Art spontaner Kongress, auf welchem Studierende Workshops, Vorträge und Diskussionen zur psychoanalytischen Sozialpsychologie organisierten und veranstalteten. Auch wenn die Besetzung nach drei Tagen trotz Duldung der SFI-Direktor_innen auf Veranlassung der Hessischen Landesregierung hin polizeilich geräumt wurde, ist das studentische Interesse nicht abgeflaut und hat die Initiator_innen der GfpS in ihrem Vorhaben weiter bestärkt.

Generell wurde Verhältnis zwischen den verschiedenen Generationen, den als »next generation« angerufenen jüngeren Wissenschaftler_innen, den etablierten psychoanalytischen Sozialpsycholog_innen, den hochaktiven Studierenden und aber auch das Verhältnis all dieser Gruppen zu den Gründungsvätern und -müttern der Tradition in den letzten Jahren in der psychoanalytisch-sozialpsychologischen Community immer wieder implizit und explizit (z. B. in Brunner et al. 2012; Brunner & Lohl 2012 und Brunner et al. 2014, aber auch z. B. in Debatten über Studierenden und Professor_innenquoten in der GfpS) thematisiert.

Diese Debatten um die komplizierten Generationenverhältnisse in der psychoanalytischen Sozialpsychologie führten die Organisator_innen auch zum Tagungsthema; sie gaben einen ersten Impuls, sich mit der Krisenhaftigkeit von Generationenverhältnissen und der Frage der Generativität zu beschäftigen. Denn natürlich ging es in den Gründungsüberlegungen um die Spannungen, welche sich zwischen dem Anliegen der Tradierung einer Forschungsperspektive mit den Theorietraditionen und Methodologien einerseits und ihrer kritischen oder auch ihrer unkritischen Aneignung durch die Jüngeren andererseits bestehen.

Angesichts dieses Moments der strukturellen Ambivalenz in einer zunehmend von globalen Krisen geprägten Gesellschaft, in welcher die Jugendarbeitslosigkeit mit ökonomischen Erschütterungen Hand in Hand geht, stellte sich uns in der Vorbereitungsgruppe die Frage, ob und inwiefern sich gegenwärtig Generativität selbst in einer Krise befindet. Da sich in der gegenwärtigen Gesellschaft ökonomisches, soziales und ökologisches nachhaltiges Handeln weder individuell noch kollektiv auszuzahlen scheint, wird die gegenwärtige Krise auch zu einer der Generativität. Die Ideologie eines sich monistisch dünkenden Subjekts korrespondiert mit der Leugnung von Abhängigkeit in einer neoliberalen Leistungsgesellschaft, in welcher die Forderung von Mobilität und Flexibilität radikalisiert wird als Forderung nach Unabhängigkeit von jeglichen als »privat« deklarierten Beziehungen, Gewohnheiten und Wünschen. In den Beiträgen zur Tagung wurde somit gefragt nach dem gesellschaftlichen Preis für solche Konstellationen der Leugnung von Abhängigkeit und deren gesellschaftlicher und sozialpsychologischer Genese. Weiter wurde gefragt nach den psychosozialen Auswirkungen der gegenwärtigen politischen Krisen auf Generationenbeziehungen im Hinblick auf Kindheit, auf die Adoleszenz und Geschlechterverhältnisse.

Vera King eröffnete den Kongress mit einer Keynote zur *Zukunft der Nachkommen – generative Krisen der Gegenwart*. In ihrer Diskussion der Produktionsbedingungen generativer Räume argumentierte King, die Sorge um nachfolgende Generationen sei vor allem von der Fähigkeit abhängig, eine Zukunft zu antizipieren, an der man selber nicht mehr teilhaben wird. In der aus der individuellen Endlichkeit resultierenden Spannung gründen, so King, sowohl Krisen der Generativität und destruktive Potenziale, wie auch kreativ versöhnende Haltungen. In ihrem Vortrag analysierte King die Art und Weise, in der Vergänglichkeit und generationaler Wechsel, Weitergabe und Neuschöpfung kulturell gedeutet, institutionell reguliert und individuell bewältigt werden können.

In den im Anschluss veranstalteten Workshops trafen teilweise Arbeitsgruppen zusammen, welche sich bei der ersten Jahrestagung gegründet hatten; das Tagungsthema der Generativität wurde hier den spezifischen Expertisen in den Arbeitsgruppen entsprechende diskutiert.

Im von Markus Brunner und Jan Lohl veranstalteten Workshop *Next Generations(s)?! Geschichtskonstruktionen der psychoanalytischen Sozialpsychologie* wurde nach den intergenerationalen Beziehungen zwischen psychoanalytisch inspirierten Sozialpsycholog_innen gefragt. Anhand von Textbeispielen, welche über das jeweilige Generationenverständnis Aufschluss gaben, diskutierte die Gruppe das Verhältnis der sogenannten »Ersten Generation« der Frankfurter Schule zu deren NachfolgerInnen und Studierenden und wie dieses Verhältnis sich im andauernden Generationenwechsel womöglich tradiert oder bricht.

In einem zweiten Workshop über *Die neuen Väter und den alten Antife-minismus* stellte Sebastian Winter am Phänomen der Väterrechtsbewegung die Frage nach der widersprüchlichen Transformation von Geschlechterver-hältnissen im Übergang zu postfordistischen (Re-)Produktionsformen.

Der dritte, von Dominic Angeloch, Karola Brede und Mechthild Zeul veranstaltete Workshop widmete sich einem klassischen Thema des Fel-des: den *Verwendungen psychoanalytischer Erfahrung in der Analytischen Sozialpsychologie am Beispiel des Verhältnisses von Übertragung und Ge-genübertragung.* Frau Zeul und Herr Angeloch behandelten am Kunstwerk das Verhältnis von Leser und literarischem Text bzw. Zuschauer und Film. Karola Brede schloss zu diesem Thema mit der Frage nach der Vergleichbar-keit der Fallstudie mit einem literarischen Text auf. In der Perspektive der Psychoanalyse wurde danach gefragt, wie die psychoanalytische Interpre-tation des Zuschauer-Film-Verhältnisses bzw. des Leser-literarischer-Text-Verhältnisses durch die Form, die Struktur, den Stil, die Konstruktion des Kunstwerks gestützt wird. Im Unterschied dazu richtete sich der Blick bei Karola Brede auf Veränderungen, die sich an der Sicht auf zeitgenössische gesellschaftliche Verhältnisse dadurch vollziehen, dass diese Verhältnisse (Arbeit, Antisemitismus) aufgrund von Erkenntnissen aus psychoanalyti-schem Erfahrungswissen modifiziert werden müssen. Bei überschaubarer TeilnehmerInnenzahl ergab sich eine anregende Diskussion über die psy-choanalytische Erschließung des Kunstwerks bzw. der Fallstudie. In einem vierten Workshop nahmen Christoph H. Schwarz und Lutz Eichler Materi-al ein sehr aktuelles Thema in den Blick. Unter der Frage nach *Gescheiterter Generativität? Adoleszenz-theoretische Zugänge zum Phänomen ›Islami-scher Staat‹* stellten Schwarz und Eichler die brisante Frage, was in den öffentlichen Materialien zur Rekrutierung junger Männer durch den Islami-schen Staat (IS) manifest und latent verhandelt wird. Im Workshop wurde die Faszination des Propagandamaterials durch tiefenhermeneutische und ethnohermeneutische Zugänge analysiert und in Bezug auf das szenisches Angebot, welches es unterbreitet – insbesondere das der Teilhabe an einem vermeintlich »einfachen, echten, guten« Leben – reflektiert.

Im Anschluss der Tagung traf sich eine Gruppe, die sich beim Anti-semitismus-Workshop auf der ersten Jahrestagung gegründet hatte. Der *Reflexionsraum Antisemitismus* soll den forscherisch, pädagogisch oder po-litisch zum Thema Antisemitismus Arbeitenden und den von Antisemitismus Betroffenen einen möglichst geschützten Ort zum gegenseitigen Austausch und v. a. zur Selbstreflexion bieten.

In einer Organisationssitzung wurde am 6. Dezember über den Stand der Vereinsgründung berichtet (vgl. dazu den Bericht »Neues aus der Gesellschaft für psychoanalytische Sozialpsychologie« in diesem Heft). Der Diskussion der Versammlung folgend wird sich die nächste Tagung, die vom 11. und 12. Dezember 2015 wieder in Frankfurt am Main stattfinden wird, mit dem Thema »Widerstand und Grenzen« auseinandersetzen.

Das Tagungsvorbereitungsteam: Lutz Eichler, Christine Kirchhoff*, Maja Köhnlein, Julia König*, Marian Kratz, Chris Schwarz* und Tom D. Uhlig*

Literatur

Brunner, M., Burgermeister, N., Lohl, J., Schwietring, M. & Winter, S. (2012). »Das Zerschlagene zusammenfügen« Reflexionen zum Projekt einer Geschichtsschreibung der psychoanalytischen Sozialpsychologie. Editorial. *Freie Assoziation, 15*(3–4), 5–14.

Brunner, M., König, J., Lohl, J. Ruck, N., Schwietring M. & Winter W. (2014). »Talkin' 'bout my generation«. Reflexionen auf das Politische in der psychoanalytischen Sozialpsychologie. *Werkblatt, 73*, 323–331.

Brunner, M. & Lohl, J. (2012). »Außerdem würde ich gerne mal einen Orgon-Akkumulator bauen …«. Zur Vergangenheit, Gegenwart und Zukunft der psychoanalytischen Sozialpsychologie. Geschichtsüberblick und Umfrageergebnisse. *Psychologie & Gesellschaftskritik, 36*(142/143), S. 31–60.

Die Autor_innen

(* Viten und Kontakt der Herausgeber_Innen siehe Impressum)

Lutz Eichler, Dr., hat in Nürnberg und Frankfurt Soziologie studiert. Er arbeitet heute als wissenschaftlicher Mitarbeiter am Institut für Soziologie in Erlangen und ist nebenbei KJ-Psychotherapeut in Ausbildung in Herborn. 2013 erschien im transcript Verlag sein Buch *System und Selbst. Arbeit und Subjektivität im Zeitalter Ihrer strategischen Anerkennung.* Kontakt: Lutz.Eichler@fau.de

Maja Köhnlein, B.Sc. Psychologie, ist Studentin an der Universität Kassel im Master »Klinische Psychologie und Psychotherapie«. Kontakt: Maja.Koehnlein@gmx.de

Marian Kratz studierte Sozialarbeit an der University of Applied Sciences in Frankfurt am Main, daran schloss er vier Jahre Praxis in den Ambulanten Hil-

fen zur Erziehung der Stadt Frankfurt an. Seit 2013 ist er wissenschaftlicher Mitarbeiter und Doktorand am Institut für Sonderpädagogik der Goethe-Universität Frankfurt. Seine Lehr- und Forschungsschwerpunkte sind Psychoanalytisch-sozialpsychologische Familien-Kultur und Geschlechterforschung.
Kontakt: m.kratz@em.uni-frankfurt.de

Christoph H. Schwarz, Dr., ist Post-Doc Research Fellow im Forschungsnetzwerk Re-Konfigurationen am Centrum für Nah- und Mitteloststudien der Universität Marburg. Er studierte Soziologie und Pädagogik (M.A.) sowie Spanisch, Politik und Wirtschaft (gymnasiales Lehramt, erstes Staatsexamen). Derzeitiges Forschungsprojekt: Die moralische Ökonomie des Protests junger Erwachsener in Marokko, Tunesien und Spanien.
Kontakt: christoph.schwarz@staff.uni-marburg.de

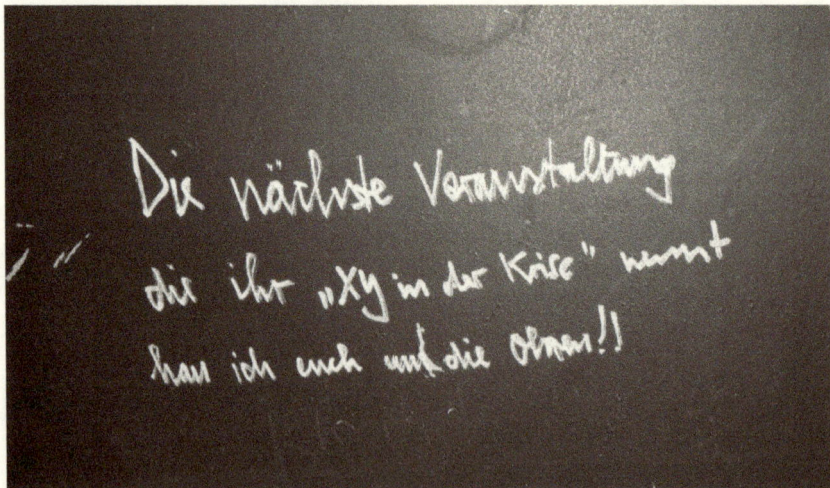

Dieser im Kontext der Tagung aufgetauchte Schriftzug wird bei der Namensfindung zur dritten Jahrestagung berücksichtigt.

Die *Forschungswerkstatt Tiefenhermeneutik* freut sich, hier die Gelegenheit zu bekommen, Ihnen und Euch ihre Webseite
www.tiefenhermeneutik.org
vorzustellen.

Die von Alfred Lorenzer entwickelte *Tiefenhermeneutik* ist eine **qualitative Methode kritisch-psychoanalytischer Kultur- und Sozialforschung.** Im Gegensatz zu anderen Methoden zielt die Tiefenhermeneutik auf die *unbewussten* Gehalte des untersuchten Materials (Texte, Filme, Interviews, …). Diese schimmern zwar bloß »zwischen den Zeilen« hindurch, sprechen die RezipientInnen und InterpretInnen aber unwillkürlich affektiv an und können über eine Analyse dieser Reaktionen erschlossen werden.

Die *Forschungswerkstatt Tiefenhermeneutik* ist eine überregionale Gruppe von Forscher_innen aus unterschiedlichen (inter)disziplinären und institutionellen Zusammenhängen, die sich seit mittlerweile sieben Jahren regelmäßig trifft und mithilfe der Tiefenhermeneutik Datenmaterial aus verschiedensten Themenbereichen auswertet und diskutiert. Neben der jährlichen Leitung einer **öffentlichen Arbeitsgruppe auf dem Magdeburger Methodenworkshop** bietet die Forschungswerkstatt auch Workshops zur Einführung in die Tiefenhermeneutik und zur Interpretation von Forschungsmaterial an.

Auf der Homepage **www.tiefen hermeneutik.org** finden Sie/findet Ihr neben Informationen zu unserer Gruppe auch Workshopangebote, Literaturhinweise zur Tiefenhermeneutik und ein hoffentlich bald um weitere Beiträge ergänztes Glossar zu wichtigen Begriffen der Tiefenhermeneutik.

Ihre/Eure

*Forschungswerkstatt
Tiefenhermeneutik*

Bezugshinweise

Die Zeitschrift erscheint mit 2 Heften pro Jahrgang als Publikationsorgan der »Gesellschaft für psychoanalytische Sozialpsychologie« (GfPS).

Jahresabo EUR 24,90 (D) / SFr 44,00 (zzgl. Versand)
Einzelheft EUR 17,90 (D) / SFR 25,90 (zzgl. Versand)
StudentInnen erhalten 25% Rabatt (Nachweis erforderlich)
Bei Mitgliedschaft in der GfPS ist der Preis für ein Abonnement bereits im Jahresmitgliedsbeitrag enthalten.
Das Abonnement verlängert sich um jeweils ein Jahr, wenn es nicht bis zum 15. November gekündigt wird.

Anzeigen-, Abonnementsverwaltung und Bestellungen:
Psychosozial-Verlag, Walltorstr. 10, 35390 Gießen/Germany
Tel.: 0641/96 99 78 26 · Fax: 0641/96 99 78 19
E-Mail: anzeigen@psychosozial-verlag.de, bestellung@psychosozial-verlag.de
www.psychosozial-verlag.de

Datenbanken:
Die Zeitschrift Freie Assoziation wird regelmäßig in folgenden Datenbanken erfasst:
IBZ = Internationale Bibliographie der Geistes- und Sozialwissenschaftlichen Zeitschriftenliteratur
IBR = Internationale Bibliographie der Geistes- und Sozialwissenschaftlichen Rezensionen
Beide bei K.G. Saur Verlag, München
www.saur.de
PSYNDEX = Zentrum für Psychologische Information und Dokumentation, Universität Trier
www.zpid.de

Psychosozial-Verlag

Willehad Lanwer (Hg.)

Bildung für alle

Beiträge zu einem gesellschaftlichen Schlüsselproblem

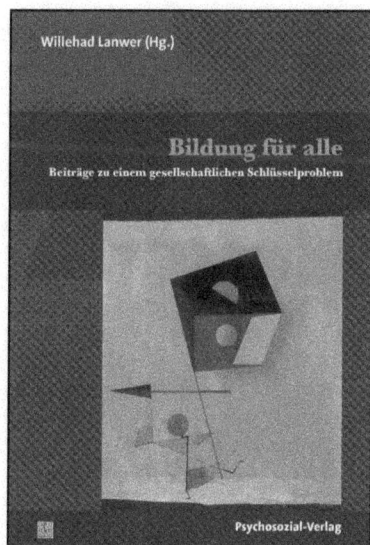

sind. Die Forderung »Bildung für alle« ist bis heute nicht eingelöst.

Entsprechend wird in den Beiträgen des vorliegenden Buches nicht nur der Frage nachgegangen, was gegenwärtig mit »Bildung für alle« gemeint ist, sondern es wird auch aus unterschiedlichen Perspektiven die Relevanz dieser Themenstellung angesichts gesellschaftlicher Herausforderungen analysiert. Berücksichtigung finden unter anderem die Aspekte Integration und Inklusion sowie der Zusammenhang zwischen Sprache und Bildung.

Mit Beiträgen von Vera Affeln, Ernst Berger, Eun Cheong, Markus Dederich, Angela Ehlers, Georg Feuser, Heinrich Greving, Wolfgang Jantzen, Manfred Jödecke, Willehad Lanwer, Christian Mürner, Ursula Stinkes, Norbert Störmer und André Frank Zimpel

2014 · 305 Seiten · Broschur
ISBN 978-3-8379-2376-6

Die freie Entfaltung eines jeden ist nach Marx die Bedingung der freien Entfaltung aller. Voraussetzung dafür ist »Bildung für alle« im doppelten Sinne als Lehren und Lernen. Bildung kann demzufolge als das Soziale in uns gefasst werden, durch das wir zu dem werden, was wir

Walltorstr. 10 · 35390 Gießen · Tel. 06 41-96 99 78-18 · Fax 06 41-96 99 78-19
bestellung@psychosozial-verlag.de · www.psychosozial-verlag.de

Psychosozial-Verlag

David Zimmermann

Migration und Trauma

Pädagogisches Verstehen und Handeln in der Arbeit mit jungen Flüchtlingen

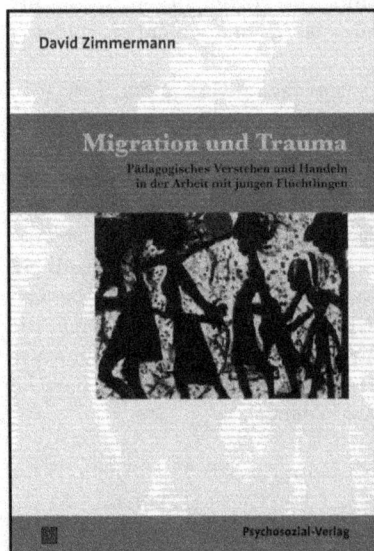

David Zimmermann

Migration und Trauma

Pädagogisches Verstehen und Handeln
in der Arbeit mit jungen Flüchtlingen

Psychosozial-Verlag

2012 · 266 Seiten · Broschur
ISBN 978-3-8379-2180-9

Das Leben zwangsmigrierter Jugendlicher ist durch extreme Belastungen gekennzeichnet, die von den erlebten Kriegserfahrungen bis zur gestörten familiären Interaktion im Exil reichen.

Diese Erfahrungs- und Erlebenswelten der Jugendlichen unterzieht der Autor anhand zahlreicher Fallbeispiele einer genauen Analyse.

Es zeigt sich, dass der verantwortungsvolle Umgang mit der Traumatisierung dieser jungen Menschen für die pädagogische Arbeit eine besondere Herausforderung darstellt, für die bislang kaum Konzepte vorliegen. Indem der Autor auf die Erkenntnisse der Traumaforschung, insbesondere die Konzeption der sequenziellen Traumatisierung zurückgreift, entwickelt er einen innovativen, pädagogisch sinnvollen Verstehenszugang. Daraus leitet er konkrete Handlungsoptionen sowohl für den schulischen als auch für den außerschulischen Bereich ab.

Walltorstr. 10 · 35390 Gießen · Tel. 0641-9699 78-18 · Fax 0641-96 99 78-19
bestellung@psychosozial-verlag.de · www.psychosozial-verlag.de

Psychosozial-Verlag

Robert E. Feldmann, Jr., Günter H. Seidler (Hg.)

Traum(a) Migration

Aktuelle Konzepte zur Therapie traumatisierter Flüchtlinge und Folteropfer

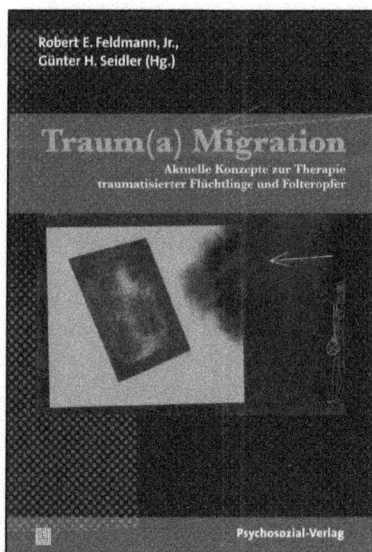

2013 · 309 Seiten · Broschur
ISBN 978-3-8379-2261-5

Kriege, Konflikte, Naturkatastrophen oder wirtschaftliche Verhältnisse verursachen weltweit anhaltende Migrationsströme nach Europa.

Erlebnisse während der Flucht, Trennung von der Familie, Haft oder Folter bergen für die Betroffenen nicht selten ein hohes Risiko für die Entwicklung psychisch reaktiver Traumafolgestörungen. Im deutschsprachigen Raum ist ein zunehmender Bedarf an medizinischer Versorgung traumatisierter Flüchtlinge, immigrierter Folteropfer und deren Folgegenerationen zu verzeichnen. Trotz vielfältiger Bemühungen ist das psychiatrisch-psychotherapeutische Versorgungssystem in Deutschland bislang nicht ausreichend in der Lage, die Gruppe der PatientInnen mit Migrationshintergrund angemessen zu versorgen.

Für das vorliegende Buch haben namhafte Expertinnen und Experten wissenswerte Hintergrundinformationen, neuste transkulturelle Behandlungskonzepte und prägnante klinische Fallbeispiele zusammengestellt und analysiert. Ergänzt wird der Band durch die Vorstellung der überarbeiteten Standards zur Begutachtung psychisch-reaktiver Traumafolgen in aufenthaltsrechtlichen Verfahren, die von der Deutschen Ärztekammer übernommen wurden.

Walltorstr. 10 · 35390 Gießen · Tel. 0641-969978-18 · Fax 0641-969978-19
bestellung@psychosozial-verlag.de · www.psychosozial-verlag.de

Psychosozial-Verlag

Joachim Heilmann, Heinz Krebs, Annelinde Eggert-Schmid Noerr (Hg.)

Außenseiter integrieren

Perspektiven auf gesellschaftliche, institutionelle und individuelle Ausgrenzung

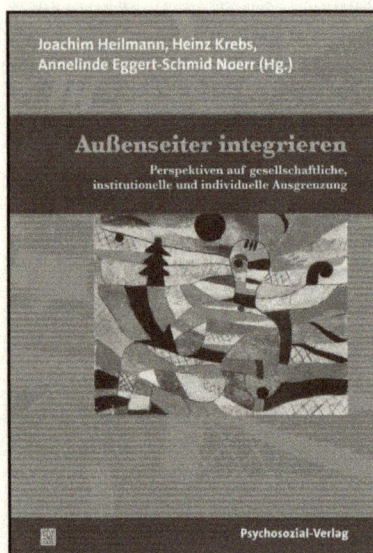

2012 · 399 Seiten · Broschur
ISBN 978-3-8379-2187-8

Für ihre Mitmenschen sind sie häufig eine Belastung, weil sie besondere Bedürfnisse haben und die bewährten Konzepte des Sozialen nicht greifen. Die Gründe, weshalb Kinder, Jugendliche oder Erwachsene in eine Außenseiterposition geraten können, sind vielfältig und können nicht unabhängig voneinander betrachtet werden. Entscheidend ist vielmehr das komplexe Zusammenspiel von gesellschaftlichen Bewertungen, institutionellen Rahmenbedingungen und dem Erleben und Verhalten Einzelner.

Für Pädagog/-innen und Sozialarbeiter/-innen besteht die Herausforderung darin, auf die sogenannten Außenseiter individuell einzugehen und tragfähige Beziehungen mit ihnen aufzubauen, um ihnen das (Über-)Leben im sozialen Gefüge zu erleichtern. Der vorliegende Band gibt einen Überblick über psychoanalytisch-pädagogische Verstehenszugänge und zeigt anhand von Beispielen, wie diesen Ausgrenzungsprozessen entgegengewirkt werden kann.

Außenseiter sind Einzelpersonen oder Gruppen, die den Erwartungen und Normen eines sozialen Gefüges nicht entsprechen, was sie selbst oft als leidvoll erleben.

Walltorstr. 10 · 35390 Gießen · Tel. 0641-969978-18 · Fax 0641-969978-19
bestellung@psychosozial-verlag.de · www.psychosozial-verlag.de

www.ingramcontent.com/pod-product-compliance
Lightning Source LLC
Chambersburg PA
CBHW020613270326
41927CB00005B/316